알기쉬운
꿈풀이
대백과

신비스러운 꿈이
나의 삶의 길흉을 예지한다!

알기쉬운
꿈풀이
대백과

창작시대

차 례

✦ **시작하는 글**

진정한 나의 모습, 꿈속에서 찾는다 9

진정한 나의 모습,
꿈속에서 찾는다

우리 인간들은 평균 하루의 3분의 1은 잠을 잔다. 그것은 우리나라의 평균 수명을 통계청이 발표한 '2017년 생명표'의 83세로 계산할 경우 약 28년간에 해당한다. 그리고 그중의 10년간은 꿈을 꾼다. 잠을 자는 시간과 꿈을 꾸는 시간이 얼마나 긴지 충분히 상상할 수 있을 것이다.

우리가 거의 매일 밤 꾸는 꿈속에는 인간의 모든 감정이나 경험이 잘 반영되어 있다. 즉 꿈은 우리의 마음속에 깃들어 있는 욕망이나 희망, 공포, 환상 등을 비추어 주는 거울과 같은 것이다. 잠이 들면 우리의 무의식 속에 깃들어 있던 감추어진 자신의 모습, 즉 평상시에는 외부 세계로 드러내고 싶지 않았던 자신의 모습이 얼굴을 드러낸다. 꿈속에서는 그 어떤 것의 방해도 받지 않는다. 벌거벗은 모습, 진정한 자신의 모습과 만날 수 있는 것이다. 때로는 문자 그대로 벌거벗고 나타나는 경우도 있다. 이런 식으로 모든 것이 있는 그대로 표현되기 때문에 꿈은 매우 중요하다.

꿈을 해석하는 행위는 자기 자신을 발견하는 행위라고도 말할 수 있

9

다. 꿈이 위험을 알려 주는 경우도 있고 꿈을 해석함으로써 문제가 해결되는 경우도 있다. 고민이 있을 경우 그것은 곧잘 꿈에 반영된다. 때로는 꿈이 미래를 예지해 주는 경우도 있다.

고대로부터 계속된 꿈의 연구

꿈을 연구하고 해석하는 행위는 요즘에 와서 시작된 것은 아니다. 인류는 창세기 때부터 꿈에 매료되어 왔다. 동굴의 벽이나 바위에는 꿈을 소재로 한 그림이 그려져 있고 고대로마의 군대는 <꿈속의 세계>를 해명하기 위해 군대별로 예언자를 두고 있었다. 고대에는 신관(神官)이 꿈을 해독하기 위해 신탁(信託 : 신의 계시)이나 성물(聖物 : 성스러운 물건)에 조언을 구하기도 했다. 우리의 조상들은 꿈이란 신이 인간에게 전달하는 메시지라고 믿었기 때문에 오늘날 우리가 의사를 찾는 것과 비슷한 감정으로 해몽가를 찾았다.

시대가 바뀌어도 꿈의 매력에 이끌리는 인간의 마음은 변화가 없다. 꽤나 유명한 많은 사람들이 꿈에 대한 여러 가지 스토리를 가지고 있다는 것은 우리도 잘 알고 있는 사실이다. 프로이트는 우리가 꿈속에서 보는 것들 대부분은 어떤 종류, 즉 성적인 내용을 나타내는 것이라고 생각했다. 그리고 또 다른 정신분석학자인 칼 융은 인간의 욕망은 반드시 성적인 것만 존재하지는 않는다고 말했다. 또한 모든 시간은 강물과 같은 것으로 꿈이라는 배를 타고 앞으로도 뒤로도 왔다갔다 할 수 있는 것이라고 주장하는 학자도 있다.

잠은 꿈속의 세계로 통하는 길이다. 현대사회를 사는 우리는 과학이나 의학의 발달 덕분에 선조들보다 훨씬 더 많은 것을 알게 되었다.

매일 밤 잠을 잘 때마다 우리의 무의식 속에서는 복잡한 변화가 일어난다. 잠이 들면 곧 가장 깊은 잠속으로 빠져든다. 그리고 얕은 잠이 짧은 시간 동안 이어지는데 이때 우리의 안구(眼球)는 눈꺼풀 속에서 쉴 새 없이 움직인다. 이렇게 안구가 급속도로 움직이는 운동(rapid eye movement), 즉 REM(렘) 수면 상태일 때 우리는 꿈을 꾸는 것이다. 이것은 8시간의 수면 상태에서 약 5회 정도 일어난다. 일반적으로 우리는 마지막 렘 수면 후에 잠에서 깨어나기 때문에 당연히 그때 꾼 꿈을 가장 잘 기억한다. 남성보다는 여성 쪽이 훨씬 더 많은 꿈을 꾼다는 재미있는 통계도 나와 있다. 여성 쪽이 남성보다 꿈을 더 즐긴다는 뜻일까?

어떤 사람은, 자기는 꿈을 전혀 꾸지 않는다고 말하지만 그것은 꿈을 기억하지 못하는 것뿐으로 그런 사람들은 다른 일도 기억을 하지 못하는 경우가 많다. 임상실험에 의하면 이른바 논 드리머(non-dreamer)라도 렘 수면 때에 깨우면 방금 보았던 영상을 마치 현실인 것처럼, 그것도 컬러로 선명하게 기억한다고 한다. 또 우리가 기르는 애완동물도 꿈을 꾼다. 개나 고양이가 잠들어 있는 모습을 지켜보면 안구가 빠르게 움직이는 것을 발견할 수 있을 것이다.

예지몽(豫知夢)을 믿을 수 있는가?

꿈의 세계에서는 멋진 일들이 많이 일어난다. 먼 곳으로 여행을 떠난다거나 사랑하는 사람을 만난다거나 유명인과 차를 마시는 일도 가능하다. 하지만 그중에는 무서운 꿈도 있다. 특별히 무서운 꿈을 악몽이라고 한다. 무서운 꿈을 꾸게 되면 땀에 흠뻑 젖어 불안한 마음으로 잠에서 깨어난다. 꿈속에서 일어난 상황에 도저히 대처할 방법이 없기 때문에 잠

11

에서 깨어나는 것이다. 진짜 악몽은 꿈을 꾸지 않는 논 렘(Non REM) 상태에서 꾸는 것이기 때문에 거의 기억을 하지 못한다.

그건 그렇고, 꿈이 현실로 나타나는 경우가 있을까? 잠을 자면서 미래를 예지할 수 있는 것일까? 난 이런 질문을 자주 받는데 그 대답은 '예스'다. 이런 꿈, 이른바 예지몽은 충분히 일어날 수 있다. 하지만 얼핏 보기에 예지몽처럼 보이지만 사실은 실생활에서 일어난 일들이 계기가 되어 꾸게 되는 경우가 많다. 예를 들면 나의 자동차가 고장 난 꿈을 꾼 다음 날, 정말로 엔진이나 노이즈에 뭔가 이상이 있다는 것을 알았으면서도 대책을 세우지 않고 있었던 것은 아닐까? 만약 그렇다면 그것은 예지몽이라고 할 수 없다. 하지만 지금까지 한 번도 타 본 적이 없는 자동차가 그런 식으로 고장이 났다면 이것은 진짜 예지몽이다. 예지몽은 우리의 잠재의식을 통해 심리 속으로 직접 파고든다. 실생활에서의 사건과 관계 있는 정보를 제공해 줄 뿐 아니라 우리의 일반적 심리상태에 대해 중요한 사실을 알려 주는 경우도 있다.

동경하는 사람과 성관계를 가지는 꿈을 꾸었다면

꿈속에서는 섹스가 큰 역할을 담당한다. 그 이유는 일상생활 속에서도 그만큼 큰 비중을 차지하고 있기 때문이다. 식욕이나 야심과 마찬가지로 성욕은 매우 강한 충동이다. 잠에서 깨어나 있는 동안에는 성욕이 사회의 규제나 이성에 의해 컨트롤된다. 하지만 꿈속에서는 아무리 소심한 사람이라도 억제당했던 자아(自我)가 아무런 부끄러움과 두려움 없이 그 모습을 드러내 가슴이 설레는 섹시한 꿈을 꾸게 되는 것이다. 평상시에는 인품을 갖추고 사는 사람일수록 꿈에서 깨어날 때 상스러운 말을 하는 것도 그런 이유에서다.

섹스는 신체의 중요한 욕구이기 때문에 그것을 억제하면 결국 꿈을 통해 나타나게 되는 것이다. 선명하게 나타나는 섹시한 꿈은 10대 청소년들이 자주 꾸는데, 오르가슴을 경험하는 일도 자주 있다. 성인이 되면 성욕이나 성에 대한 고민이 간접적인 형태로 나타난다. 섹시한 이미지는 꿈속에서 친밀감이나 애정을 표현하는 경우가 많은 것 같다. 억제당하는, 또는 상하 관계에 있는 것들은 모두 성적인 꿈으로 나타난다. 그러니까 만약 동경하는 사람과 정열적인 만남(!)을 가지는 꿈을 꾸었다고 해서 정말로 그런 관계가 되는 것은 아니다.

성적인 꿈을 꾸면 우선 자신에게 질문을 던져 보라. 이런 꿈을 꾸는 것은 성적으로 만족하지 못하고 있기 때문이 아닌지, 아니면 성생활에 문제가 있기 때문이 아닌지… 섹스가 관계된 꿈에는 흔히 남성이나 여성의 성기가 심벌이 되어 등장한다. 길고 뾰족한 것은 페니스, 봉오리나 구멍은 질(vagina)을 상징하는 것이다.

꿈에 자주 나타나는 심벌은

꿈속에는 친한 사람이 자주 등장한다. 특히 양친과 조부모, 그들은 약 90% 정도가 당사자의 모습으로서가 아니라 상징적인 의미로서 등장한다. 예를 들면 어머니는 편안하고 따스한 여성다움을 나타내고 아버지는 권위의 상징으로 자주 등장한다. 형제 자매는 플라토닉러브와 같은 의미를 가지고 있다. 청소부, 의사, 기능공들도 모두 무엇인가를 상징한다. 그러니까 예를 들면 꿈속에 경찰이 나타났을 경우, 자신의 신변에 법과 질서에 관계되는 일이 있다는 것을 암시한다고 생각하면 거의 틀리지 않는다. 꿈을 해석할 때는 이런 상징적 존재가 매우 중요하다.

때로는 이미 사망한 사람이 꿈속에 나타나는 경우도 있다. 이것은 그 사람이 죽었다고 해서 중요한 인간관계가 끝난 것은 아니기 때문이다. 고인과 관계 있는 무엇인가가 지금 내가 놓여 있는 상황이나 내가 안고 있는 문제와 관계가 있을지도 모른다. 꿈속에 유명인이 등장하는 경우도 이것과 비슷하다고 할 수 있다.

인물뿐 아니라 여러 가지 물건들이 심벌이 되어 나타나는 경우도 있다. 물건인 경우에는 대부분 현실적인 역할 이상의 의미를 나타낸다. 예를 들면 열쇠의 경우, 최근에 열쇠를 잃어버려서 신경을 쓰고 있던 것이 아닌 이상, 그것은 나에게 새로운 기회를 부여해 주는 문을 상징한다. 또한 사다리의 경우는 승진이나 취직을 의미한다. 그렇기 때문에 꿈을 기억해 내어 모든 내용을 꿈 일기에 적는 것이 중요하다. 꿈속에서는 버릴 것이 하나도 없다. 모든 것들이 각각의 의미를 가지고 있기 때문이다.

꿈 일기를 써라

어제 꾸었던 꿈을 좀처럼 기억하지 못하는 사람들에게 꿈 일기를 쓸 것을 권한다. 머리맡에 메모지와 펜, 또는 녹음기를 준비해 두고 잠이 깨면 자세를 바꾸지 말고 기억나는 꿈은 무엇이든지 즉시 메모(녹음)하는 것이다. 구체적인 내용이 생각나지 않을 경우에는 그 분위기만이라도 남기도록 하라. 그렇게 해 두면 나중에라도 기억해 낼 수 있는 단서가 될 수 있으니까. 정기적으로 계속해서 써 나가는 동안에 꿈에 대한 기억이 점차 선명해질 것이다.

이런 꿈은 주의하라

꿈은 매우 예민한 것이기 때문에 꿈을 꾸는 사람의 건강 상태나 심리 상태, 수면 시의 환경 등으로 인해 꿈이 본래 가지고 있는 의미가 바뀌는 경우가 있다. 따라서 다음의 경우에 꾸는 꿈은 중요시하지 말라. ① 과식, 과음 후에 꾸는 꿈. ② 진정제 등 약물을 복용한 후에 꾸는 꿈. ③ 친한 사람을 잃은 직후에 꾸는 꿈. ④ 자동차나 공사 현장 등의 소음이 많은 장소에서 꾸는 꿈. ⑤ 이불을 덮지 않거나 추운 곳에서 꾸는 꿈.

충분한 수면을 위한 힌트

잠자리에 들면 코로 깊이 숨을 들이쉰 후 입으로 천천히 내뿜는다. 이런 호흡을 몇 차례 반복하여 기분을 안정시킨 다음 몸의 오른쪽이 아래로 향한 자세로 눈을 감는다. 예부터 이런 자세가 수면할 수 있는 이상적인 방법이라고 한다. 또 침대(요)의 위치를 남북의 방향으로 놓는 것도 좋은 방법이다. 이것은 지자기가 효율적으로 흐르게 하기 위해서이다.

신비스럽고 이해하기 어려운 우리의 꿈은 모든 것을 해명해 주는 열쇠와 같은 역할을 한다. 꿈을 꿀 때 우리는 일상생활의 긴장으로부터 해방되어 있다. 즉 잠을 자는 동안에는 일상생활에서의 여러 가지 불안이나 고민 등을 잊을 수 있다는 것이다. 그리고 자기 자신은 거의 이해하지 못하고 있는, 남들 앞에서는 결코 드러낼 수 없는 성격의 다른 면이 꿈속에서는 나타나는 것이다. 이 책을 참고하여 꿈을 바탕으로 생활을 연구하다 보면 자기 자신을 더욱 잘 이해할 수 있을 것이라 믿는다.

그럼, 좋은 꿈 꾸시길!

가족에 관한 꿈

☆**가족** 자기의 가족이 꿈에 나타나면 중대한 소식이 전해져 올 듯. 대가족은 재정적인 안정을 의미. 다만 가까운 시일 안에 약간의 희생을 강요당할 듯. 가족을 버리는 꿈도 역시 금전 문제를 암시. 또한 가족이라고 해도 자기와의 관계에 의해 각각 의미가 달라진다.

☆**남편** 독신녀가 남편과 함께 있는 꿈을 꾸면 연인과 심각한 싸움을 벌이게 될 듯. 자신의 남편이 꿈에 나타나면 결혼생활에 약간의 금이 갈듯. 다른 사람의 남편이 나타났을 경우에는 현재의 상황을 진지하게 생각하고 있지 않다는 증거.

☆**딸** 중요한 소식이 있을 듯. 말괄량이 딸이었다면 불안정한 미래를 암시.

☆**사촌** 사촌이 꿈에 보이면 고민하던 일이 해소된다.

☆**아들** 아들을 얻는 꿈은 성공을 암시. 아들이 독신이었다면 문제가 발생할 듯. 결혼한 상태였다면 가정 내에 걱정할 일이 생긴다.

☆**아버지** 자신의 아버지가 꿈에 보였다면 윗사람의 충고를 따르도록.

아버지가 건강한 모습이었다면 누군가의 원조를 받을 가능성이 있다. 병이 든 모습이었다면 스스로 자신감을 배양할 것. 아버지가 돌아가시는 꿈을 꾸었다면 존경받을 만한 일에 추대되어 책임감을 느낄 징조

☆**양자** 누군가를 양자로 삼는 꿈은 친척 중의 누군가가 도움을 요청해 올 징조. 자기가 양자가 되는 꿈은 적이 있으니 주의하라는 뜻. 어린아이를 양자로 삼는 꿈은 애정 면에서 장애를 예고

☆**어머니** 어머니가 꿈속에 나타났다면 파트너와의 관계가 위험해질 징조. 하지만 조금만 참으면 해결될 테니까 사태를 악화시키지 말도록. 어머니가 울고 있었다면 어떤 일에 망설이고 있다는 뜻. 또 시어머니나 장모의 꿈을 꾸었다면 가족 간의 분쟁을 일으킬 염려가 있다. 시어머니나 장모와 말다툼을 하는 꿈은 재미있는 친구가 생길 징조

☆**이모·고모** 이모가 나타났다면 가족 간에 좋은 일이 있을 듯. 고모가 나타났다면 인내력을 기르라는 경고의 의미.

☆**자매** 남성에게 있어서 누나나 여동생은 부드러운 감정을 의미. 여성에게는 가정 내의 분쟁을 암시.

☆**조부모** 보호와 안전의 상징. 자신이 조부모가 되는 꿈은 대망을 성취할 가능성이 있다.

☆**조상** 돌아가신 조상이 꿈에 나타나면 길몽. 다른 사람의 조상이라면 금전운이 상승. 다만 이 꿈은 그와 동시에 사랑한다는 사람의 말을 믿지 말라는 경고의 의미도 있다.

☆**형제** 형에 대한 꿈은 가까운 시일 안에 용기 있는 행동을 하게 될 징조. 남동생의 꿈은 가족 간 분쟁을 암시. 형제와 사이좋게 지냈다면 친구와 싸우고 헤어질 듯. 형제가 기분 나쁜 태도를 취했다면 행운이 찾아들 듯.

사람에 관한 꿈

☆**가정부** 실제로 가정부를 둔 사람이 이 꿈을 꾸었다면 길조. 그렇지 않은 경우에는 지위를 잃을 위험이 있다. 여성이 가정부가 되는 꿈을 꾸면 틀림없이 사회적 지위가 향상될 것이다.

☆**감시** 자신이 감시를 당하는 꿈은 경솔한 행동을 하지 말라는 경고. 다른 사람을 감시하는 꿈은 자극적인 새로운 신청을 받게 된다.

☆**거인** 위험을 암시. 단, 거인을 죽이는 꿈이라면 난관을 충분히 극복할 수 있다. 자신이 거인이 되어 등장했다면 위험한 모험에 함부로 뛰어들지 말도록.

☆**거지** 꿈속의 거지는 행복을 상징한다. 애정 면에서는 마음속으로 좋아하던 사람을 만날 수 있을 듯. 거지에게 돈을 주는 꿈은 그 사랑을 성취할 가능성이 크다는 의미이다. 또한 자기가 거지가 되는 꿈은 재물이 생길 징조이다.

☆**건축가** 건축가가 등장하는 꿈은 어려운 계획도 성공할 수 있다는 뜻.

자신이 건축가가 되어 등장했다면 지금이야말로 선택받은 사랑을 붙잡을 수 있는 기회. 전진만이 있을 뿐이다.

☆**검객** 검객이 싸우는 꿈은 돈이 생길 징조. 여러 명의 검객은 이사를 암시한다. 하지만 검객이 죽는 것을 보았다면 불행한 일이 생길 징조이다.

☆**경마의 기수** 좋은 꿈이다. 경기를 하고 있는 꿈이었다면 더욱 좋다. 우승했다면 최고의 길조로, 꿈이나 욕망이 이루어질 듯. 하지만 기수가 낙마했다면 나의 계획은 실패로 끝날 운명.

☆**경비원** 경비원이 경비하는 꿈을 꾸면 도둑을 맞거나 강도를 당할 위험이 있다. 하지만 자신이 경비하는 꿈이라면 직장에서의 승진을 기대할 수 있다.

☆**과부·홀아비** 과부나 홀아비가 초상을 치르는 꿈은 당신이 누군가를 짝사랑하고 있다는 증거. 울고 있었다면 당신은 지금 책임감을 무겁게 느낀다는 뜻. 자신이 남편이나 아내보다 앞서서 죽는다면 언젠가 해결될 일을 가지고 쓸데없이 고민하고 있다는 뜻.

☆**관리인** 수렵장의 관리인은 큰돈을 암시. 공원의 관리인이라면 애정 관계에 위기가 찾아올지도 모르니 주의할 것.

☆**군인** 군인이 행진하고 있었다면 가지고 싶은 것을 손에 넣기 위해 여행을 떠날지도 모른다. 하지만 군인들끼리 서로 싸우는 꿈이라면 조심할 것. 누군가에게 배신당할 위험이 있다.

☆**권투선수** 권투선수가 링 안에 있었다면 판단력이 둔화되었다는 증거이다. 권투선수가 로프에 기대고 있었다면 지금 하는 일에 고전하고 있다는 뜻. 권투선수가 시합에서 KO를 당했다면 뭔가 소중한 것을 잃

을 징조. 권투시합을 보는 꿈은 소문을 조심하도록. 소중한 기회를 놓칠 위험이 있다.

☆**깡패** 갱단의 깡패가 되는 꿈을 꾸면 마음의 동요를 일으키고 있다는 증거. 자신이 갱단의 리더나 두목이 되면 지금 하는 일에서 주도권을 쥐게 될 듯. 깡패에게 협박 당하는 꿈은 현재 의기소침해 있다는 증거이니 가능하면 기운을 내고 모든 일에 분발하도록. 깡패가 덤벼드는 꿈을 꾸면 지갑을 조심하라.

☆**난민**(難民) 난민과 관련된 꿈을 꾸었다면 당분간 자기보다 남의 요구를 선행시킬 필요가 있다. 자신이 난민이 되는 꿈은 과거의 선행이 그 빛을 보게 되었다는 뜻이다.

☆**난쟁이** 서커스단 같은 곳의 난쟁이를 보면 새롭게 사귄 친구와 깊은 우정을 나눌 수 있게 된다. 그리고 동화에 나오는 듯한 난쟁이를 보는 꿈이나 자기가 그렇게 되어 보이는 꿈은 모두 마법처럼 문제가 해결될 징조다.

☆**남자** 미남이라면 행복과 건강을 의미. 추남이라면 당신은 지금 정서가 불안정하다는 뜻. 키가 큰 남자라면 당신의 목표가 지나치게 높다는 것이고 키가 작은 남자라면 당신은 무슨 일에도 잘 순응해 나가고 있다는 뜻.

☆**님프**(요정) 애정 면에서 자극적인 경험을 하게 될 징조.

☆**대리인·에이전트** 대리인과 교섭하거나 대리인을 통해 누군가와 교섭하는 꿈은 환경이 좋은 방향으로 바뀔 징조이다.

☆**도둑** 도둑맞는 꿈을 꾸었다면 매사에 조심할 것. 사고를 당할 위험이 있다. 그러나 도둑에게 역습을 가했다면 무슨 일에 대해 자신의 판단을

믿어도 된다. 누군가가 도둑맞는 것을 보았다면 무슨 일을 하면서 불안해하고 있다는 증거. 자신의 예감이 맞으니 그 일은 중지할 것. 그러나 도둑놈에게 칼을 맞는 꿈은 뜻밖의 재물이 생길 징조.

☆**메신저** 자신이 메시지를 전하는 꿈은 돈이 될 신청을 받게 될 징조. 메시지를 받는 꿈은 당신의 일은 잘되고 있다는 뜻이다.

☆**목수** 대길. 목수가 되는 꿈, 목수를 보는 꿈, 목수를 부리는 꿈은 모두 사랑과 존경과 행복을 뜻한다. 다구나 그런 것들을 누릴 시간까지도 넉넉하다.

☆**무정부주의자** 상업적인 거래에서 주의하라는 경고다. 자기가 무정부주의자가 되는 꿈을 꾸었다면 뭔가에 의해 자유를 구속 받게 될 가능성이 있다.

☆**미남미녀** 사업이나 애정 면에서 모두 성공을 나타내는 길몽이다.

☆**미싱사** 미싱사가 일을 하는 꿈은 예기치 않은 여행을 뜻한다. 자신이 미싱사가 되는 꿈을 꾸었다면, 자신의 비밀을 다른 사람에게 이야기하지 않도록 주의할 것.

☆**범죄 조직** 자신이 범죄 조직을 만드는 꿈은 마음속의 갈등으로 인해 불안이 고조되었다는 뜻. 가능하면 빨리 문제를 해결하도록 노력할 것. 범죄 조직에 가담하는 꿈은 자신을 억제하지 못해 고민한다는 증거. 자신이 피해자가 되는 꿈은 뜻밖의 수확을 얻을 수도 있다.

☆**부랑자** 자신이 부랑자가 되는 꿈은 주위 환경이 개선되려는 징조. 부랑자에게 음식을 주는 꿈은 얼마 지나지 않아 사회적 지위가 향상될 듯. 부랑자를 내쫓는 꿈이라면 고생을 할 징조.

☆**사격수·궁술가** 이 꿈을 꾼 사람이 독신이라면 가까운 시일 안에 좋

은 반려자가 나타나게 될 것이다. 반면에 이 꿈을 꾼 주인공이 기혼자라면 다른 이성에게 한눈을 팔지 않도록 주의할 것. 까딱하나가는 뜻밖의 봉변을 당할 수도 있으니까.

☆**사환** 길몽이라고 할 수 있다. 자신이 사환이 되는 꿈은 오랫동안 기다려 온 행복을 맛볼 수 있을 듯. 그러나 사환을 부리는 꿈은 돈을 잃을 위험이 있다.

☆**소녀** 아름다운 소녀는 사랑의 길조. 못난이였다면 어떤 방면에서의 다시없는 기회를 놓치고 있다는 뜻. 소녀가 웃고 있었다면 뜻하지 않은 지출이 있을 듯. 울고 있었다면 심각한 금전 문제가 발생. 잠을 자고 있었다면 하는 일에 문제가 생길 것이다. 그리고 소녀가 창가에 있는 꿈은 싸움을 암시.

☆**소년** 소년의 꿈을 꾸는 것은 관대한 마음을 가지고 있다는 증거. 소년들이 싸움하는 꿈은 지금의 파트너를 진심으로 사랑하지 않고 있다는 뜻이 된다.

☆**수의사** 자신이 수의사가 되는 꿈은 일에 성공하여 돈을 벌 징조. 수의사가 애완동물을 진찰하고 있었다면 가까운 시일 안에 자신의 일에서 중대한 결심을 해야 할 때가 찾아온다.

☆**승무원** 비행기나 배, 버스나 기차의 승무원이 꿈에 나타나면 해외여행을 암시한다.

☆**신체 장애자** 장애자를 보면 누군가가 도움을 요청해 올 가능성이 있다. 도와주도록 하라. 그것은 결국 당신을 위한 행동이 될 것이다. 자신이 장애자가 되는 꿈은 나에게 도움을 주는 사람들은 틀림없이 믿고 의지할 수 있는 친구라는 뜻이다.

☆**쌍둥이** 이중의 문제가 발생한 후에 두 배의 기쁨이 있을 징조

☆**안내** 자신이 안내를 하는 꿈이나 안내를 받는 꿈, 또는 안내 책자를 뒤적이는 꿈은 흥미 깊은 새로운 기회가 찾아온다는 것을 암시한다. 아마 영향력 있는 친구가 중개인 역할을 해 줄 것이다.

☆**여성 바텐더** 성생활을 시사. 파트너를 선택하는 눈을 좀 더 향상시키길 요구한다.

☆**여왕** 꿈속에서 여왕이 왕좌에 앉아 있었다면 상업적인 운이 급상승할 징조이다. 여왕이 발코니에서 손을 흔들고 있었다면 먼 곳에서 소식이 있을 듯. 여왕이 마차를 타고 있었다면 권력과 명성을 추구하는 나의 욕망이 웃음거리가 될 위험이 있다. 여왕벌의 꿈은 건강 상태가 양호하다는 뜻이다.

☆**여자** 유감스럽게도 여자는 불성실, 고난, 분노 등을 의미한다. 다만, 여자가 남자와 함께 있을 경우는 일이나 사물에 대하여 믿음을 가질 수 있다는 뜻.

☆**예술가** 화가가 그림을 그리는 꿈은 쓸데없는 일에 시간을 낭비하고 있다는 뜻. 자신이 예술가가 되어 등장했다면 목적을 달성하기 위해 계획을 변경할 필요가 생길지도 모른다.

☆**왕** 왕좌에 앉아 있었다면 누군가에게 사기를 당할 위험이 있다. 왕이 왕관을 주었다면 상업적인 운이 좋아질 것이다. 왕이 권세를 상징하는 지팡이를 들고 있었다면 당신을 성공의 길로 이끌어 줄 것이다. 왕이 젊을 경우는 누군가에게 비난 받게 된다는 암시가 있지만 자신은 그것을 모르고 넘어갈 것이다. 즉, 내가 모르는 곳에서 모든 일이 진행된다는 뜻이다. 늙은 왕이라면 개인적인 성공을 의미한다.

☆**왕자·공주** 왕자나 공주를 만나는 꿈을 꾸면 당신의 신망이 높아질 것이다. 하지만 친구들 중에서 그것을 이용하려는 자가 나타날 가능성이 크다. 수법에 넘어가지 말도록.

☆**왕족** 왕족이 꿈에 나타나면 경제적인 면에서의 성공을 약속. 궁전에 있는 왕족을 보면 뜻밖의 행운이 찾아온다.

☆**외교관** 여행을 떠나게 될지도 모른다. 외교관으로 임명되는 꿈을 꾸면 좋은 소식이 있을 테니 마음의 준비를 할 것.

☆**웨이터·웨이트리스** 호텔에서 웨이터나 웨이트리스를 보았을 경우는 길조이지만 집 안에서 웨이터나 웨이트리스를 보았다면 가정 문제가 발생할 가능성이 크다. 또한 검정색과 흰색의 유니폼을 입고 있었다면 위험을 암시한다. 그런 경우에는 모든 일에 조심하도록. 특히 운전은 더욱 조심할 것.

☆**은거인**(隱居人) 세상을 버리고 은둔 생활을 하는 사람을 보면 위험한 고비를 넘기게 될 듯. 두려워하지만 말고 과감하게 대처해 나가도록. 자신이 세상을 버리고 은둔 생활을 하게 되면 가는 길은 험해도 목적지에 도착하면 행복을 맞이하게 된다는 뜻이다.

☆**의료인** 어쨌든 좋은 꿈이다. 생활의 모든 방면에서 현재보다 향상을 가져올 징조다.

☆**장관** 가까운 시일 안에 승진할 가능성이 있다.

☆**제철공·대장장이** 제철공이 되는 꿈은 가까운 시일 안에 자기 자신을 믿을 수 없게 될지도 모른다는 뜻. 제철공이 말에게 말굽을 달아 주는 꿈은 장애를 만날 징조. 단순히 제철공을 보았을 뿐이라면 불행을 암시. 괴로운 추억이 생길 듯.

☆**집배원** 꿈속에서 집배원을 만났다면 현실에서도 똑같이 어떤 소식이 올 징조

☆**집시** 집시가 길에서 잠을 자거나 마차 옆에 앉아 있는 꿈을 꾸었다면 무엇인가를 계획할 시기가 왔다는 뜻이다. 집시에게서 뭔가를 받았다면 행운이 있을 듯. 단, 그 전에 약간의 시련이 있을 것이다. 여자 집시는 먼 곳으로부터의 소식이나 갑작스런 여행을 의미. 남자 집시는 모험을 암시한다.

☆**탐험가** 자신의 장래에 대해 불안감을 가지고 있다는 증거이다. 자신이 탐험가가 되는 꿈은 모험심이 강하다는 뜻이다. 자신감을 가지고 그 능력을 살리도록 하라.

☆**현자**(賢者) 공자나 맹자 같은 현자가 꿈에 나타나면 행운이 찾아올 징조이다.

행동에 관한 꿈

☆**가려움** 다리나 발바닥이 가려운 꿈은 새로운 분야에서 새로운 경험을 하고 싶어한다는 증거. 손이 가려운 꿈은 재물이 생길 징조이고, 코일 경우에는 일에 실수하지 않도록 주의할 것. 가려움을 느끼는 꿈은 일반적으로 사소한 일에 지나치게 얽매이고 있다는 증거이다. 더욱 기운을 내도록!

☆**가루 빻는 꿈** 곡물이나 커피 등의 식품을 빻았다면 부와 행복을 암시. 당신은 생활 속의 사소한 일로도 행복을 느끼는 타입이다. 하지만 후춧가루를 빻았다면 주의해야 한다. 걱정거리가 될 소식이 들려올 가능성이 크다.

☆**걷기** 장애가 있을 꿈. 빨리 걷는 꿈은 어렵지 않게 승리를 거둘 수 있다. 하지만 머뭇거리거나 주저하는 꿈은 어려움을 극복하기 위해 많은 노력을 해야 한다.

☆**경비** 누군가를 지켜 주는 꿈은 당신이 신뢰감을 가지고 있는 상대는

믿어도 좋다는 뜻. 하지만 자기를 경호했다면 자기 고집대로 일을 처리하지 말 것. 무슨 일이든 뜻대로 되어 간다고 생각했다가는 큰 실수가 될 것이다.

☆**계략** 계략에 걸리는 꿈은 친구로 인해 수치를 당할 위험이 있으니 신중하게 처신해야 한다.

☆**계량** 자기의 체중이나 물건의 무게를 재는 꿈은 나를 감시하는 사람이 있다는 뜻이다. 대부분 사업에 관계된 사람이니 실수하지 않도록 조심할 것.

☆**광고** 꿈에 텔레비전 화면에서 광고가 보이거나 라디오에서 CM송이 들리면 좋지 않은 일이 생길 징조이다. 초조함과 걱정 때문에 자신의 능력을 제대로 발휘하지 못하고 판단력이 둔해져 엄청난 실수를 저지를 가능성이 있다. 벽에 붙은 광고를 보는 꿈은 나의 생활에 뜻밖의 변화가 생길 징조

☆**구애** 남성에게서 구애를 받는 꿈은 그럴싸해 보이는 친구가 나를 어려움으로 몰고 갈 징조이다. 그러나 말을 걸어온 사람이 여성이거나 친구 또는 거지였다면 유산이나 횡재 같은 뜻밖의 돈이 생길 가능성이 있다.

☆**군대 퍼레이드** 당신의 상상력은 지금이 최고조. 해군의 관함식(觀艦式)이라면 좋은 소식이 있을 것이다.

☆**귀싸대기** 귀싸대기를 때리는 꿈은 사람들 앞에서 수치를 당할 징조. 자기가 맞는 입장이었다면 사회적인 성공을 의미한다.

☆**금욕·금주·금연** 금주, 금연 등의 유혹을 끊는 꿈. 너무 자신만만하지 말도록. 다만 자신의 뜻이 아니라 필요에 의해 뭔가를 끊는 꿈은 성

공과 번영을 가져온다.

☆**기상**(起床) 상황에 따라 해석이 다르다. 아침 일찍 일어나는 꿈은 큰 돈을 벌 징조이다. 침대에서 일어나는 꿈은 병을 암시한다. 의자에서 일어나면 좋은 소식이 오고, 소파에서 일어나면 뜻밖의 편지가 올 듯. 마루나 응접실 바닥에서 일어나는 꿈을 꾸었다면 문제가 발생할 것을 암시해 준다.

☆**껍질을 벗기는 꿈** 과일 껍질을 벗기는 꿈은 도움이 될 비밀을 움켜쥐게 될 것이다. 야채의 껍질을 벗기는 꿈은 안 좋은 소식을 듣게 될 징조이다.

☆**꽃이나 열매를 따는 꿈** 어려운 고난이 기다리고 있지만 그에 대한 보답을 충분히 받을 수 있다.

☆**꿰매기** 누군가가 바느질을 하고 있는 꿈을 꾸었다면 장래에 대한 계획을 세워라. 자신이 바느질을 했다면 새로운 기회가 찾아올 것이다. 손바느질이라면 힘겨운 일이 기다리고 있다는 뜻이고 미싱을 사용했다면 믿을 만한 상대를 조심해서 선택할 필요가 있다.

☆**넘어지거나 넘어뜨리는 꿈** 계단이나 언덕 위에서 굴러떨어지는 꿈은 기분이 좋지 않다는 증거이다. 다른 사람과 싸우거나 다투지 않도록 조심할 것.

☆**농사** 논밭을 일구는 꿈을 여성이 꾸면 현재 또는 미래의 남편이 대단한 활동가라는 뜻. 남성이 꾸는 경우라면 사교적인 면에서 뛰어난 융통성이 있다는 뜻.

☆**눕는 꿈** 단기간의 병이나 불행을 암시.

☆**다이어트** 자기가 다이어트를 하는 꿈을 꾸었다면 사업운이 상승할

듯. 채식 다이어트라면 믿을 만한 친구가 있다는 증거이다. 단, 실제로 다이어트를 하는 사람이 이 꿈을 꾸었을 경우에는 단순히 배가 고프다는 증거일 수 있다.

☆단념·포기 사람이나 물건을 포기하는 꿈은 쓸데없는 말 때문에 친구를 잃을 위험이 있다. 하지만 자신이 버림받는 꿈은 급할 때 친구들이 도와주게 된다.

☆달리기 자신이 달리는 꿈은 안 좋은 상황에서 탈출하려는 증거. 달리고는 싶어도 달릴 수 없는 꿈은 자신감을 잃어버렸다는 뜻. 좀 더 대범해지도록. 공포에 쫓겨 달리는 꿈은 즐거움이 있을 듯. 뭔가를 쫓는 꿈은 행운이 찾아온다.

☆도망 별로 좋지 않은 꿈이다. 교도소 같은 곳에서 도망가는 사람을 보았다면 무절제한 생활 때문에 돈을 잃을 가능성이 있다. 자신이 도망가는 꿈은 야망을 이루기 어렵다. 불이나 홍수 때문에 도망가는 꿈은 성급한 결단을 내리기 쉬우니 조심할 것. 도망가는 것이 늦으면 늦을수록 힘겨운 도전을 받게 된다. 하지만 결국에는 내가 승리하게 되니 너무 걱정하지 말 것.

☆도움 남에게서 도움을 받는 꿈은 머지않아 도움을 필요로 하게 된다는 징조. 걱정 말고 원조를 요청할 것. 반대로 남을 도와주는 꿈은 혼자 힘으로 성공할 수 있다는 뜻.

☆도전 누군가에게 도전을 받는 꿈을 꾸었다면 중요한 인물에게 대항하는 짓은 그만두도록 하라. 당신이 도전을 하는 꿈은 이성 때문에 괴로움을 겪게 된다.

☆뒹구는 꿈 진흙탕 속에서 뒹구는 꿈을 꾸었다면 자신의 문제를 다른

사람에게 떠맡기고 있다는 증거이다. 그 사람에게 실례이니 즉시 그만두도록. 나무통 같은 것을 굴리는 꿈은 가족과의 사이에 문제가 발생할 징조이다.

☆등산 어딘가로 올라가는 꿈은 지위와 재산의 향상을 나타낸다. 등산하는 꿈은 지금 안고 있는 고민을 도저히 뛰어넘을 수 없다고 생각하고 있다는 증거. 하지만 그런 일은 없다. 사다리를 오르는 꿈은 직업상의 승진을 의미한다.

☆땅을 파는 꿈 도랑을 파는 꿈은 현재 생활이 지루하다는 증거. 구덩이를 팠다면 빌린 돈을 빨리 돌려주는 게 좋다. 우물을 팠다면 가정 내의 분쟁을 의미. 흙이 부드러워서 파기 쉬웠다면 인생도 마찬가지로 부드럽게 진행될 것이고 좀처럼 파기 어려웠다면 얼마 동안은 어려운 시기가 계속된다.

☆뛰는 꿈 예기치 않은 원조가 있을 듯. 줄넘기를 하는 꿈은 자기 자신을 의심한다는 증거.

☆리셉션 리셉션을 개최하는 꿈은 사업운이 왕성해 돈이 들어올 징조이다. 자신이 리셉션에 참석하는 꿈은 애정이 급속도로 발전할 징조이니, 사랑의 진전을 기대할 수 있겠다. 나를 위해 개최된 리셉션이라면 나의 생활 속에 변화가 일어날 징조

☆맞거나 때리거나 찔리는 꿈 얻어맞거나 뭔가에 찔리는 꿈은 자신을 과소평가하고 있다는 증거. 더욱 자신감을 가지도록. 다른 사람을 때리는 꿈은 너무 공격적이라는 뜻이니 마음을 진정시킬 것. 또한 얻어맞는 꿈은 재물이 생길 징조이고 담력이 커지는 것을 의미하지만 때리는 꿈은 손해를 입게 될 징조이다.

☆**모험** 가슴이 콩닥콩닥거릴 정도로 두근거리는 모험의 꿈은 커다란 변화가 기다리고 있다는 증거이다. 자신이 모험가가 되어 꿈속에 등장했다면 고난이 시작될 듯. 남성과 함께 모험을 시도하는 꿈은 새로운 환경이나 흥미를 암시하고, 여성과 함께 모험하는 꿈은 누군가에게 감시를 당하고 있다는 증거이다.

☆**못난이가 되는 꿈** 자신이 못난이가 되는 꿈은 뭔가 좋은 일이 일어날 징조. 하지만 다른 사람이 못난이가 되는 꿈은 믿었던 사람에게 속을 위험이 있다. 일과 놀이를 분간하고, 자칭 친구라는 사람을 경계해야 할 필요가 있다.

☆**무도회** 무도회에서 춤을 추는 꿈은 어떤 비밀을 밝혀낼 수 있을 듯. 하지만 그것이 가면무도회였다면 주의해야 한다. 친구들 중에 진실하지 않은 사람이 있다는 증거니까.

☆**무릎을 꿇는 꿈** 물건을 집으려고 무릎을 꿇는 꿈은 어떤 기회이든 놓치지 말라는 의미이다. 교회나 절에서 무릎을 꿇었다면 바람이 이루어질 듯. 그 밖의 경우에 무릎을 꿇는 꿈은 남에게 속고 있다는 증거이니, 다시 한번 주위를 돌아보라.

☆**무시** 사람들에게 무시당하는 꿈은 현실에서는 반대로 나타나는 경향이 있으므로 애인과의 관계가 더욱 좋아진다거나 문제가 해결된다는 뜻이 된다. 하지만 내가 친한 사람을 무시하는 꿈은 안 좋은 일이 일어날 것을 암시. 그러나 이 꿈의 경고에 따라 조심한다면 문제는 극복할 수 있을 것이다.

☆**무엇인가를 깎는 꿈** 금속을 깎는 꿈은 일에 장애가 있을 듯. 나무를 깎는 꿈은 자유스럽지 않다는 증거. 벽을 깎으면 옛 애인이 나의 생활

속에 다시 등장하게 된다. 칼로 나무를 깎으면 애정 면에서 실망하게 되고, 줄로 금속을 깎는 것은 야심이 지나치게 강하다는 증거.

☆**무엇인가를 끓이는 꿈** 자신이 물을 끓이는 꿈은 감정대로 일을 처리하지 말라는 뜻. 수프를 끓였다면 금전운을 암시. 커피를 끓였다면 감정의 기복에 의해 파란이 예상된다.

☆**무엇인가를 찾는 꿈** 남성을 찾는 꿈은 편안하던 일에 문제가 발생할 징조이고, 여성을 찾는 꿈은 무슨 일로 비판을 받게 될 징조. 물건을 찾는 꿈은 장래에 대한 자신의 계획이 지나치게 크다는 것을 암시한 것이다.

☆**묶거나 묶이는 꿈** 무엇인가를 끈으로 묶거나 자신이 묶이는 꿈은 인간관계로 인해 고민하고 있다는 증거이다. 착실한 인간관계를 가지도록 노력할 것. 노끈에 묶인 책을 보았다면 분실했던 물건을 되찾을 수 있게 될 듯.

☆**물건을 깨는 꿈** 접시를 깨는 꿈은 물질적인 성공을 약속. 컵이나 글라스를 깨면 자신이 관대하고 열성적인 사람이라는 증거이다. 그 밖의 가정용품을 깨면 가정생활에 불만이 있어서 실망을 느끼고 있다는 뜻이다.

☆**미끄러지는 꿈** 미끄러지는 꿈은 마음을 결정하지 못해 애쓰고 있다는 증거. 결단을 내리지 않으면 아무 일도 할 수 없다. 가능하면 빨리 결심하도록. 미끄러져 넘어질 듯하다가 다시 일어나는 꿈은 금전 문제에서 호조를 보일 듯.

☆**미팅** 미팅을 주선하는 꿈은 기회를 놓쳐서 자신에게 화를 내고 있다는 증거. 미팅에 참석하는 꿈은 결단을 내리려면 지금이 가장 좋다는 뜻.

자, 지금까지 미루어 온 문제를 깨끗하게 정리하자.

☆**밀어내기** 무엇을 미는 꿈은 자신의 힘으로 문제를 극복할 수 있다는 징조이다. 그것이 크고 강하면 강할수록 문제 해결에서 큰 성과를 거둘 수 있다.

☆**바닥을 쓸고 닦는 꿈** 꿈에 바닥을 쓸거나 닦는 것은 좋은 징조 문제가 해결되고 머지않아 돈도 생길 것이다.

☆**반죽을 하는 꿈** 자신이 반죽을 하거나 무엇인가를 주무르는 꿈을 꾸었다면 다른 사람의 말을 듣지 말라는 암시이다. 내 일은 내가 결정하고 실행해야 후회하지 않는다.

☆**받아쓰기** 뭔가를 외우며 받아쓰는 꿈은 지금의 계획이 쓸모없는 것이 될 징조 그러나 자신이 중얼거리는 꿈은 상업적인 면에서 중대한 진전이 있을 것이다.

☆**발견** 사람이나 물건을 갑자기 발견하는 꿈은 유산 상속의 가능성이 있다. 자신이 남에게 발견되는 꿈은 가까운 시일 안에 새로운 사람이나 장소와의 만남이 있을 것이다. 혹시 여행을 떠나게 될지도

☆**발명** 가장 소중하게 여겼던 바람이 뜻대로 이루어질 듯.

☆**발자국** 여성의 발자국은 새로운 시도가 성공할 징조이다. 하지만 남성의 발자국이었다면 계획을 변경하기 전에 다시 한번 깊이 생각할 것 아이들의 발자국은 걱정이 해소될 징조이고, 자신의 발자국은 성공을 암시한다.

☆**방문** 자기가 누군가를 방문하는 꿈은 간사스러운 아첨을 진실로 믿고 우쭐거리고 있다는 증거. 누군가가 나를 방문하는 꿈은 뭔가 이치에 맞지 않는 일을 하고 있다는 뜻.

☆**배달** 편지 배달은 일이 순조롭게 진행된다는 뜻. 소포라면 어떤 사람과의 관계가 미묘한 변화를 일으키고 있다는 징조. 혹시 상대는 친구 이상의 관계를 바라고 있는 것은 아닌지? 전보일 경우에는 지갑을 조심하도록.

☆**버리는 꿈** 싫어하는 것을 버리는 꿈은 금전 면에서 좋은 징조이다. 다른 사람이 뭔가를 버리는 모습을 보았다면 가까운 시일 안에 중요한 일이 일어날 듯.

☆**보따리** 어떤 보따리든 손에 들고 있으면 뜻밖의 초대를 받을 징조. 하지만 물건을 포장하는 꿈을 꾸면 모든 방면에서 비판을 받게 된다.

☆**부딪히는 꿈** 무엇을 하더라도 신중하게 대처하라는 경고.

☆**부러움** 다른 사람이 가진 물건을 부러워하는 꿈은 자신의 재산이 늘어날 징조. 다른 사람의 모습을 부러워했다면 애인과 싸움을 할 듯. 사람들의 선망의 대상이 되는 꿈은 일찍이 없었던 호황을 누릴 징조이다.

☆**비밀이야기** 비밀이야기를 엿듣는 꿈은 좋지 않은 일에 휩싸일 징조. 비밀이야기를 다른 사람에게 했을 경우는 소문을 내지 않도록 조심할 필요가 있다.

☆**빨래** 손으로 뭔가를 빠는 꿈을 꾸었다면 다른 사람의 문제에 휩싸이지 않도록 조심할 것. 세탁기로 빨래를 했다면 이사할 가능성이 있다. 세탁물을 말리는 꿈은 일이 성사될 징조. 청결한 세탁물은 행운의 심벌. 더러운 것이었다면 문제가 생길 염려가 있다.

☆**뺨을 때리거나 맞는 꿈** 뺨을 때리는 꿈은 창피를 당할 징조. 자기가 얻어맞았다면 사회적 성공을 암시한다.

☆**사과**(謝過) 친구 관계를 시사한다. 누군가에게 사과를 받는 꿈은 애인

과의 관계가 원만해질 징조 그리고 내가 사과를 하는 꿈은 사이가 안 좋았던 친구와의 우정이 되살아난다.

☆**사냥** 장애의 꿈. 사냥이 잘 되면 지금 안고 있는 문제가 잘 처리될 것이다. 그 반대라면 당분간 그 문제를 처리하느라 고생 좀 할 것이다. 여우를 죽이는 꿈은 내가 싫어하는 사람, 특히 사랑의 라이벌에게 승리를 거둘 수 있다. 창으로 물고기를 잡는 꿈은 연애가 최고조에 달할 징조이다.

☆**사라지는 꿈** 사랑하는 사람이 사라지는 꿈은 애정 면에서의 위험을 암시. 별로 친하지 않은 사람이 사라지는 꿈은 현재 상황을 조절할 수 있게 된다는 뜻이고 사라진 사람이 죽어버리는 꿈은 곧 결혼식을 올리게 될 징조이다.

☆**사람을 죽이는 꿈** 꿈속에서 사람을 죽이면 스트레스가 많이 쌓였다는 증거. 아버지를 죽이는 꿈은 뭔가 희생을 강요당하게 된다. 어머니를 죽이는 꿈은 남들에게 욕을 얻어먹을지도 모른다. 애인을 죽이는 꿈은 싸웠던 사람과 화해하게 될 징조이고, 살인을 목격하는 꿈은 좋지 않은 결과가 찾아올 것이다.

☆**사투리** 자신이나 다른 사람이 여느 때는 사용하지 않던 사투리를 사용하며 이야기를 했다면 먼 곳으로부터 소식이 와서 갑자기 여행을 떠나게 될지도 모른다.

☆**살찌는 꿈** 나를 포함하여 꿈속에 나오는 사람이 뚱뚱해질수록 당신의 고민은 줄어든다.

☆**선서** 자기나 다른 사람이 선서하는 꿈은 직장에서의 승진이나 사회적 지위가 향상될 것을 암시한다.

☆**선전** 뭔가를 선전하는 꿈은 사색적인 계획에 주의하라는 경고. 단, 광고나 선전을 보는 꿈은 당신의 계획이 실현될 징조이다. 광고가 만화였다면 대길.

☆**성공** 상황이 좋아지는 꿈을 꾸면 실생활에서도 그대로 나타난다. 충족감도 느낄 수 있다. 앞으로 나아가는 꿈은 마침내 성공할 수 있게 된다는 암시. 꿈속에서 일이 척척 진행되면 실생활에서도 야망을 이룰 수가 있다. 그와 반대로 꿈속에서 역경을 만나면 현실에서도 성공을 거두기 어렵게 된다.

☆**성장하는 꿈** 자연 속에서 뭔가가 성장하거나 자라는 꿈은 직업상의 승진을 암시.

☆**소식** 단순히 소식을 기다리는 꿈은 원하는 결과를 얻을 수 없으니 방향을 바꿀 필요가 있다. 소식을 받는 꿈은 현실과는 반대로 해석한다. 좋은 소식은 나쁘게 나쁜 소식은 좋게 나타난다.

☆**속이는 꿈** 남을 속이는 꿈은 뜻밖의 행운이 올 듯. 또한 다른 사람의 도움으로 구원받게 될 듯.

☆**속임수** 남을 속이기 위해 자신이 연기하는 꿈은 계획대로 일이 진행되지 않을 징조이다. 좀 더 자기주장을 내세워 능동적인 자세를 취하도록 노력할 것.

☆**손짓** 친구나 친척이 내게 손짓을 해 보이면 재미있는 일이 많이 생길 징조이지만 모르는 사람이 손짓할 경우는 약간의 불행에 휩싸일 듯.

☆**수치** 수치를 당하는 꿈은 상업적인 면에서의 행운을 암시. 단, 뭔가 마음에 걸리는 일이 있는 상태에서의 꿈이라면 죄의식 때문일지도 모르니 별 도움이 되지 않는다.

☆**숨거나 숨기는 행위** 자기의 몸을 숨기는 꿈은 당신이 하려는 일로 인해 나중에 후회하게 될 가능성이 크다. 스스로도 그런 느낌을 갖고 있는 것은 아닌지? 뭔가를 숨기는 꿈은 혼자서 고민하지 말라는 경고. 누군가에게 털어놓으면 틀림없이 도움이 될 것이다.

☆**숫자를 세는 꿈** 일을 너무 크게 벌린 것이 아닌가? 아니면 쓸데없는 간섭을 하고 있지는 않은가? 다른 사람과 일을 분담하도록 하라. 돈을 세는 꿈이라면 승진을 암시.

☆**습격** 자신이 습격당하는 꿈은 좋은 소식이 들어올 징조. 다른 사람을 습격하는 꿈은 돈이 들어올 징조. 다만 그와 동시에 나에 대한 평판이 나빠질 위험이 있으니 신중하게 행동하도록.

☆**습관** 담배와 같은 나쁜 습관이 꿈에 나타나면 역경 속에서 빠져나오려고 애쓰고 있다는 증거이다. 그런 습관을 끊었다면 문제도 해결된다. 종교상의 습관은 어떤 사람과의 관계를 끊어야 할 필요가 있다는 것을 암시한다. 자신도 그런 느낌이 있을 테니까 이 기회에 깨끗하게 끊어버리도록 하라.

☆**실이나 노끈이 얽혀 있는 꿈** 실이 얽혀 있거나 노끈이 얽힌 꿈은 남몰래 계획하고 있는 일이 혼란을 초래해 자신의 힘으로 해결할 수 없게 된다는 것을 암시한다. 들이나 산에서 풀이 얽혀 있었다면 초조해한다는 증거이다.

☆**싸움** 말다툼 정도가 아니라 전투 상태로까지 돌입해 버렸다면 누군가와 심각한 언쟁을 할 징조. 싸움에서 이기면 연애운이 상승. 지면 다른 사람의 얕은꾀에 빠질 위험이 있으니 피해 입지 않도록 조심할 것.

☆**쌓아 놓은 물건** 꿈속에 물건을 쌓아 놓은 것이 보이면 뭔가 할 일을

잊고 있다는 증거.

☆**아나운스먼트** 아나운스먼트를 하거나 듣는 꿈은 나의 생활에 좋은 변화가 있을 징조

☆**앙케트** 앙케트에 기입하는 꿈은 사소한 문제들이 발생해서 일이 순조롭게 풀리지 않을 징조

☆**야심·야망** 야망을 달성하는 꿈은 좌절을 맛보게 된다. 그리고 좌절하는 꿈은 마지막에 야심을 달성할 수 있다는 뜻.

☆**양치질** 양치질을 하는 꿈은 뜻하지 않은 전환기를 맞이할 듯. 유연하게 대처하면 좋은 결과를 얻을 수 있다.

☆**얼굴이 빨개지는 꿈** 창피해서 얼굴이 빨개지는 꿈은 친구를 믿을 수 없는 일이 생길 징조이다. 다른 사람의 얼굴이 빨개졌다면 함부로 말하고 다니지 말 것, 소문내지 말라는 경고다.

☆**여행** 변화를 암시하는 꿈. 즐거운 여행이라면 변화도 즐거운 쪽으로 흐른다. 그리고 힘든 여행이라면 변화도 나쁜 방향으로 흐른다.

☆**연습** 즐겁게 연습하는 꿈은 행운의 꿈. 지쳐 있었다면 일을 할 때 무리하지 말라. 언젠가 후회하게 된다.

☆**연회** 성대한 연회는 가족의 애정과 행복을 암시한다. 하지만 손님이 별로 없었다면 싸울 일이 생길 수 있으니 마음을 억제하도록.

☆**염색** 염색을 하는 꿈은 자신의 판단만을 믿으라는 암시. 머리를 염색하는 꿈은 병에 걸릴 징조 옷을 물들이는 꿈은 사회적 성공을 의미. 옷을 물들이는 데 실패했다면 화려한 선물을 기대해도 좋을 듯.

☆**옷을 벗는 꿈** 아이가 옷을 벗는 꿈은 지금이야말로 자신의 권리를 위해 일어서야 할 때이다. 남자가 옷을 벗으면 들뜬 인간관계를 암시. 여

자일 경우에는 현재의 내가 절제할 줄 모르는 욕망에 사로잡혀 있다는 증거이다. 자신이 사람들 앞에서 옷을 벗는 꿈은 휴식이 필요하다는 암시가 있다.

☆**욕** 사이가 안 좋았던 친구와 화해하게 될 징조 다른 사람이 욕을 하는 꿈이었다면 쓸데없는 소문을 내지 말도록 주의할 것 그런 짓을 하면 당신을 존경하던 사람이 실망할 것이다.

☆**위로 올라가는 꿈** 어떤 형태로든 위로 올라가는 꿈은 성공을 뜻한다. 쉽게 성공할 수 있는지 고난이 따를 것인지는 꿈속에서 올라가는 과정과 관계가 있다.

☆**위원회** 변화의 조짐이 있다. 냉정하게 대처할 것 그것이 최선의 길이다. 위원회를 개최하는 꿈은 사람과의 약속을 이행하지 못해서 후회하게 될 징조 위원회에 출석하는 꿈은 지금 당신의 일이 최고조에 달해 있다는 뜻.

☆**유머·조크** 재미있는 유머라면 친구와 말다툼을 하게 될지도 모른다. 자신이 재미있는 농담을 하는 꿈은 상업적인 면에서 호조를 띠게 된다. 하지만 그 농담을 받아 주는 사람이 없다면 개인적으로 실망할 일이 생길 것이다. 성적인 농담은 큰돈이 생길 징조

☆**음식을 씹는 꿈** 음식을 씹고 있었다면 실망을 할 징조 그것은 모두 자신의 탓이다. 다른 사람이 음식을 씹고 있었다면 누군가에게 초대를 받을 징조

☆**의지·의탁** 사람이나 물건에 의지하는 꿈은 지금 이상으로 자립할 수 있다는 뜻. 누군가가 나에게 의지하는 꿈은 가까운 시일 안에 도움을 청하게 될 징조

☆**인터뷰·면접** 유명인을 인터뷰하는 꿈은 멋진 만남을 암시. 정치가와 대담하는 꿈은 불만이 많다는 증거. 직업적인 면접이라는 성격을 띤 인터뷰는 커다란 변화를 암시한다. 하지만 실제로는 반드시 직업상의 변화만을 암시하는 것은 아니다.

☆**일어서는 꿈** 땅바닥에 앉아 있는 상태에서 벌떡 일어나면 의견 다툼에서 이길 수 있다. 의자에서 일어서면 고난을 암시. 소파나 벤치에서 일어나면 예기치 않은 장애를 만나게 된다.

☆**입을 막는 꿈** 전형적인 장애의 꿈. 입이 틀어막혀도 그것을 떨쳐버리면 장애를 극복할 수 있다. 자기가 남의 입을 막거나 누군가가 입이 틀어막힌 모습을 보았다면 신중하게 처신할 것. 그렇지 않으면 안 좋은 소문에 휩싸일 염려가 있다.

☆**자르거나 베는 꿈** 뭔가를 자르거나 나무가 싹둑 베어지는 것을 보면 가족 간의 분쟁이 해소될 징조.

☆**자리에 앉는 꿈** 높은 곳에 앉으면 나의 지위가 향상될 것이고 낮은 자리에 앉을 경우는 좀 더 자기주장을 할 필요가 있다.

☆**잠** 자신이나 타인이 잠을 자고 있는 꿈은 자주 꾸게 된다. 잠을 자고 싶어도 뜻대로 되지 않았다면 건강이 좋지 않다는 암시. 마음껏 수면을 취했다면 상업적인 면에서 새로운 거래처가 생길 것이다. 다른 사람과 함께 잠을 자는 꿈은 당신이 낙천적이고 의심할 줄 모르는 사람이라는 증거. 코를 고는 남자의 꿈은 상사가 나의 가치를 인정하고 있다는 뜻. 여자가 코를 골았다면 금전적인 계획에 무리가 있다는 뜻이다.

☆**재채기** 꿈속에서 재채기를 했다면 당분간 일이 순조롭게 진행될 듯. 다만 다른 사람이 재채기를 하는 꿈은 가지고 싶은 것을 손에 넣기 위해

악전고투를 해야 할 필요가 있다.

☆**재회** 누군가와 재회하는 꿈은 필요한 원조를 얼마든지 받을 수 있다는 암시이다.

☆**점** 누군가에게 자신의 운세를 묻는 꿈은 연애운은 상승하지만 직업운은 불길하다. 하지만 자신이 점을 치는 꿈은 나의 계획이 성공할 징조

☆**점프** 무엇보다도 인내가 중요하다. 열심히 노력하면 지금의 어려움을 극복할 수 있다.

☆**접근** 자기 일에나 신경을 쓰라는 의미이다. 누군가가 당신에게 또는 당신이 누군가에게 접근하는 꿈은 가족 간의 분쟁에 휩싸이게 된다는 암시이다.

☆**정리정돈** 책꽂이의 책을 정돈하는 꿈은 나의 계획이 수포로 돌아갔다는 것을 뜻함. 식사를 하기 위해 식탁을 정돈하는 꿈은 건강과 힘을 암시. 지금 당신은 결단력과 자신감이 넘쳐 상사에게 높은 평가를 받고 있을 것이다. 홍차나 커피를 마신 잔을 정리하는 꿈은 어떤 일에 지나치게 열중하지 말라는 경고이다. 미팅을 계획하는 꿈은 문제를 해결하려면 다른 사람의 도움을 청하라는 뜻.

☆**정치 활동** 자신이 특정한 정당에 가입하는 꿈은 적을 만들 수 있으니 주의할 것. 선거를 하는 꿈은 지금의 계획이 모두 순조롭게 진행된다는 뜻이다. 투표를 하는 꿈은 자신감을 잃고 있다는 증거이니 좀 더 자기주장을 내세울 것. 당신은 결코 다른 사람에게 뒤지는 인물이 아니다.

☆**제안** 뭔가를 제안하거나 남에게서 제안을 받는 꿈은 상황이 진전하고 있음을 뜻한다. 지금은 그다지 뛰어나 보이지 않더라도 긴 안목으로 보면 출세할 수 있다는 암시가 강하다.

☆**조각** 금속에 문자나 무늬를 조각했다면 직장을 옮길 가능성이 있다. 나무를 조각했다면 파티 초대장이 날아올 듯. 어느 것이나 조각을 하는 것은 좋은 꿈이다.

☆**주정** 술집에서 주정하는 사람을 보았다면 건강이 좋지 않다는 뜻. 자신이 주정했다면 약간의 수확이 있을 듯. 거리에서 주정하는 모습을 보면 지나치게 낭비하고 있다는 증거. 취해서 노래를 불렀다면 현재 자신감을 잃고 있다는 의미이다.

☆**차거나 차이는 꿈** 다른 사람에게 차이면 경쟁을 두려워하고 있다는 뜻이다. 자신이 다른 사람을 차면 상황이 나아진다. 어쩌면 곧 승진하게 될지도 모른다. 공을 차는 꿈도 좋다. 엉덩이를 차이면 착실하게 지위가 오를 것이다. 하지만 다른 사람의 엉덩이를 차는 꿈은 누군가에게 질투를 받고 있다는 증거.

☆**청소** 깨끗하면 깨끗할수록 음침한 일이나 반도덕적인 행위를 삼가라는 경고성이 짙어진다. 또한 약간의 돈이 생길 꿈이기도 하다.

☆**초대** 초대장을 받는 꿈은 안 좋은 일이 기다린다는 증거. 하지만 말로 초대를 받는 꿈은 사교적인 면에서 좋아질 듯.

☆**추방** 어딘가로 가야만 할 상황이 되어 자기의 집이나 나라에서 추방당하는 꿈은 부자가 될 수 있다는 암시.

☆**추적** 사람이나 짐승이 지나간 곳을 추적하는 꿈은 노력만 하면 바라는 일에서 성공할 수 있다는 암시. 하지만 추적하는 도중 길을 잃었다면 시간을 낭비하지 말라는 경고. 자신이 추적을 당하거나 남이 추적 당하는 꿈은 평화로운 노후를 암시한다.

☆**축하** '축하합니다'라는 말을 듣는 꿈은 다른 사람의 도움을 필요로 하

게 될 듯. 다른 사람에게 축하 인사를 하는 꿈은 자신에게 유리한 방향으로 일이 진행될 것이다.

☆**출발·도착** 당신이 어딘가에 도착하는 꿈은 노력한 보람을 거둘 징조. 누군가가 도착하는 꿈은 도박을 하지 말라는 경고. 친구가 찾아오는 꿈은 뜻밖의 즐거움을 암시한다.

☆**춤사위** 자신이 춤을 추는 꿈은 가까운 시일 안에 뭔가 수확이 있을 듯. 사람들 앞에서 춤을 추었다면 나의 인생을 바꿀 수 있을 정도의 큰 변화를 암시. 혼자서 춤을 추고 있었다면 슬픔을 암시. 바람은 성취되지 않을 것이니 기대하던 것을 포기하는 게 좋다.

☆**측량** 수확이 있을 징조. 자기의 키를 재는 꿈은 재물이 생길 징조. 기온을 측정하는 꿈은 앞으로 좋은 시기를 맞을 듯. 분량을 측정했다면 잠시 무슨 일을 하든 신중하게 대처할 것. 집을 측량했다면 매우 조심해야 한다. 엄청난 손해를 볼 가능성이 크니까.

☆**칭찬** 누군가에게 칭찬을 받는 꿈은 뜻밖의 비판을 당할 징조. 하지만 자신이 칭찬하는 꿈은 행운을 암시. 단, 보통 때라면 칭찬하지 않을 일을 칭찬해 주었다면 친구에게 속고 있다는 뜻이니 주의할 것.

☆**캠핑** 산속의 오두막이나 텐트 안에서 캠핑을 하는 꿈은 좋은 변화가 일어날 징조. 이사를 하든 직장을 옮기든 모든 일이 잘될 것이다. 군대의 캠핑은 상업적인 성공을 의미.

☆**통역** 자신이 통역하는 꿈도, 통역을 받는 꿈도 금전 문제가 발생할 징조.

☆**퇴위·사임** 왕이나 여왕이 퇴위하는 꿈, 대통령이 사임하는 꿈 등은 상업적인 면에서의 파란을 의미한다. 더욱 세심하게 주의를 기울이도록

노력할 것.

☆파괴 다른 사람의 물건을 부수는 꿈은 당분간 안 좋을 징조. 하지만 부서진 것을 발견했을 경우는 직업적인 면에서 예기치 않은 승리를 거둘 수 있을 듯.

☆파티 파티에 참석하는 꿈은 즐거운 일이 많이 일어날 것을 암시. 단, 지출이 예상된다. 자신이 파티를 개최하는 꿈은 싸움을 암시한다.

☆퍼레이드 퍼레이드의 선두에 서 있었다면 자신의 노력을 인정받을 수 있다. 특히 사업 면에서. 퍼레이드의 일원이 되어 행진했다면 초대하지도 않은 손님이 갑자기 찾아올 수도 있다. 퍼레이드를 보았다는 것은 승진을 암시한다.

☆포장하는 행위 선물을 포장하는 꿈은 어떤 사람에게 진심을 털어놓기에 적당한 시기라는 뜻. 가게에서 상품을 포장하고 있었다면 직장에서 지위를 확고하게 다져야 할 때라는 의미이다.

☆피난 도박을 하지 말라는 경고. 위험한 사업도 하지 말 것.

☆하품 부정적인 생각이 자신을 지배하고 있다. 된다는 사고방식으로 생각하면 반드시 해결 방법이 있을 것이다.

☆핥거나 빠는 꿈 자신의 입술을 핥는 꿈은 요즘 자신이 욕심쟁이가 되었다는 증거이다. 자신의 손가락을 빨면 뭔가에 대해 병적일 정도로 공포심을 느끼고 있다는 뜻. 숟가락을 빨았다면 즐거운 변화가 있을 조짐이다.

☆행렬 행렬 속에 줄을 서는 꿈은 가족의 별것 아닌 충고에 의해 구원을 받을 수 있다는 암시이다. 행렬을 보면 중대한 일이 이익을 가져다줄 것이다.

☆**행진** 행진하는 사람이 꿈에 보이면 슬픈 소식이 있을 것이다.

☆**혁명** 사람들이 반란을 일으키는 꿈을 꾸었다면 사업적 성과를 주의 깊게 지켜볼 필요가 있다. 군대가 출동했다면 사생활의 어려움을 피할 수 없다. 유혈 사태는 요즘 자신이 지나치게 경솔한 행동을 하고 있다는 증거이다.

☆**호흡** 호흡이 멈추거나 숨쉬기가 힘든 꿈은 바로 전에 있었던 일 때문에 고민하고 있다는 증거이다. 편안하고 안정된 호흡은 장래에 대한 자신의 자신감을 의미하는 것이다. 그런 꿈을 꾸었다면 무슨 일을 해도 잘 될 것이다.

☆**환성** 환성을 지르는 꿈은 충동적으로 벌인 행동 때문에 후회하게 될 징조. 환성을 들었다면 쓸데없는 지출을 삼갈 것.

☆**휘파람** 자신이 휘파람을 부는 꿈은 비판을 당할 암시이다. 다른 사람이 휘파람을 부는 꿈은 지금의 계획이 난관에 부딪힐 위험이 있다는 의미이다.

☆**휴전** 함부로 말을 한 탓에 친구를 잃을 가능성이 있다.

감정에 관한 꿈

☆**가면** 현실과 마찬가지로 꿈속에서도 가면은 진실을 감추려는 행동의 표현. 배신이나 질투의 징후가 엿보이니 조심할 것. 자신이 가면을 쓰고 있었다면 파트너와의 관계가 잘 진행되지 않는다는 뜻. 두 사람의 관계를 다시 한번 돌아보고 개선하기 위해 노력하라.

☆**거짓말** 거짓말을 하는 꿈은 자신의 어리석은 행동 때문에 골치 아픈 문제에 휘말릴 징조. 나를 위해 누군가가 거짓말을 해주었다면 뜻하지 않은 방향에서 지원을 받게 될 수도 있다.

☆**결투** 꿈속에서의 고전적 결투는 누군가에게 싸움의 씨앗을 제공하고 있다는 증거이다. 가족이나 친구와 문제를 일으키지 않도록 미리 손을 쓰도록 하라. 현대식 결투였다면 현재 자신과 적대 관계에 놓인 사람이 있는 것은 아닌지 한 번쯤 생각해 보라. 꿈속에서 자신이 승리를 하였다면 그 사람도 나에게 위해를 가하지는 못할 것이다. 싸움을 하고 있는 사람을 보았다면 유흥을 위해 돈과 시간을 지나치게 낭비하고 있다는

증거이다. 일과 공부에 전념하도록.

☆**경쟁 상대** 일이나 사회생활에서의 라이벌이 꿈에 나타나면 일시적인 트러블에 휩싸일 수도 있다. 하지만 노력하면 극복할 수 있다.

☆**나쁜 행동** 나쁜 일이나 나쁜 마음은 방향 전환의 필요성을 의미. 지금 계획하고 있는 일이 제대로 풀려나가지 않을 것이다. 방향 전환을 꾀할 것.

☆**난처함** 자신이 어떤 일에 난처해하는 꿈은 실행하고자 하는 계획이 잘 풀려나갈 징조이다. 다른 사람을 난처하게 만드는 꿈은 수입이 늘어날 듯.

☆**놀람** 깜짝 놀라는 꿈을 꾸면 곧 승진하게 될 듯. 다른 사람을 놀라게 하는 꿈은 좋은 소식이 있을 징조이다. 놀라는 꿈을 꾸면 대부분 돈이 생기기 쉽다.

☆**놀림당하는 꿈** 남들에게 놀림을 당하는 꿈은 감정적인 문제를 안고 있다는 증거. 혹시 애인에게 배신을 당한 것은 아닌지? 다른 사람을 놀리는 꿈은 직장을 옮기거나 이사를 하는 것과 같은 일대 전환기를 맞이하여 안정된 생활로 들어갈 수 있다는 뜻.

☆**때리거나 맞는 꿈** 모욕과는 반대로 사람을 때리는 꿈은 좋은 징조. 친구나 애인을 때리거나 그들에게 맞는 꿈은 사생활에서의 길운(吉運)을 뜻한다. 하지만 상대가 전혀 모른 사람이라면 무슨 일이든 설치지 말라는 신호. 동물을 때리거나 카펫을 두드리는 꿈은 집중력을 길러 이성적으로 행동하라는 경고. 그렇지 않으면 사태는 악화한다. 실제로 맞은 것이 아니라 정신적인 충격을 입은 꿈은 실제 생활에서 다른 사람과 싸우더라도 곧 다시 화해하게 된다. 다른 사람에게 상처를 입히는 꿈은 잃어

버렸던 물건을 찾을 징조

☆**말 잇기 놀이** 막히지 않고 계속해서 이어나갈 수 있었다면 지금 안고 있는 문제가 해결될 징조 하지만 중간에 말이 막혔다면 문제는 해결되지 않을 듯.

☆**말다툼** 꿈속에서 화가 난 나머지 말다툼을 하면 좋은 일이 생길 징조 말다툼은 장수와 편안함을 상징한다.

☆**모욕** 누군가에게 모욕적인 말을 듣는 꿈은 사업 면에서 나쁜 운을 암시. 내가 누군가를 모욕하는 꿈은 누군가가 나를 이용하려 한다는 증거. 자신을 헐뜯는 꿈은 편안한 애정 생활을 의미.

☆**미로** 미로 안에 있는 꿈은 장애를 암시. 출구를 발견하면 문제는 간단히 해결된다. 하지만 미아가 되거나 겁을 먹어서 초조한 상태였다면 뜻하지 않은 반대에 부딪혀 진로를 변경해야 할 듯.

☆**바람기** 누군가가 나를 속이고 바람을 피웠다면 그 사람이 나에게 큰 도움을 주게 된다. 자신이 바람을 피우는 꿈이라면 가까운 시일 안에 유혹을 당할 듯. 어쩌면 벌써 그런 일이 있었는지도 모른다.

☆**방해·파괴** 가족 간의 언쟁이나 불화를 해결하기 위해 모든 수단 방법을 동원해야 할 듯. 공격적으로 행동하지 말고 설득하는 데 주력하도록 하라.

☆**변장** 자기가 변장하는 꿈은 지나치게 자신의 모습을 감추지 말라는 뜻. 친구와 터놓고 이야기하라. 다른 사람이 변장을 하는 꿈은 지금 내가 세우고 있는 계획은 도리에 어긋나는 점이 있다는 증거. 생각을 바꾸지 않으면 많은 빈축을 사게 된다.

☆**복수** 복수를 하는 꿈은 애정 면에서 심한 타격을 받을 수도 있다. 다

른 사람에게 복수를 당하는 꿈은 사업 면에서 문제가 발생한다.

☆**비난** 때로는 화가 나서 다른 사람을 비난하는 경우가 있다. 누군가에게 비난받는 꿈은 악착같은 사람을 주의하라는 경고이다. 비난을 받은 후 자기도 그 앙갚음을 했다면 문제를 해결할 수 있을 것이다. 누군가를 비난하는 꿈은 개인적인 인간관계에서 문제가 발생할 듯. 또 여자에게 비난을 받는 꿈은 생각지도 않은 소식이 전해져 올 듯. 반대로 남자에게 비난을 받는 꿈은 사업적인 면에서 바라던 이상의 성과를 올릴 수 있을 것이다.

☆**속는 꿈** 남에게 속는 꿈은 불안과 고민과 고독을 상징. 동시에 사업 문제나 손해를 의미한다.

☆**어수선함·혼잡한 상태** 고민의 씨앗이 무엇이든 즉시 시원하게 해결될 것이다.

☆**언쟁** 말다툼 정도가 아니라 전투 상태로까지 돌입해 버렸다면 누군가와 심각한 싸움을 할 징조이다. 언쟁에서 이기면 연애운이 상승함을 의미한다. 언쟁에서 지면 다른 사람의 얕은꾀에 빠질 위험이 있으니 피해를 보지 않도록 조심할 것.

☆**욕지거리** 싸움을 했던 친구와 화해할 듯. 다른 사람이 욕을 하는 꿈을 꾸었다면 쓸데없는 소문을 내지 말도록 주의할 것. 그런 짓을 하면 당신이 존경하는 사람이 한탄할 것이다.

☆**음모** 음모에 가담하는 꿈은 어떤 일에서 자신을 속이고 있다는 증거. 음모를 폭로하는 꿈은 자기 변호가 필요할 정도로 평판이 떨어졌음을 의미한다.

☆**적** 내가 아는 사람이 적으로 나타나면 신뢰할 수 있는 성실한 친구에

게 둘러싸여 있다는 증거. 적과 싸우는 꿈은 매우 안 좋은 결단을 내려야 할 듯. 적을 위협하면 좀처럼 해결할 수 없는 문제를 안고 있다는 증거이다.

☆**적의(敵意)** 이것은, 자신의 생활에서 모순점을 찾아 다시 생각해 보라는 경고.

☆**짜증** 벌컥 짜증을 내는 꿈은 소중한 친구를 잃을 위험성을 암시. 짜증을 내는 사람을 위로하는 꿈은 현재 진행하고 있는 일이나 기분을 바꾸고 싶어한다는 뜻.

☆**체벌** 꿈속에서 체벌을 당하는 것은 가까운 장래에 매우 즐거운 일이 있을 징조. 하지만 아이가 체벌을 당하는 꿈을 꾸었다면 건강진단을 받아 볼 것.

☆**친구에 대한 분노** 친구에게 분노를 느끼는 꿈은, 그 친구를 통해 여러 가지 이익을 얻을 수 있는 징조. 다만 자신이 무엇 때문에 분노를 느꼈는지 확실히 알 수 없는 꿈일 경우에는 가까운 시일 안에 축하할 일이 생길 듯.

☆**퍼즐** 퍼즐을 푸는 꿈은 어려운 상황을 마침내 장악하게 된다는 뜻. 쉬운 퍼즐이었다면 자신의 생활 속에 바로잡아야 할 좋지 않은 상황이 있다는 뜻. 하지만 그것을 풀면 어려운 문제였을수록 그만큼 행운이 다가온다.

☆**폭동** 폭동을 일으키거나 진압하는 것을 목격하는 꿈은 무슨 일을 하든지 신중을 기하라는 뜻이다.

☆**폭행** 자신이 누군가에게 폭행당하는 꿈은 좋은 소식이 들어올 징조이다. 자신이 다른 사람을 폭행하는 꿈은 돈이 들어올 징조. 다만 그와 동

시에 자신에 대한 평판이 나빠질 위험이 있으니 신중하게 행동할 필요가 있다.

☆**혼란** 혼란스러움이 주제가 된 꿈이라면 현재 상황에 제대로 대처하지 못하고 있다는 증거이다. 하지만 현시점에서 변화를 꾀하는 것은 금물이다.

☆**흐느낌** 화가 나서 흐느끼는 꿈은 지금 자신의 신변에서 가장 관심을 기울이고 있는 일이 호전되고 있다는 증거. 누군가가 흐느끼고 있는 모습을 보았다면 좋지 않은 소식을 받게 될 것이다.

☆**히스테리** 누군가가 히스테리를 일으키는 꿈을 꾸었다면 하기 싫은 일을 강요당할 위험이 있으니 조심할 것. 자신이 히스테리를 일으켰다면 친구의 충고에 따를 것.

인간관계에 관한 꿈

☆**결혼** 독신자가 결혼하는 꿈을 꾸면, 결과적으로 아무런 도움도 되지 않는 일에 관여하고 있다는 증거. 다른 사람의 결혼식에 참석하는 꿈은 좋은 소식이 전해져 올 듯. 남몰래 결혼하는 꿈은 애정이 시들어서 고민하고 있다는 뜻.

☆**급한 성격·초조한 심리** 결단을 서두르지 말도록. 지금은 혼란한 시기. 무슨 일이나 침착하게 대처할 것.

☆**독신** 결혼한 사람이 독신자로 돌아가는 꿈은 도움이 되지 않는 사람과 어울리지 않도록 주의하라는 뜻.

☆**라이벌** 사업 면에서의 라이벌은 애정에, 애정 면에서의 라이벌은 사업에 관계가 있다. 라이벌을 이기는 꿈은 성공, 라이벌에게 패하는 꿈은 트러블을 암시.

☆**명성** 유명해지는 꿈을 꾼 것은 현재 지나친 기대를 가지고 있다는 증거이다. 분수에 맞는 기대를 가질 것. 유명인이 꿈속에 나타나면 일단 도

전하는 일은 피할 것. 하지만 의외의 장소에서 도움의 손길이 뻗쳐올 가능성이 있다.

☆**배반·배신** 연인이나 친구에게 배신당하는 꿈은 만사가 양호할 징조이다. 실제로는 믿을 수 있는 사람이라는 뜻. 하지만 배신한 사람이 자신이라면 생각지 못한 유혹의 손길이 뻗쳐올지도. 유혹에 넘어가지 않도록 조심하라.

☆**별명** 새로운 일을 시작하지 말라는 경고. 당분간 하던 일에만 집중하도록.

☆**분쟁** 금전 문제를 상징. 역경을 딛고 일어서는 꿈은 좋다. 성공을 가져올 것이다. 사업적인 문제였다면 대망을 성취할 수 있을 것이다. 하지만 연애 문제였다면 말을 조심할 것.

☆**불륜** 불륜 관계가 뒤얽힌 꿈은 모두 애정 문제를 암시한다. 정신적인 고통을 받고 있으며 진실이 밝혀질 경우 어려운 상황에 놓이게 될 것이다. 불륜을 저지르는 사람이 자신의 아내였다면 가까운 시일 안에 주위 사람과 언쟁을 벌이게 될 듯. 남편이 불륜을 저질렀다면 유산을 상속받게 될지도. 자신이 불륜을 저지르는 꿈은 자신의 비밀을 친구에게 털어놓지 말라는 경고. 불륜의 유혹을 거부하는 꿈은 지금까지 진전이 없었던 상황을 타파해 나갈 징조이다.

☆**불성실한 태도** 나에게 성의 없는 태도를 취하는 사람이 꿈에 나타나면 얼마 지나지 않아 그 사람에게 애정이나 우정을 표현할 듯. 자신이 불성실한 태도를 보였다면 유혹의 손길이 뻗쳐 올 것이다. 거기에 넘어가지 말라는 경고.

☆**사랑** 사랑을 하는 꿈은 어딘가에 나를 사랑하는 사람이 있다가 곧 고

백을 하게 될 듯. 사랑이 끝나는 꿈은 가까운 시일 안에 결혼을 하게 될 징조.

☆**사랑의 도피** 자신이 사랑하는 연인과 도피 행각을 벌이는 꿈은 가까운 시일 안에 연인과 이별할 가능성이 있다. 다른 사람의 경우는 누군가에게 여행 제의를 받게 될 듯. 하지만 기분만 상하게 될 테니 함께 가지 말 것.

☆**소문** 나에게 관계된 소문이라면 좋은 소식이 있을 듯. 하지만 다른 사람의 소문을 듣는 꿈은 가정 문제나 재산 문제가 발생할 징조. 내가 소문을 낸 것이 발각되거나 그 일로 추궁을 당하는 꿈은 다른 사람의 신뢰를 배신하지 말라는 경고. 자기 자신을 반성해 볼 것.

☆**소심한 성격** 소심한 성격 때문에 고민하는 꿈은 지금 추진하고 있는 계획이 잘 진행될 징조. 소심한 사람이 꿈에 나타나면 믿었던 사람에게 실망할 징조.

☆**실연** 애정 면에서 반대의 꿈. 버림받는 꿈은 두 사람의 관계가 믿음직하다는 뜻.

☆**실종** 남자라면 동료의 배신을 시사. 여자라면 애정을 가지고 있는 상대에게 주의하라는 경고.

☆**애정** 꿈속에서 일반적인 애정 표현을 보였다면 행복한 가정생활과 즐거운 교제를 암시한다. 하지만 보통 표현하지 않는 지나친 애정 표현을 했다면 지금 당신이 관여한 계획에는 어떤 동기가 감추어져 있다는 뜻. 애정 결여는 장수를 의미한다.

☆**약혼** 약혼을 하는 꿈은 사랑의 행로가 위험해질 징조. 냉정하게 사태를 받아들여 이것을 좋은 경험으로 여기도록. 약혼반지를 봤다면 어딘가

에 라이벌이 있다는 증거.

☆**오만함** 어떠한 형태로 등장하든 오만함은 사교적인 면에서의 성공을 의미한다.

☆**용기** 용기 있는 행위는 지금 안고 있는 문제에서 회피하려고 애쓰는 탓에 나중에 더욱 괴로워하게 될 것이다.

☆**이름** 자기나 아는 사람의 이름이 생각나지 않는 꿈을 꾸었다면 혹시 좋지 않은 거래에 휩싸여 있는 것은 아닌지 체크를 해 보라. 확실한 거래라고 주장할 수 있는가? 자기의 이름이 틀리게 사용되는 꿈은 자신이 얽힌 문제가 발생할 듯. 하지만 결과적으로는 서로 이해할 수 있는 관계를 구축할 수 있으니 너무 걱정하지 말 것. 가명을 사용하는 꿈은 요즘 자신의 집중력이 떨어졌다는 증거. 주의하지 않으면 엄청난 실수를 저지를 수도 있다.

☆**이별** 어떠한 형태라도 헤어지는 꿈은 파트너와의 관계가 더욱 굳게 다져질 징조.

☆**이웃** 이웃을 도와주는 꿈은 뜻하지 않은 선물이 들어 올 징조이다. 이웃 사람과 싸움을 하는 꿈은 현재 기분 나쁜 감정을 억누르고 있다는 증거이다.

☆**이혼** 결혼한 사람이 이혼하는 꿈을 꾸면 배우자가 믿을 수 있는 사람이라는 증거. 독신자가 이혼하는 꿈을 꾸면 상대를 잘못 선택하고 있다는 뜻이다.

☆**중혼(重婚)** 두 사람 이상의 남편이나 아내를 가지게 되는 꿈을 남자가 꾸었다면 정력 감퇴의 위험이 있으니 병원에서 검사를 받아보는 것이 좋을 것 같다. 여성의 경우에는 더욱 신중하게 남성을 선택해야 할

필요가 있다.

☆**질투** 꿈속에서 질투를 하였다면 연인이나 친구 간의 문제에 휘말릴 징조이다. 다만 자신이 질투의 대상이 되었을 경우 사태는 나에게 유리한 방향으로 진전될 듯.

☆**찬사** 찬사를 받는 꿈은 나의 자만심 때문에 소중한 친구를 잃을 징조 다른 사람에게 찬사를 보내는 꿈은 불행을 암시.

☆**친구** 새로운 친구가 생기거나 옛 친구와 더욱 두터운 우정을 다지는 꿈은 잃어버린 물건을 찾게 되거나 빌려준 돈을 받게 될 가능성이 있다. 별로 친하지 않은 사람과 만나는 꿈은 사교적인 면에서 좋은 징조 다만 꿈속에서 그 사람과 싸움을 했다면 가벼운 병에 걸릴 위험이 있으니 병원에 가 볼 것

☆**파혼** 나의 결혼이 무효가 되는 꿈은 가족끼리 파티를 개최할 정도의 기쁜 일이 생길 듯. 다른 사람의 파혼 경우에는 쓸데없는 일 때문에 귀찮아질 듯.

아이에 관한 꿈

☆**고아** 꿈에서 보육원을 보면 지나치게 자기 멋대로 행동하다가 소중한 친구를 잃게 될 수도. 하지만 고아가 나타났을 경우에는 뜻하지 않은 이익이 생겨 주머니가 두둑해질 듯. 자신이 고아가 되는 꿈은 약속을 파기당하게 될 징조.

☆**꼭두각시 인형** 꿈속에 꼭두각시 인형이 나타나면 행복을 약속. 꼭두각시 인형을 조종하는 꿈은 나의 조직력이 지금 최고 절정기라는 뜻. 마음껏 기회를 살리도록.

☆**놀이·장난** 아이들이 장난이나 놀이를 하는 꿈은 사랑의 성취를 의미하는 것이다.

☆**딸랑이** 갓난아이의 딸랑이가 꿈에 나타났다면 진정한 인생은 마흔부터, 아니 더 늦은 나이에 시작된다는 것을 깨닫게 될 것이다.

☆**버려진 아이** 어린 시절에 버려지는 꿈은 트러블에서 곧 재기할 듯. 또는 옛 연인과의 애정을 되찾을 징조.

☆**사생아** 자신이 꿈속에서 사생아로 나타나면 뜻하지 않은 명예를 얻을 수 있는 징조. 나른 사람이 사생아였다면 자신의 입장이 향상될 듯. 사생아를 거둬들이는 꿈은 평생 후회할 일을 저지를지도.

☆**시소** 가슴이 설레는 연애를 암시. 단기간이긴 하지만 뜨거운 경험이 될 듯.

☆**아기** 모든 방면에서 행운과 성공을 상징하는 매우 좋은 꿈이다. 하지만 자신이 독신 여성이라면 요주의. 누군가가 나를 유혹하기 위해 기회를 엿보고 있다. 갓난아기가 꿈에 보였다면 가까운 친척이나 친구에게 의지하고 있다는 증거. 또한 이 꿈은 어떤 일에 실패만 거듭하여 맥이 빠졌다는 증거이기도 하다. 아기가 울고 있는 꿈을 꾸면 마음을 재정비하라. 신변의 누군가가 원조나 충고를 해 줄 것이다. 귀여운 아기는 친구의 덕으로 행운을 얻을 수 있다는 징조. 귀엽지 않은 아기는 믿었던 친구에게 배신을 당할 수도 있다. 아기가 걷는 것을 보았다면 뜻밖으로 독립을 할 수 있을지도 모른다.

☆**아기 침대** 아기 침대에 누워 있는 꿈은 즐거운 변화가 기대된다. 아기 침대가 망가져 있었다면 믿었던 사람에게 배신당할 수도 있다는 암시이다.

☆**아동복** 아이의 옷을 스스로 만들거나 수선하는 꿈은 가정 내의 행복을 약속.

☆**유리구슬** 예전에 나누었던 뜨거웠던 사랑을 다시 한번 경험해 보고 싶다든가, 옛 우정을 되살리고 싶다든가 하는 그리움에 젖어 있다는 증거이다.

☆**인형** 종이 인형을 보았다면 연애에 문제가 있다는 암시. 플라스틱 인

형은 질투를 암시. 그것도 자신의 파트너에게 질투를 받을 듯. 봉제 인형은 지금 자신이 경험하고 있는 일이 지금은 별로 전망이 보이지 않는다고 해도 언젠가 도움이 될 것이라는 뜻. 걷거나 말하는 인형의 꿈은 새로운 친구와 싸움을 하지 말라는 경고. 나무 인형은 불행을 상징. 인형을 사는 꿈은 약간의 이익을 기대해도 좋을 듯.

☆**장난감** 꿈에서 장난감을 보면 새로운 발전이 있을 듯. 다만 장난감이 망가져 있었다면 어떤 일에서 어린아이 같은 태도를 취하고 있는 것은 아닌지. 좀 더 어른스럽게 행동하도록.

☆**회전목마** 회전목마를 타고 있는 꿈도, 구경을 하는 꿈도 모두 생활이 호전될 징조. 다만 더럽혀졌거나 이미 사용할 수 없게 된 회전목마였다면 당분간 어두운 나날이 계속될 듯. 하지만 걱정할 것 없다. 보다 나은 생활이 기다리고 있으니까.

날거나 낙하하는 것에 관한 꿈

☆**고도**(高度) 자기보다 나이나 지위가 낮은 사람과의 교제를 피할 것. 쓸데없는 분쟁에 휘말릴 염려가 있다.

☆**글라이더** 꿈속에서 글라이더를 보면 친구나 동료에게서 생각지도 않은 부탁을 받게 된다.

☆**기구**(氣球) 기구가 하늘에 떠있는 것을 보면, 시간이 오래 걸리는 계획에 휩싸일 것이다. 착지하는 것을 보았다면 사업적인 변화를 암시. 또 열기구에 올라타는 꿈은 즐거운 일이 일어날 징조. 높이 올라가면 올라갈수록 좋은 일이 생긴다.

☆**낙하산·낙하** 낙하산을 타고 낙하하는 꿈은 나의 사랑이 순조롭게 진행된다는 의미. 하지만 낙하에 실패했다면 믿었던 사람에게 실망을 느끼게 된다. 낙하하거나 떨어지는 꿈은 하늘을 나는 꿈과 마찬가지로 누구나 흔히 꾸는 것이다. 이것은 실생활에서의 공포(예를 들면 사업이나 애정이 제대로 진행되지 않아서 생기는)를 상징한다. 떨어지는 꿈은 대

부분의 경우 자신을 좀 더 해방시켜 생활을 즐기고 싶다는 욕구의 표출이다. 또 고독이 원인이 된 경우도 많다. 아무리 성공을 한 사람이라 해도 고독감은 있는 것이다. 그러니까 이 꿈은 경력이나 연륜이 높은 사람이 더 자주 꾼다. 꿈속에서 낙하하는 것은 지지나 애정이 필요하다는 증거. 사람들에게 오해받고 있지는 않은지, 어떤 상황에서 제외당하고 있는 것은 아닌지 하는 생각에 잠겨 있을 때 자주 꾸게 된다. 한없이 추락하거나 떨어져 내리는 꿈은 일반적으로 상당한 시련이 기다리고 있다는 증거. 그러니까 떨어지는 거리가 짧으면 짧을수록 좋다고 할 수 있다. 아무런 상처도 없이 착지하면 좌절은 일시적인 것. 상처를 입었다면 시련의 시기가 찾아온다는 증거. 단, 다른 사람이 떨어지는 꿈이라면 직장에서의 승진을 기대할 수 있다.

☆**로켓** 로켓은 한때의 성공을 암시한다. 로켓이 폭발했다면 가족의 번영을 의미.

☆**마룻바닥** 마룻바닥이나 응접실 바닥 등으로 떨어지는 꿈은 친구 중에 믿을 수 없는 사람이 있다는 경고의 의미. 항공기

☆**물에 빠지는 꿈** 물속에 빠지는 꿈은 금전 문제를 암시.

☆**비행기** 이륙하는 비행기를 꿈에 보는 것은 성공을 의미한다. 반대로 착륙하는 비행기를 보았다면 질투심 많은 친구를 조심할 것. 비행기가 추락하는 꿈은 사업상의 큰 실패를 의미한다. 자기가 비행기를 조종했다면 뭔가 변화가 있을 듯. 하지만 단순히 비행기에 타고 있는 꿈은 가까운 시일 안에 파란이 일어날 징조이다. 비행기 사고를 만났다면 경제적인 면에서의 이익을 암시한다. 하지만 그 사고로 목숨을 잃었다면 감정 조절에 주의할 것.

☆**조종** 비행기를 조종하는 꿈은 자극적이고 새로운 계획을 세워 일이 바빠질 징조이다. 조종하는 것이 점보기라면 현재 감정이 신경질적이라는 뜻. 너무 초조해하면 일에 지장을 초래하기 쉽다. 만약 전투기를 조종했다면 자신감에 넘쳐 있다는 증거.

☆**침상** 침상에서 굴러떨어지는 꿈은 현재 자신이 매우 신경질적인 상태라는 뜻.

☆**하늘을 나는 꿈** 떨어지는 꿈과 마찬가지로 누구나 흔히 꾸는 꿈이다. 대부분은 성적인 의미를 가지고 있다. 하늘을 난다는 것은 정력이 충만하다는 것과 과시하려는 욕망에서 나온다. 하늘을 나는 꿈은 현재 자신의 욕망이 충족되지 않은 상태이거나 자신의 인생을 뜻대로 조절하지 못한다는 의미이다. 좀처럼 바람이 이루어지지 않는다는 뜻. 자기평가도 매우 낮다. 나아가서는 성적인 만족도 얻지 못하고 있다는 증거이다. 하늘을 나는 행위는 당신의 야심이 드러나는 것이다. 어려움 없이 날았다면 야심을 성취하는 것도 어렵지 않다. 높이 날수록 야심이 크다는 증거. 목표를 조금 낮추는 게 어떨지.

공포에 관한 꿈

☆**각종 사고** 상황이 어떠냐에 따라 꿈이 가진 의미가 달라지지만 대부분 경고의 의미를 지니고 있다. 자동차 사고라면 잠시라도 쓸데없는 여행을 삼갈 것. 바다에서의 사고는 애정 면, 육지에서의 사고는 사업 면에서의 문제를 암시한다. 전기, 칼, 물 등 어떤 것이든 꿈속에서 사고의 원인이 되었던 것은 당분간 조심하도록.

☆**걱정** 뭔가를 걱정하는 꿈은 나의 고민이 해결될 것이라는 의미.

☆**겁쟁이** 겁쟁이가 되는 꿈은 인생의 어떠한 시련도 견뎌낼 수 있다는 의미.

☆**납치** 자기가 납치당하는 꿈은 친구를 바꾸라는 신호. 그렇지 않으면 나쁜 일에 휘말리게 된다. 자기가 납치를 하는 꿈은 귀중품을 잘 간수하라는 신호. 잃어버리거나 도둑맞을 위험이 있으니 보험에 들어두는 것이 어떨지. 다른 사람이 납치당하는 꿈은 예기치 못한 사건이 일어날 징조이다.

☆**눈사태** 심각한 장애물에 부딪혀 고민하고 있다는 증거이니, 계획을 변경하는 게 좋다. 하지만 눈사태에 파묻히는 꿈은 행운을 암시. 다른 사람이 파묻히는 꿈은 환경에 변화가 있을 듯.

☆**도망자** 공포로 인해 도망을 치는 꿈은 가정 내에서 큰 싸움이 일어날 징조이다. 하지만 짜증 내지 않도록 노력한다면 말다툼 정도로 끝날 수 있다. 도망자를 보거나 숨겨주는 꿈은 금전적으로 난관에 부딪힐 수도 있다.

☆**두려움** 꿈속에서 겁을 먹었다면 난관을 돌파할 능력이 생기게 된다.

☆**마귀할멈** 꿈속에서 마귀할멈을 보면 큰 타격을 받아 지금부터 불행한 시기로 접어들게 된다. 마귀할멈이 빗자루를 타고 있었다면 직장을 잃을 정도의 스캔들에 휘말리게 될지도 모르니 주의할 것.

☆**불안** 앞으로의 일에 대해 막연한 불안을 느끼는 꿈은 이제 고민은 그만해도 된다는 메시지. 나쁜 방향으로 흐르지는 않을 테니까 지금의 계획을 변경하지 말도록.

☆**붙잡거나 붙잡히는 꿈** 꿈속에서 포로가 되는 꿈은 결혼생활에 위기가 찾아올 듯. 타인이나 동물이 붙잡혀 있는 것을 보았다면 극도의 긴장을 느끼고 있다는 증거이다. 아마 지나친 낭비 때문에 고민하고 있는 것은 아닐까?

☆**산사태나 흙사태** 안전한 장소에서 흙더미가 무너져내리는 모습을 보았다면 자신이 지금 안고 있는 문제에 이지적으로 대처한다는 의미. 자신이 흙더미에 깔려 버렸다면 가까운 사람과의 사이에 배신감이 생긴다. 하지만 배신을 한 사람은 과연 어느 쪽일까?

☆**악몽** '악몽을 꾸는 꿈을 꾸는 것은 흔치 않은 일인데 만약 그런 꿈을

꾸었다면 마음속에 감정적인 문제를 안고 있다는 증거. 믿을 만한 사람이나 전문가에게 상담을 해 볼 것.

☆**위험·위기** 꿈속에서 위기에 직면했다면 문제를 극복할 수 있다. 하지만 그 위기를 모면했다면 건강을 조심해야 한다.

☆**재해**(災害) 행운이 굴러들어올 것이다. 연애 중인 사람은 곧 결혼에 골인하게 될 것이다.

☆**파열** 뭔가가 파열되는 꿈을 꾸면 재미있는 일이 생길 것이다. 매우 재미있는!

☆**폭발** 다이너마이트가 폭발하면 새로운 계획에 손을 대지 말라는 경고. 그 밖의 폭발음이라면 인생의 모든 방면에서 장기간에 걸친 발전을 기대할 수 있다.

☆**흡혈귀** 장래에 대한 불안으로 초조해하고 있는 것은 아닌지. 흡혈귀에게 피를 빨리는 꿈은 안 좋은 일을 당할 징조. 하지만 흡혈귀를 죽였다면 상황은 호전된다.

매매에 관한 꿈

☆**경매** 경매장에서 물건을 사거나 파는 꿈은 믿고 있는 친구가 나를 이용하려 한다는 암시. 친구 관계에 신경 쓸 것.

☆**낭비** 정신없이 쇼핑하러 다니는 꿈은 지출을 줄이라는 암시. 꿈속에서 물건을 많이 구매하면 할수록 실생활에서 돈 씀씀이에 더욱 주의할 필요가 있다. 하지만 가격에 비해 좋은 물건을 구입하는 꿈은 금전운이 좋아질 징조

☆**대매출** 대매출 매장에서 사기를 당하는 꿈은 주의를 필요로 한다. 집에 도둑이 들어올지도 모른다. 좋은 물건을 구입하는 꿈은 승진할 가능성이 있다. 다른 사람이 나보다 먼저 값싸고 좋은 물건을 사려고 했다면 다른 사람에게 성실하게 행동하도록. 당신에게는 매우 성실한 친구가 있을 테니까.

☆**세일** 바겐세일 매장으로 가는 꿈은 가치 있는 선물을 받게 될 징조 자기의 물건을 세일 매장에 내놓으면 승진을 암시.

☆**세일즈맨** 자신이 세일즈맨이 되는 꿈은 어려운 사람에게 언제라도 도움을 줄 수 있다는 증거.

☆**수령증** 돈이나 물품 등을 받고 수령증을 받는 꿈은 지금보다 형편이 좋아질 징조이다.

☆**자선바자** 제대로 생각해 보지도 않고 무슨 일에 결단을 내리려 한다는 암시. 하지만 이 꿈은 일단 좋은 것이다. 가까운 시일 안에 경사스러운 일이 있을 듯.

☆**집(단독주택)** 집을 사는 꿈은 즐겁고 편안한 연애를 암시. 집을 파는 꿈은 어떤 책임에서 해방될 징조

보고 쓰고 읽기에 관한 꿈

☆**계약서** 계약서를 보고 서명을 하지 않는 꿈은 친구에게 속을 위험이 있다. 하지만 계약서에 서명했다면 계획한 일이 성공할 징조.

☆**고문서**(古文書) 뜻하지 않은 법률상의 분쟁을 암시.

☆**기록** 세계기록을 깨는 꿈은 자립하기 위해 악전고투하고 있다는 증거이다. 안심하라, 틀림없이 자유를 쟁취할 수 있을 것이다.

☆**도서관** 좋은 징조. 당신은 지금 자신감이 넘쳐흐르기 때문에 무슨 일이든 헤쳐나갈 수가 있다.

☆**맹세의 말** 당신이 안고 있는 문제는 곧 해결될 전망이 보인다.

☆**묵지** 묵지를 꿈에서 보면 심술궂은 친구를 주의하라는 뜻. 누군가가 나를 속이려 하고 있다.

☆**비문**(碑文) 비문을 읽는 꿈은 내가 안고 있는 문제는 생각하는 것만큼 나쁘지 않다는 뜻. 비문이 사라지고 있었다면 가정에 좋은 소식이 들려올 듯.

☆**사각형** 사각형의 물건은 안전을 상징한다.

☆**사인** 유명인의 사인을 모으는 꿈은 빠른 기간에 돈을 모을 수 있다는 뜻. 사인을 하는 꿈은 안전한 생활을 상징한다. 자기가 사인을 하는 꿈은 바라던 일이 마침내 성공하게 될 듯. 다른 사람이 사인을 하는 꿈은 주위의 친구들이 성실하다는 뜻.

☆**사전** 쓸데없는 사소한 문제가 원인이 되어 친구를 잃을 위험이 있다. 너무 따지고 들지 말 것.

☆**삼각형** 삼각형의 물건은 다시없는 기회를 의미. 악기의 트라이앵글도 마찬가지.

☆**상표** 꿈속에서 상표를 보면 투자한 것의 배당을 받게 될지도. 여행용 물건의 상표는 뜻하지 않은 사건을 암시. 갑자기 손님이 찾아올지도 모른다. 상표가 바닥에 붙어 있는 물건이라면 자신이 대단한 실리주의자라는 뜻.

☆**색인** 색인표를 만드는 꿈은 승진을 암시. 색인표를 조사하는 꿈은 성생활이 충실하다는 뜻.

☆**설계도** 건물의 설계도는 소중한 새 친구를 의미. 자기가 설계도를 그렸다면 자신이 소속된 거래에는 장애가 깃들어 있다는 증거이니 주의해서 재검토해 볼 것.

☆**소설** 소설을 쓰는 꿈은 문제가 발생할 징조. 소설을 읽는 꿈은 사교적인 면에서 향상이 있을 듯.

☆**소포** 소포를 갖고 걷는 꿈은 다른 사람이 져야 할 책임을 떠맡고 있다는 뜻. 그 사람에게 분명하게 전해 주도록! 소포를 받는 꿈은 자신의 라이벌이 바로 옆에 있다는 뜻. 소포를 보내는 꿈은 아이의 행동이 불행

을 초래할 위험이 있다.

☆**숫자** 숫자를 쓰는 꿈을 꾸었다면 누군가의 예기치 않은 행동에 의해 묘한 상황에 몰리고 있는 것은 아닌지? 그 사람과 신중하게 이야기를 나눠 보라. 숫자를 끝까지 읽었다면 장래의 희망은 틀림없이 달성할 수 있다고 믿어도 된다는 뜻. 숫자를 지우거나 바꾸어 썼다면 파트너에 대해 지나치게 걱정하고 있다는 뜻. 고독을 느끼는 것은 단순히 감정적인 이해심이 부족하기 때문이다.

☆**시**(詩) 시를 쓰는 꿈은 매력적인 새 친구가 생길 듯. 시를 읽거나 낭독을 했다면 이성들 사이에서 자신의 인기가 높아질 징조.

☆**신문** 신문을 읽는 꿈은 멀리 떨어진 곳에서 나에게 유리한 쪽으로 일이 진행되고 있다는 뜻이다. 신문을 사는 꿈은 곧 승진할 징조. 신문으로 무엇인가 포장하는 꿈은 오랫동안 만나지 못했던 친구와의 즐거운 재회를 암시.

☆**알파벳** 꿈에 알파벳 문자를 보면 멀리 갔던 친구가 돌아올 징조. 알파벳을 쓰는 꿈은 뜻하지 않은 좋은 소식이 있을 듯. 영어 이외의 알파벳들은 골치 아팠던 문제가 풀릴 징조.

☆**암호** 암호문은 배반당할 위험이 있으니 조심하라는 경고. 자신의 판단을 쉽게 신뢰하면 안 된다. 우선 신중하게 상황을 분석하도록.

☆**연필** 사랑과 연애의 뜻을 지니고 있다. 일반적인 연필은 새로 사귄 사람에게 자기가 만나고 있는 사람에 대해 이야기하지 말라는 경고. 색연필은 새로운 사랑이 형성될 예감.

☆**엽서** 엽서를 받는 꿈은 깜짝 놀랄 소식이 들어올 징조. 엽서를 쓰는 꿈은 스스로 자신의 문제를 잘 파악하고 있다는 뜻. 그림엽서를 모으는

꿈은 한 번 결심한 일은 절대로 변경하지 말라는 뜻.

☆**우표** 진귀한 우표는 큰 이익을 암시. 편지에 우표를 붙이는 꿈은 지위가 향상될 징조. 우표를 사는 꿈은 운이 좋아질 듯. 우표를 모으는 꿈은 사회적인 발전이 예상된다.

☆**원** 동그란 원을 보았다면 성공이 눈앞에 있다는 뜻. 하지만 자기가 원을 그리는 꿈은 주어진 기회를 최대한으로 살리지 못하고 있다는 의미.

☆**원뿔** 원뿔(원추)형의 물건은 섹스의 기쁨을 의미. 뜨거운 나날이 계속될 징조.

☆**인명부·전화번호부 등의 리스트** 지금과 같은 상태라면 도박도 정사(情事)도 오케이. 다만 도가 지나치지 않도록 주의할 것. 후회의 씨앗은 뿌리지 않는 것이 좋다.

☆**인쇄** 자기가 인쇄공이 되는 꿈은 필요한 것을 충분히 손에 넣을 수 있다는 뜻. 인쇄공이 일을 하고 있었다면 성공을 위해서는 노력만이 필요하다는 암시.

☆**인쇄물** 인쇄물을 읽는 꿈은 현재 안고 있는 문제가 해결될 징조.

☆**잉크** 사람이나 물건을 잃어버리거나 사람들과 뿔뿔이 흩어질 가능성이 있다. 잉크가 쏟아졌다면 더욱 그렇다. 잉크의 얼룩은 병에 걸릴 징조. 얼룩이 클수록 병도 무거워진다. 잉크를 다른 그릇에 따르는 꿈은 여행을 암시.

☆**잉크 얼룩** 새하얀 종이에 잉크의 얼룩이 생겼다면 고민하던 문제가 가까운 시일 안에 해결될 징조이다. 색이 있는 종이에 얼룩이 생겼다면 곧 여행을 떠나게 될 듯. 또 서류에 생긴 잉크 얼룩은 사랑의 진전을 암시한다.

☆**작가** 꿈에 작가가 나타나면 나의 흥미가 확대될 징조. 작가가 글을 쓰고 있는 장면이었다면 경제적인 문제를 암시. 나른 사람에게 돈을 빌려주지 않도록 조심할 것.

☆**잡지** 잡지의 기사를 썼다면 손해를 보지 않도록 항상 주의해야 한다.

☆**전보** 전보를 치는 꿈은 자신감에 넘쳐 있다는 증거. 사업 면에서 그것을 최대한 발휘할 수 있다. 전보를 받는 꿈은 지루하고 있다는 증거. 현재 상황을 타파하는 데 전력을 기울이도록.

☆**전설** 전설 속의 인물이 꿈에 나타나면 아첨만 잘하면 무엇이든 성사시킬 수 있다는 암시. 말로 아첨하는 것도 좋고 상사에게 뇌물을 건네주는 것도 괜찮다. 틀림없이 원하던 것이 손에 들어온다.

☆**종이** 깨끗한 종이를 보았다면 목표를 달성하기 위해서는 새로운 노력이 필요하다는 뜻이고, 이미 사용이 끝난 종이는 새로운 제안을 받아들이는 데 주저하지 말라는 뜻이다. 더할 나위 없이 좋은 제안이니까.

☆**증명서** 증명서를 청구하는 꿈은 누군가를 의심하고 있다는 증거. 출생증명서는 새로운 인생을 암시하고 자신에게 있어서 좋은 변화를 의미한다. 병원의 진단서라면 건강을 암시. 하지만 사망진단서라면 가족 간의 분쟁을 의미.

☆**지도·지도책** 지도는 여행이나 변화를 암시. 지도가 클수록 여행 일정은 길어지고 변화는 커진다. 지도를 그리는 꿈은 그 여행이나 변화가 좋은 운을 가져다줄 것이다. 지도책을 펴보면 이사할 가능성이 있다. 지도책을 꼼꼼하게 파헤치면 금전 문제가 해결됨을 암시한다. 지도책을 사는 꿈은 해외로 장기 여행을 떠나게 될 징조.

☆**지리** 지리책을 보면 좋아하는 사람에게 미움을 받고 있다는 증거. 꿈

에서 지리 수업을 받으면 여행을 암시.

☆**책** 책을 읽는 꿈, 사는 꿈, 받는 꿈은 모두 좋은 징조. 하지만 책을 빌려주는 꿈은 애정 면에서 실망을 느낄 수 있다. 도서관의 책은 예기치 않은 체험을 암시. 너덜너덜한 책이나 찢어진 책은 내가 안고 있는 불안감을 의미한다. 책장을 넘기는 꿈은 적은 투자로 몇 배의 이익을 남길 수 있다는 증거.

☆**출판** 자기가 책을 만들어 출판하려 했다면 현재 하는 일에 싫증을 느끼고 있다는 뜻. 신문이나 잡지를 출판하려 했다면 나를 시기하여 나쁜 소문을 내는 사람이 있다는 암시. 자기가 출판업자가 되는 꿈이나 출판업자를 만나는 꿈은, 금전 문제에서만큼은 자신의 판단만을 믿으라는 암시. 그렇지 않으면 손해를 볼 위험이 있다.

☆**타이프** 집게손가락으로 어색하게 타이프를 치는 사람을 보았다면 금전 문제가 발생할 징조. 하지만 빠르고 정확하게 치는 사람을 보았다면 일은 순조롭게 진행되고 이익도 있을 것. 자신이 타이프를 치는 꿈은 재정적인 면에서 편안하다는 증거.

☆**투표용지** 선거의 투표용지를 투표함에 넣는 꿈은 한번 실패했던 바람이 이루어질 듯. 다른 사람이 투표를 하거나 단순히 투표함만이 보였다면 환경의 변화를 암시. 또한 친구들 중에 나에게는 도움이 되지 않는 사람이 있다는 것을 발견하게 될 것이다.

☆**티켓** 오랜 시간 기다리던 소식이 있을 듯. 그 소식에 의해 상황을 더욱 자세하고 분명하게 간파할 수 있게 될 것이다.

☆**펜** 황금색 펜은 친척 간에 좋은 소식이 있을 징조. 은색 펜은 현재 자신은 투지만만한 상태에 놓여 있다는 뜻. 볼펜은 누군가가 나에게 화를

내고 있다는 증거. 만년필은 중요한 편지를 암시. 깃털이 장식된 펜은 현재의 고민에 대해 너무 걱정하지 않아도 된다는 암시.

☆**편지** 편지를 쓰는 꿈은 만사가 자신이 원하는 대로 호전될 징조. 편지를 받는 꿈은 먼 곳에서의 소식을 암시. 우체통에 편지를 넣었다면 지금 안고 있는 문제가 곧 해결될 듯. 익명의 편지는 위험을 상징. 연애편지는 자신이 경솔한 행동을 해서 후회하고 있다는 증거. 상품 선전용 편지는 새로운 경험을 암시. 편지를 발견하는 꿈은 믿을 수 없는 친구가 있다는 뜻이니 주의할 것.

☆**편지봉투** 안이 비어 있었다면 머지않아 사업이 정상 궤도에 오를 듯. 입구를 봉한 봉투는 지나치게 바쁘다는 증거. 봉투에 편지를 넣는 꿈은 잃어버렸던 물건을 찾게 될 징조.

☆**편집자** 편집자가 꿈에 나타나면 일에 신경을 쓰지 않고 있다는 증거. 더욱 주의해서 세심한 부분까지 신경을 쓰도록. 자신이 편집자가 되는 꿈은 계획이 늦어질 염려가 있으니 미리 각오하는 것이 좋다.

☆**흡묵지**(吸墨紙) 잉크를 빨아들이는 깨끗한 흡묵지를 보았다면 친구로 인해 깜짝 놀랄 뉴스를 듣게 될지도. 사용이 끝난 흡묵지라면 가족이나 친구와 분쟁을 일으킬 징조.

연예에 관한 꿈

☆**곡예사** 전망 있는 새로운 기회를 암시. 또는 승진의 기회가 열릴지도 모른다. 서두를 필요는 없다. 만사가 잘 진행될 테니까.

☆**관객** 자신이 관객의 눈길을 끌고 있는 꿈은 어떤 일로 인해 불안감을 가지고 있다는 의미. 하지만 걱정하지 않아도 된다. 불안감에서 해방될 수 있는 일이 생길 테니까. 자신이 관객들 틈 속에 있었다면 친구에게 행운이 찾아들 듯.

☆**극장** 아무도 없는 극장은 현재 지루해하고 있다는 증거. 하지만 공연을 보고 있었다면 사교생활이 바빠질 듯.

☆**박수갈채** 박수갈채를 받는 꿈은 너무 자만하고 있다는 증거. 질투의 대상이 되지 않도록 조심할 것. 그런 상황에서 벗어나려면 성실하게 행동해야 할 필요가 있다. 다른 사람이 박수갈채를 받았다면 친구에게 배신당할 우려가 있다.

☆**발레** 여성에게서 경계심을 높이라는 암시. 나의 사랑은 아름다운 것

이 아니다! 남성의 경우는 사업 면에서의 실패를 의미. 발레 공연을 구경하는 꿈은 건강에 신경을 쓰라는 암시.

☆**배우** 남자 배우의 연기를 보았다면 친구에게 속을 위험이 있다. 아이의 연기를 보았다면 좋은 소식이 있을 듯. 여배우와 인사를 하거나 이야기를 나누는 꿈은 가정 문제가 발생할 징조 그것이 남배우일 경우에는 소문을 내지 않도록 주의할 것. 친구를 잃을 가능성이 있다. 희극배우는 사업에서의 성공을 암시. 배우가 여러 명 있었다면 나의 생활은 만족스럽게 진행되고 있다는 증거이다.

☆**복화술** 복화술을 보는 꿈은 이야기할 상대를 잘 선택하라는 경고 모든 사람이 신용할 수 있는 것은 아니다. 자기가 복화술을 하는 꿈은 믿을 수 없는 친구가 있다는 증거.

☆**서커스** 아이와 함께 서커스에 가는 꿈은 금전적인 면에서 풍부해질 징조이다. 어른과 함께였다면 사람을 판단할 때는 좀 더 신중하게 행동하도록.

☆**아크로바트·곡예** 아크로바트를 구경하는 꿈은 적어도 일주일은 여행을 떠날 징조다. 자기가 아크로바트를 하는 꿈은 적에게 승리할 수 있다는 것을 암시. 아크로바트를 하는 사람이 친구나 친척이었다면 그 사람에게 속을 가능성이 있으니 주의할 것 떨어지는 곡예를 보거나 연기 중에 사고가 일어나는 꿈은 그 반대로 해석. 위기일발의 궁지에서 탈출할 수 있을 것이다.

☆**연기**(演技) 자신이 연기를 하는 꿈은 자신의 계획이 성공할 수 없을 징조 좀 더 자기주장을 해서 적극적으로 행동할 필요가 있다.

☆**춤** 좋은 꿈이다. 자신이 춤을 추는 꿈은 가까운 시일 안에 뭔가 수확

이 있을 듯. 사람들 앞에서 춤을 추었다면 자신의 인생을 바꿀 수 있을 정도의 큰 변화를 암시. 혼자서 춤을 추고 있었다면 슬픔을 암시. 기대하던 것을 포기하는 게 좋다. 바람은 성취되지 않을 것이다.

☆**통로** 교회의 복도가 꿈에 나타나면 어려움이나 불운에 휩싸일 징조. 극장의 통로라면 친구의 죽음을 암시. 극장의 통로를 걷고 있었다면 나쁜 짓을 해서 후회하게 될지도.

☆**판토마임** 당신을 대하는 친구의 태도는 요즘 들어 건방지기 짝이 없다. 그들은 당신을 우습게 여기며 무시하는 행동을 취하고 있다. 좀 더 믿을 수 있는 친구를 선택하도록.

☆**피에로** 가까운 시일 안에 자신이 한 일이 오해를 받게 되어 화를 내게 될지도. 자신이 피에로로 분장한 꿈은 큰돈을 필요로 하는 문제와 맞닥뜨리게 된다.

신체에 관한 꿈

☆**가슴** 다른 사람의 가슴에 얼굴을 묻고 있었다면 가까운 시일 안에 평생을 사귈 친구가 생길 듯. 벌거벗은 가슴을 보면 가벼운 병이나 통증을 암시. 갓난아기가 젖을 빠는 꿈은 기쁨과 행복을 암시.

☆**간장** 간이 나빠지는 꿈은 지금 하고 있는 일이 나에게 유리한 방향으로 개선될 듯.

☆**귀** 다른 사람의 귀를 보면 충격적인 소식이 있을 듯. 자신의 귀는 신변에 있는 배신자를 찾으라는 경고. 커다란 귀는 뜻하지 않은 곳에서의 원조를 의미.

☆**나체** 나체의 꿈은 자주 꾸게 된다. 자신이 벌거벗었다면 사태의 진전을 암시. 금전적인 혜택도 있다. 다른 사람이 벌거벗었다면 신변에 있는 누군가의 거짓말을 폭로하게 될지도. 자신이 벌거벗고 거리를 거닐었다면 실망을 암시. 다른 사람의 경우는 연인과 멋진 시간을 보낼 수 있다는 증거이다.

☆**뇌** 동물의 뇌는 뜻하지 않은 좋은 소식이 있을 듯. 인간의 뇌는 사랑하는 사람들에게 좀 더 마음을 쓰라는 암시.

☆**눈** 자신의 눈에 뭔가가 들어가면 사업 면에서 누군가가 나를 앞지르려 한다는 증거. 감은 눈은 금전적으로 풍부하다는 뜻. 사팔뜨기는 금지된 사랑에 휩싸이지 말라는 경고. 자신의 평판이 떨어질 수 있다. 커다랗게 뜬 눈은 상속을 암시. 푸른 눈은 새로운 친구를 발견하게 될 증거. 새까만 눈은 자극적인 새로운 사랑을 암시.

☆**눈꺼풀** 파트너와의 관계가 어려운 위기를 맞이하고 있다는 증거. 사소한 일로 싸움을 하게 될지도. 관계를 개선하도록 노력할 것. 그런 사소한 일로 싸움을 해야 되는 것인지 재검토해 보는 것이 좋다. 깜박거리는 눈꺼풀은 자신은 지금 상당히 배짱이 크다는 증거. 때로는 도가 지나친 경우도 있으니 주의할 것.

☆**다리** 마른 다리라면 애정 면에서 주의가 필요함. 상처를 입은 다리는 피할 수 없는 금전 문제를 암시. 매력적인 다리는 주위의 상황이 좋은 방향으로 바뀔 징조.

☆**더러움** 자신의 몸이나 의복이 더럽혀져 있었다면 건강진단을 받아보도록. 더러운 오물을 밟거나 그 안에 빠지는 꿈은 이동을 암시. 더러운 것을 던지거나 받는 꿈은 믿고 있던 사람이 나의 비밀을 무기로 이용하려 한다는 의미. 자신의 신변을 지키는 일에 최선을 다할 것.

☆**등** 등에 이상이 생기거나 아픈 꿈은 좌절이나 지위를 잃을 위험이 있으니 미리 대비할 것. 누군가가 나에게 등을 돌리는 꿈은 동료에게 질투를 받고 있다는 증거. 하지만 그 사람이 다시 나를 바라보았다면 동료의 질투는 일시적인 것으로 끝날 듯. 남성의 등은 일시적인 마음의 고통을

나타내고 여성의 등은 불안정한 정서를 의미. 등이 부러졌다면 궤양의 위험이 있다.

☆**맨발** 맨발의 남성이 꿈에 나타나면 성공이 멀어져 갈 징조. 맨발의 여성을 보면 언제까지 변하지 않는 진실한 사랑을 결코 깨닫지 못할 것이다. 꿈속에서 벌거벗은 모습은 대길이지만 발만이 그럴 경우는 어려움을 의미한다.

☆**머리** 내 주위에 있는 모든 소중한 것들에게 좋은 징조가 보인다는 뜻. 몸이 없이 머리만 있었다면 자기 자신을 잃어버리지 말라는 경고이다. 상황이 변하더라도 냉정함을 유지할 것. 자신의 몸에 여러 개의 머리가 달려 있었다면 승진을 암시. 사고를 당해 머리를 다치거나 강하게 얻어맞았다면 요즘 지나치게 일에 열성적이라는 증거이다. 잠깐 휴식을 취하는 게 어떨지.

☆**목** 목이 부러져 있었다면 자신의 문제를 제대로 처리하고 있지 않다는 증거. 좀 더 주의를 기울이도록. 목을 베이면 가까운 시일 안에 위기에 처할 위험이 있다. 목이 부었다면 상상력이 최고조에 달해 있다는 증거. 편도선이 생기는 꿈은 계속해서 실망할 일이 생겨 침체기에 빠질 듯.

☆**무릎** 이성의 무릎 위에 앉아 있었다면 자극적인 사랑을 암시. 이성의 무릎 위에서 떨어지면 경솔한 행동 때문에 명예를 잃을 징조.

☆**발** 커다란 발이 꿈에 나타나면 건강 상태가 양호하다는 증거. 작은 발은 쓸데없이 고민하고 있다는 증거. 발이 가려웠다면 여행을 암시. 변형된 발은 새로운 친구를 의미. 맨발이었다면 요주의. 이성과 지금까지 없었던 체험을 하게 될 듯. 발이 더럽혀져 있었다면 결코 돈을 빌려주지 말 것. 상처가 나거나 부러져 있었다면 친척 중의 누군가가 사망할 가능

성이 있다. 자기의 발이 밟히는 꿈은 소문을 내지 말라는 경고.

☆**발목** 자신의 발목을 보는 꿈은 친구가 남몰래 나를 도와주려 하고 있다는 증거. 발목을 삐었다면 고생 끝의 성공을 암시. 다른 사람, 특히 이성의 발목이었다면 가벼운 연애를 상징.

☆**방광** 건강진단을 받아 볼 필요가 있다. 자신을 너무 혹사하고 있다는 증거니까.

☆**배** 자신이 배를 드러내고 있었다면 믿었던 사람이 불성실한 행동을 하거나 배반을 하게 된다는 경고.

☆**뺨** 개인적인 만남에 진전이 있을 듯.

☆**뼈** 인간의 뼈는 소중한 사람이 잠시 먼 곳으로 떠나게 될 징조.

☆**사마귀** 자신의 손에 사마귀가 있었다면 돈이 들어올 징조. 사마귀가 많으면 많을수록 즐거운 일이 늘어난다. 하지만 손 이외의 부위에 있는 사마귀는 감추어진 적의를 상징. 나의 관대한 행동이 오히려 나쁘게 받아들여질 가능성이 있다.

☆**생식기** 꿈속에서 본 자신의 생식기가 정상이었다면 만족스러운 성생활을 누리고 있다는 증거이다. 생식기가 병에 걸려 있었다면 지나친 섹스, 혹은 상대를 함부로 다루고 있다는 증거. 좀 더 절제하도록. 생식기에 이상이 있었다면 성생활이 만족스럽지 않다는 것을 의미한다. 혹시 그것 때문에 고민하고 있지는 않은지, 그렇지 않다면 이런 꿈을 꿀리가 없다. 꿈속에서 생식기에 아픔을 느꼈다면 병원에 가서 검사를 받아보기를 권한다.

☆**소변** 흙 위에서 방뇨하는 꿈은 귀찮은 문제에 휩싸일 증거. 노상에서의 방뇨는 과거에 자신이 저지른 행동에 대해 죄의식을 느끼고 있다는

뜻. 자신이 잠을 자다가 방뇨를 했다면 돈이 들어올 징조. 아이가 이부자리에 오줌을 싸는 꿈은 파트너와 큰 싸움을 벌이게 될 듯.

☆**손** 여성의 손은 일과 연애 모두 일시적인 침체기에 빠질 가능성이 있다는 암시. 하지만 친구의 도움으로 다시 재기할 수 있을 것이다. 아이의 손은 경제적인 성공을 암시. 더러운 손은 친척 중의 누군가가 위기에 처해 있다는 증거. 청결하고 잘 다듬어진 손은 만족스러운 나날을 암시. 손을 흔들고 있었다면 이별을 뜻한다. 털복숭아 손은 사업 면에서의 행운을 예고. 악수를 했다면 우정이 부활할 것이다.

☆**손가락** 누가 손가락으로 어딘가를 가리키는 꿈은 곧 이사하게 될 징조. 붕대를 감은 손가락은 참극을 간신히 모면할 수 있다는 뜻. 손가락이 잘리면 당분간 일에 파묻힐 듯. 손가락이 없어지면 법률적인 문제를 암시. 아마 금전 때문일 것이다. 짧고 통통한 손가락은 새로운 친구가 생길 것을 암시한다.

☆**손가락의 관절** 아무런 도움도 되지 않는 일에 쓸데없이 에너지를 낭비하고 있다는 증거. 다른 일에 야심을 기울이도록.

☆**손톱** 긴 손톱은 이성과의 트러블을 암시한다. 짧은 손톱은 뜻하지 않은 선물을 의미. 자신의 손톱을 손질하는 꿈을 꾸었다면 충동적인 언행을 삼가도록. 스캔들에 휘말릴 위험이 있다. 손톱이 부러졌다면 당분간 생활에 대한 불만이 이어질 듯. 자신의 손톱을 잘랐다면 나의 신망은 높아질 것이다. 손톱을 물어뜯는 꿈은 한 번쯤 신체검사를 받아보라는 암시이다.

☆**심장** 애정 면에서 길몽. 지금 당장이라도 뜨겁게 불타오를 듯. 심장 발작을 일으키는 꿈은 반대로 건강과 장수를 의미.

☆**얼굴** 거울에 비친 자신의 얼굴을 보았다면 나의 비밀이 폭로될 가능성이 있다. 행복한 듯이 미소를 짓고 있는 얼굴은 실생활에서도 행복을 암시하고 슬픈 얼굴은 문제를 의미한다. 아는 사람의 얼굴이라면 축하할 일이 있을 징조. 모르는 사람의 얼굴은 극적인 변화와 여행을 암시. 남성의 얼굴은 장래에 대한 자신감을 가지고 있다는 것을 뜻하고 여성의 얼굴은 의심을 품고 있다는 것을 뜻한다.

☆**엉덩이** 엉덩이는 모두 길몽. 남성의 엉덩이라면 사업 면에서의 향상을 의미하고 여성의 엉덩이라면 바람에 실려 사랑이 찾아올 듯.

☆**유두**(乳頭) 무슨 일인지 어른에게 젖을 먹이기 위해 유두를 물리고 있는 꿈은 빌린 돈 때문에 감당할 수 없는 상태에 빠져 있다는 증거. 빨리 빚을 갚고 낭비를 삼가도록 하라. 아기에게 젖을 먹였다면 고민하던 일이 적어도 한 가지는 해결될 것이다. 유두가 아픈 꿈을 꾸었다면 건강 검진을 받아보는 것이 좋다. 자신의 몸에 세 개 이상의 유두가 있었다면 당신은 아무래도 파트너를 고르는 안목이 없는 듯하다.

☆**이마** 꿈에서 자신의 이마를 보았다면 남들이 도와주기를 바라지 말 것. 무슨 일이든 혼자서 대처하라. 다른 사람의 이마를 쓰다듬었다면 애정이 깊어질 듯. 이마의 주름은 고민하던 일이 사라질 징조.

☆**입** 입을 벌리고 있었다면 요즘 들어 지나치게 말이 많아졌다는 증거. 다른 사람의 말에 귀를 기울이도록 노력하라. 이빨이 보였다면 친구 중에 믿을 수 없는 사람이 있다는 뜻. 작은 입은 수입을 뜻하고 큰 입은 소중한 새 친구를 암시.

☆**입술** 꿈속에서 본 얇고 박정해 보이는 입술은 다른 사람을 신랄하게 평가하는 짓은 그만두라는 의미이다. 애정이 가는 입술은 사랑의 성취를

암시. 두꺼운 입술은 연애에서의 실패를 의미. 하지만 일에서는 성공을 뜻한다. 입술이 거칠어지거나 아팠다면 사업적인 면에서 손실을 초래하게 된다.

☆**잇몸** 잇몸이 아픈 것은 가정 문제를 암시. 잇몸을 치료하는 꿈은 싸움이 원인이 되어 뿔뿔이 흩어진다는 암시.

☆**주근깨** 자기나 다른 사람에게 주근깨가 있는 것을 꿈에서 보면 이성에게 인기가 있다는 증거. 마음껏 즐기도록.

☆**주름살** 당신의 인기는 나날이 향상되고 있다. 기대하도록!

☆**지문** 꿈에 지문을 보았다면 금전적인 문제가 있을 것이다. 지문 날인하는 꿈은 친구의 도움을 얻을 수 있을 듯.

☆**치아** 그다지 좋은 꿈은 아니다. 이가 아픈 꿈은 어떤 상황에 대해 기분 좋게 생각하고 있지 않다는 암시. 이가 빠지는 꿈은 사랑하는 사람을 잃지는 않을까 하는 불안에 싸여 있다는 증거. 이가 모두 빠져버리면 장래에 대한 불안감에 싸여 있다는 뜻. 이에 봉을 박았다면 기쁨을 암시. 이를 뽑는 꿈은 현재 고민하는 일이 있다는 증거. 의치는 애정 면에서의 불행과 커다란 위기의 전조. 충치가 빠지는 꿈은 소중한 사람과의 관계가 무너져가고 있다는 암시.

☆**코** 꿈에서 자기의 코를 보면 자기가 생각하는 것 이상으로 친구의 도움을 받고 있다는 증거. 콧물을 흘리는 꿈은 귀찮은 일에서 해방될 징조. 코피가 났다면 다른 사람에게 돈을 빌려주지 말 것. 어린아이의 코를 보면 중요한 서류를 잃을 가능성이 있다. 위를 향한 코는 약속이 깨질 징조이다.

☆**키** 키가 커지는 꿈은 나날이 자신감이 늘어난다는 증거. 다른 사람의

키가 커지는 꿈은 장래에 대한 불안감을 가지고 있다는 증거.

☆**턱** 자신의 턱을 꿈에서 보았다면 심술궂은 소문의 주인공이 될 가능성이 있다. 어떻게든 손을 쓰지 않으면 평판이 떨어질 위험이 있다. 다른 사람의 턱을 보았다면 누군가가 돈벌이에 도움을 줄 듯.

☆**팔** 자신의 팔을 들어 올렸으면 적을 이길 수 있다는 것을 의미한다. 팔이 잘리는 꿈은 친척 중의 누군가가 사망할 수도. 팔이 아픈 꿈은 사업 면에서의 불운을 암시. 부러진 팔은 남성의 경우 가족 간의 불화를 의미하고, 여성의 경우 남편을 잃을 가능성이 있다. 팔이 부러지는 꿈은 대체로 다가올 위기를 암시한다. 그 밖의 팔의 장애는 가족의 병을 의미한다.

☆**팔꿈치** 팔꿈치가 부었다면 좋지 않은 일을 경험할 듯. 피부가 벗겨졌다면 어떤 사람에게 평범하지 않은 관심을 가지고 있다는 뜻. 팔꿈치의 관절이 빠졌다면 가까운 장래에 닥쳐올 변화에 잘 대처해 나갈 수 있다는 뜻.

☆**폐(허파)** 폐가 나빠지는 꿈은 의사를 찾아가라는 경고.

☆**피·출혈** 피가 나는 꿈은 몸과 마음이 모두 지쳐 있다는 증거. 차분한 마음으로 충분한 휴식을 취하도록. ① 대량출혈 : 자신의 몸에서 많은 양의 피가 났다면 어떤 계략에 걸려들었을 위험이 있다. 다른 사람일 경우에는 가까운 시일 안에 자신이 계획하고 있는 일이 반대에 부딪힐 징조 ② 동맥 : 자신의 동맥이 끊어졌거나 베어져서 피가 나는 꿈은 친구들 사이에서 나의 주가가 오를 징조 ③ 코피 : 코피가 나는 꿈은 다른 사람들이 나를 업신여기고 있다는 증거. 코가 아닌 다른 장소에서 약간의 피가 나오는 것은 바람이 이루어질 암시.

☆**피부·가죽** 매끈매끈한 피부는 즐거운 성생활을 암시. 주름살이나 반점 따위가 생겼다면 애정 문제가 발생. 가죽을 벗기는 꿈은 불안정한 시기를 암시. 하지만 그 후에는 자극적인 새로운 관계가 기다리고 있으니 너무 걱정하지 말 것

☆**해골** 사람의 해골이라면 심각한 고민거리를 암시. 동물의 뼈를 보았다면 의기소침해하고 외로움을 느끼고 있다는 증거이다. 더욱 많은 친구를 만들도록. 의학용으로 만든 해골의 표본을 보았다면 새로운 일이 생길 듯.

☆**허리** 이성의 허리는 새로운 사랑을 시작하지 말라는 경고. 두터운 허리는 뜻밖의 수확을 의미. 자신의 허리라면 경제적인 면에서 상당히 급박한 상황에 놓여 있다는 증거. 다른 사람의 허리라면 친구가 협력을 요청하러 올 것이다.

☆**흑점** 둥근 점은 좋은 징조 하지만 털이 나 있었다면 어려움을 암시.

☆**힘** 힘 있는 남성이 꿈에 나타났다면 목표가 지나치게 높다는 증거. 힘 있는 여성이었을 경우에는 한몫 잡을 기회는 바로 지금이라는 뜻. 자기가 의외로 강한 힘을 발휘했다면 정열적인 새로운 사랑을 시작하게 될 징조이다.

털에 관한 꿈

☆**가발** 변화의 징조이다. 새로운 모습, 새로운 장소, 모든 것들이 새로워질 듯.

☆**검은 머리** 옛 친구와 새롭게 우정을 다지는 계기를 마련할 듯.

☆**곱슬머리** 곱슬머리나 파마머리를 자르는 꿈은 가슴이 두근거릴 정도의 멋진 변화를 암시. 여성의 파마머리는 새로운 남성의 등장을 의미. 남성에게는 어떤 사람과의 관계를 끊을 징조 그렇지 않으면 자신의 평판이 떨어질 듯.

☆**금발** 말을 함부로 해서 기회를 놓치지 말라.

☆**긴머리** 건강 상태가 양호하다는 증거.

☆**눈썹** 짙은 눈썹은 돈이 굴러들어올 징조 아치형의 눈썹은 뜻하지 않은 사건을 암시. 엷은 눈썹은 사업 면에서 불리. 자신의 눈썹이 빠지거나 그 일로 고민했다면 애인이 바람을 피우고 있을 가능성이 있다.

☆**단발머리** 자신감에 넘쳐 있다는 증거.

☆**대머리** 상실을 의미. 남성의 경우는 병을 암시. 여성의 경우는 복잡한 감정을 의미. 그 때문에 누군가와 절교하거나 그동안 쌓은 일들이 물거품이 될 위험이 있다.

☆**머리염색** 머리를 염색하는 꿈은 자기 자신의 경솔한 언행 때문에 고민이 생길 듯.

☆**머리카락을 잡아당기는 행위** 누군가가 나의 머리카락을 잡아당기면 믿을 수 없는 친구가 있다는 뜻.

☆**머리핀** 밝은 미래를 암시.

☆**면도** 누군가가 면도를 하고 있었다면 동료가 나의 감정을 상하게 만들 수 있다. 그 수법에 놀아나지 말도록. 자기가 면도하는 꿈은 재물을 잃을 징조이다.

☆**미용사** 남성 미용사를 보면 다른 사람들이 나의 소문에 대해 이야기하고 있다는 뜻. 여성 미용사는 유감스럽지만 이루어질 수 없는 사랑을 암시. 아무래도 나 혼자서 열을 내고 있는 듯. 미용실에 가는 꿈은 가슴이 설레는 반면에 위험도 있는 경험을 하게 될 듯. 자신이 미용사가 되는 꿈은 가족 간의 분쟁이 일어날 징조

☆**백발** 자신이 백발이 되는 꿈은 건강 상태가 좋지 않다는 증거. 검사를 받아보도록.

☆**브러시** 섹시하고 새로운 애인을 가지고 싶다고 생각하는 사람이 꿈속에서 브러시를 보았다면, 그 때문에 상당한 희생을 하게 될 것이다. 하지만 그림 붓이나 페인트 붓은 기쁨에 넘쳐 있으며 장래에 대해서도 낙관적인 사고방식을 가지고 있다는 뜻. 브러시를 씻는 꿈은 어려움이 다가오고 있다는 암시.

☆**빗** 섹시한 연인을 자기 것으로 만들려면 상당한 희생이 필요할 듯.

☆**속눈썹** 길고 예쁜 속눈썹은 열렬한 연애를 암시. 가짜 속눈썹이 꿈에 보이면 어떤 비밀을 알게 되어 누군가에게 상담을 요청하게 될 듯. 속눈썹이 없는 사람이 꿈에 보이면 무슨 일이든 자신의 가슴속에만 묻어 두고 비밀을 털어놓지 말도록.

☆**이발소** 여성이 이 꿈을 꾸면 원하는 만큼의 부자는 될 수 없다. 남성의 경우는 성공을 의미하지만 그것을 위해 상당한 노력이 필요.

☆**콧수염** 사소한 문제로 애달아하다가 큰 문제로 발전할 우려가 있다. 콧수염을 깎는 꿈은 파트너와의 이별을 암시. 하지만 슬퍼할 것 없다. 곧 새로운 상대가 나타날 테니까.

☆**턱수염** 수염이 짙을수록 행운을 암시한다. 다만 수염이 난 여성이 꿈에 나타나면 도박은 절대로 하지 말 것. 가짜 수염은 건강에 관한 문제를 의미한다.

성(性)에 관한 꿈

☆**강간·윤간** 강간을 하는 꿈은 경솔한 행동 때문에 평판이 떨어질 징조 신중하게 행동하지 않으면 다른 사람을 들뜨게 만들 수도 있으니 조심할 것.

☆**규방** 자신이 규방에 있는 꿈이나 미녀들에게 둘러싸여 있는 꿈은 이성과의 교제로 바빠질 징조이다. 그렇다고 너무 설치지 말고 매사에 주의를 기울여야 한다.

☆**근친상간** 누가 어떤 식으로 접근하든 유혹에 넘어가서는 안 된다는 뜻. 만약 유혹에 넘어가면 평생 후회하게 된다.

☆**매춘굴·창녀촌** 남자, 여자를 막론하고 매춘굴을 찾아가는 꿈은 가정생활이 향상된다.

☆**매춘부** 매춘부에 관한 꿈은 섹스에서의 실패를 두려워하고 있다는 증거이다. 매춘부에게 유혹을 당하는 꿈은 함부로 기분 내키는 대로 행동하지 말라는 강력한 경고이다. 자신이 매춘부가 되는 꿈은 기운을 북

돌아 줄 좋은 소식이 있을 듯. 매춘부를 찾아가는 꿈은 가정 문제가 발생할 징조이다.

☆**성**(性) 여성이 남성이 되는 꿈을 꾸었다면 가정생활이 원만하다는 것을 암시한다. 남성이 여성이 되는 꿈은 침대에서 부끄러운 실수를 저지르게 될지도 모를 일이다. 섹스를 하는 꿈을 꾸는 것은 야망을 성취할 수 있을 듯. 하지만 그 야망이 얼마나 가치 있는 일인가 하는 것은 별개의 문제이다.

☆**성기** 말할 나위 없이 성적인 꿈. 꿈속에서 본 자신의 성기가 정상이었다면 만족스러운 성생활을 보내고 있다는 증거. 성기가 병에 걸려 있었다면 지나친 섹스, 혹은 상대를 함부로 다루고 있다는 증거. 좀 더 절제하도록. 성기에 이상이 있었다면 성생활이 만족스럽지 않다는 것을 의미. 혹시 그것 때문에 고민하고 있지는 않은지. 그렇지 않다면 이런 꿈을 꿀 리가 없다. 꿈속에서 성기에 아픔을 느꼈다면 병원에 가서 검사를 받아보기를 권한다.

☆**섹스** 꿈속에서 섹스를 즐겼다면 새로운 환경에 쉽게 적응할 수 있을 것이다. 다른 사람이 섹스하는 장면을 목격하는 것은 충족감과 성공을 암시한다. 하지만 꿈속에서 섹스와 관련된 것으로 인해 조금이라도 불쾌한 일이 있었다면 현재 감정적인 문제를 억누르고 있음을 의미하는 것이다. 전문가에게 상담하도록.

☆**섹시한 매력** 섹시한 기분이 드는 꿈을 꾸면 이성 간의 우정이 사랑으로 발전할 듯. 하지만 이성이 접근해 오는 꿈은 요주의. 어떤 사람과의 관계에서 스캔들에 휘말리게 될 듯.

☆**임포텐츠** 애정 생활은 더할 나위 없이 만족스럽다는 뜻. 그 밖의 문

제도 잘 풀려나간다.

☆**처녀** 처녀는 행복의 상징. 다만 죽어 있었다면 성가신 일이 생길 듯. 처녀와 교제하는 꿈은 모든 일에 행운이 따를 징조. 자기가 꿈속에서 처녀로 나타나면 현재 무방비 상태라는 의미.

☆**키스** 다른 사람에게 키스하는 꿈은 새로운 사랑을 암시. 파트너의 키스를 받는 꿈은 두 사람의 관계가 진실하다는 증거. 죽은 자에게 키스했다면 앞으로도 행복한 생활을 하게 된다는 뜻. 아이에게 키스했다면 어렵게 생각한 일이 쉽게 풀리게 된다. 키스하기를 거부하는 꿈은 몸이 좋지 않다는 증거.

☆**포옹** 포옹하는 꿈은 충동을 억제하라는 경고. 문제를 일으킬 위험이 있다. 사람을 포옹하는 꿈이나 사람들이 포옹하고 있는 모습을 보는 꿈은 가정 내의 사소한 분쟁을 암시한다.

학교에 관한 꿈

✿**교수** 자신이 교수가 되는 꿈은 사태의 진전을 의미. 교수의 강의를 듣는 꿈은 자신의 감추어진 재능을 발견하게 될 듯.

✿**단과대학** 사소한 문제로 고민을 하지만 곧 어떤 형태로든 승진을 하게 된다.

✿**대학교** 대학교에 들어가는 꿈은 지금 자신의 의지가 굳건하다는 뜻. 실제로 대학에 다니는 사람이 이 꿈을 꾸었다면 이제 우쭐거리는 행동은 그만두도록. 대학교에서 일을 하는 꿈은 행운이 기다리고 있다는 증거. 대학을 졸업하는 꿈은 사업 면에서 새로운 전환을 하게 될 듯.

✿**배움·학습** 새로운 기능을 익히는 꿈은 너무 많은 일에 손을 대고 있다는 증거. 노래를 배웠다면 일시적인 슬픔에 휩싸일 듯. 춤을 배웠다면 새로운 서클 활동에 가입할 듯.

✿**선생** 자기가 선생이 되는 꿈은 두 마리 토끼를 쫓다가는 한 마리 토끼도 잡을 수 없다는 경고. 자신이 정말로 원하는 일이 무엇인가를 마음

속으로 결정하고 그것에만 집중하도록 하라.

☆**수업** 수업을 받는 꿈은 한정된 범위에서의 성공을 의미. 자신이 교단에 서는 꿈은 이동의 가능성이 있다.

☆**시험** 시험에 떨어지는 꿈은 자신의 목표가 지나치게 높다는 경고. 진로를 바꿀 것. 시험에 합격하는 꿈은 모든 바람이 이루어질 듯.

☆**실습생·수습생** 장사를 수습하는 꿈은 애정이나 사업 면에서 모두 길조. 수습생을 가르치는 꿈은 뜻밖의 이익이 생길 듯.

☆**전문대학** 어떤 종류의 전문대학이든 새로운 친구와의 교제를 암시. 다만 조심하지 않으면 돈이 많이 들게 될지도.

☆**졸업장** 남성이 졸업장을 받는 꿈은 노력에 따라 큰돈을 벌 징조. 여성의 경우는 허영심이 너무 강하다는 경고. 화장이나 헤어스타일에 돈을 낭비하지 않도록 할 것. 지금 그대로도 충분히 아름다울 테니까.

☆**칠판** 꿈에 칠판이 보이면 뭔가 새로운 소식이 올 듯. 분필로 칠판에 뭔가를 쓰고 있었다면 그 소식이 자신의 계획에 영향을 미칠 것이다.

☆**학교** 학교의 종류에 따라 해석도 달라진다. 초등학교의 꿈은 상황을 약간 바꿀 필요가 있을 듯. 중·고교라면 여러 가지 일 중 하나를 선택해야 할 상황이 찾아온다. 기숙사가 딸린 학교는 의지할만한 친구가 있다는 증거. 사립학교는 위험한 일을 만날 징조. 학교 가는 꿈은 지금 회전이 좋아질 듯.

일과 직장에 관한 꿈

☆**고용·근무** 실업(失業)을 하는 꿈은 머지않아 기회를 선택하게 될 듯. 남에게 일을 알선해 주는 꿈은 어떤 일에서 자신감이 좀 지나쳐 있다는 뜻. 나와 사이가 좋은 상사가 꿈에 나타났다면 가까운 시일 안에 뜻하지 않은 소식이 날아올 징조. 자신의 직속 상관이 꿈에 나타났다면 다른 사람의 말에 좌우한다는 증거. 스스로 결단을 내리도록. 고용주나 상사가 화를 내고 있었다면 자신이 신뢰할 만한 상대를 잘못 선택하고 있다는 경고의 의미이다.

☆**관리·경영** 자신에 대한 문제가 꿈에 대두되면 가까운 시일 안에 재산을 상속받게 될지도. 다른 사람의 문제가 나타났을 경우에는 사업적인 범위가 훨씬 더 넓어질 듯.

☆**구직·일거리** 직장이나 일거리를 찾는 꿈은 승진할 징조. 일거리를 맡게 되는 꿈은 자기가 하는 일에 더욱 세심한 주의를 기울이라는 뜻.

☆**노동자** 노동자가 일하는 모습을 보았다면 뜻밖의 행운이 찾아올 암

시. 돈과 존경, 모두를 얻을 수 있다. 노동자가 쉬고 있는 꿈이었다면 현재 일을 할 생각이 별로 없다는 뜻. 더욱 분발하도록.

☆**비서** 자기가 비서와 함께 있었다면 전부터의 습관이 자신을 고집쟁이로 만들고 있다는 증거. 비서를 고용하는 꿈은 자신의 지위가 상승할 징조이다.

☆**사업** 험난한 길이 기다리고 있다는 뜻. 어려운 경쟁 속에 뛰어들게 될 것이다. 단, 서류가 꿈에 보였다면 모든 일이 자신에게 유리한 방향으로 매듭지어질 것이다.

☆**사직**(辭職) 일이나 직장을 그만두는 꿈은 커다란 변화가 기다리고 있다는 암시이다.

☆**상사** 자기와 뜻이 잘 맞는 상사가 꿈에 나타나면 예상 밖의 소식에 당황하게 될지도 모른다. 자기의 직속 상관이 꿈에 나타나면 지나치게 주위 사람의 뜻에 의해 움직이고 있다는 의미. 상사가 꿈에 나타났다는 것은 자신의 마음이 흔들리고 있다는 증거이다. 만약 상사가 친절하게 대해 주는 꿈을 꾸었다면 지나치게 감수성이 강해서 친구와의 사소한 언쟁 때문에 고민하고 있는지도 모른다. 상사가 어려운 문제를 억지로 떠맡겼다면 자신의 지위가 위험해질 것이다. 침착하게 확고한 태도를 유지할 것.

☆**서류 가방** 오래된 서류 가방은 사업의 성공을 의미. 새것일 경우에는 일을 시작하기도 전에 계획을 변경해서는 안 된다는 경고. 가방 안에 서류가 가득 차 있었다면 사생활에 좀 더 신경을 쓰도록. 텅 비어 있었다면 현재의 계획이 잘 진행될 듯. 서류 가방을 잃어버렸다면 약간의 이익을 기대할 수 있다. 반대로 잃었던 가방을 찾았을 경우는 사업 면에서

더욱 신중해지도록. 그렇지 않으면 복잡한 문제에 휩싸일 가능성이 있다.

☆**월급** 상사에게 월급을 올려 달라고 요구하는 꿈은 뜻하지 않은 방면에서의 수입을 암시. 상사가 월급 인상을 인정해 주었다면 일에 더욱 집중하라는 경고. 그렇지 않으면 지위가 떨어질 위험이 있다. 다른 사람에게 월급을 주는 꿈은 금전 면에서 양호하다는 뜻이다.

☆**은퇴** 직장이나 사업에서 은퇴하는 꿈은 유감스럽게도 산더미 같은 업무에 시달릴 징조이다.

☆**일·직장** 자신이 실업자가 되는 꿈은 가까운 시일 안에 여러 가지 기회 중에서 한 가지를 선택하게 될 듯. 다른 사람에게 일을 의뢰하는 꿈은 어떤 일에 대해 과신하고 있는 것이 아닌지. 결과적으로는 비싼 대가를 지불하게 될 것이다.

☆**중역** 회사의 중역이 되는 꿈은 사업이나 법률적인 면에서 좋은 소식이 있을 듯. 중역을 밀어내거나 자신이 중역의 자리에서 밀려나는 꿈은 자신의 경솔한 언행이 문제가 되어 지위를 잃게 될 우려가 있다. 다른 사람이 알았을 때 부끄러워질 일은 절대로 하지 않도록.

☆**파일** 꿈에 파일(서류철)이 보였다면 자신의 상황을 다른 사람에게 확실히 털어놓는 것이 좋다. 그렇지 않으면 나쁜 소문에 휩쓸려 오해를 받게 될 우려가 있다.

시간에 관한 꿈

☆**계절** 봄의 꿈은 영감(靈感)이 식어 있다는 증거이고, 여름 이외의 계절에 여름에 관한 꿈을 꾸면 뜻밖의 소식이 올 듯. 가을 이외의 계절에 가을의 꿈을 꾸면 의외의 사람과 친해지게 된다. 겨울의 꿈은 금전적인 혜택이 있다.

☆**끝·종점·마지막** 어떤 형태로든 마지막을 장식하는 꿈은 새로운 시작을 의미한다.

☆**달**[月] 2월이나 12월에 대한 꿈은 별 의미가 없다. ▶새해도 아닌데 1월의 꿈을 꾸면 귀찮았던 문제가 곧 해결된다. 1월에 1월의 꿈을 꾸면 돈이 생긴다. ▶3월도 아닌데 3월의 꿈을 꾸면 실망할 일이 생길 듯. 기대하고 있던 일이 물거품이 될 위험이 있다. ▶4월의 꿈은 해외여행을 암시한다. ▶5월도 아닌데 5월의 꿈을 꾸면 금전 문제에 휩싸일 위험이 있다. ▶6월도 아닌데 6월의 꿈을 꾸면 가슴 설레는 로맨스가 생길 징조이다. ▶7월도 아닌데 7월의 꿈을 꾸면 새로운 신청이나 의견에 조심하

라는 경고이다. 결심하기 전에 다시 한번 신중하게 생각해 보도록. ▶여름에 8월의 꿈을 꾸면 지금 하는 일이 잘될 징조이다. 겨울에 8월의 꿈을 꾸면 뜻밖의 여행을 떠날지도 모른다. ▶9월도 아닌데 9월의 꿈을 꾸면 적극적인 변화가 있을 것이다. ▶10월도 아닌데 10월의 꿈을 꾸면 자신은 생각도 하지 않는데 주위에서 방향 전환을 하라는 권유가 끊이지 않을 듯. 의지를 굳게 다지고 다른 사람의 말에 넘어가지 말라. ▶11월도 아닌데 11월의 꿈을 꾸면 자신의 남은 인생은 행복으로 가득하게 될 것이다.

☆**달력** 여자가 꿈속에서 달력을 보면 지나치게 주위의 평판에 신경을 써서 자신의 이익을 희생하게 될 암시. 남자인 경우는 사업적인 면에서 나무랄 데 없는 거래를 의미한다.

☆**모래시계** 행동하기 전에 잘 생각하라는 경고이다. 무슨 일이든 초조해하지 말 것.

☆**문자판** 시계의 문자판은 새로운 이익을 상징한다. 하지만 문자판이 망가져 있었다면 투자 내용을 점검할 필요가 있다. 나침반의 문자판은 사랑의 징조. 질투나 시기를 사지 않는 한 모든 것이 순조롭게 진행될 것이다.

☆**시간에 늦다** 어떤 형태이든 제시간에 도착하지 못하는 꿈은 불안정한 시기를 암시. 다만 버스, 전차, 비행기 등의 승차 시간에 늦는 꿈은 자신의 문제는 모두 돈과 관계있는 것이라고 생각해도 좋다.

☆**시계**(탁상시계·괘종시계) 시계가 꿈에 보였다면 시간 낭비를 하지 말라는 뜻이다. 자기가 시계에 태엽을 감고 있었다면 새로운 사랑이 시작될 징조이다.

☆**시계추** 시계의 추가 꿈에 나타났다면 자신의 일상생활을 흐트러뜨릴 변화가 찾아온다. 얌전히 받아들이면 모든 일이 잘 해결될 것이다.

☆**약속** 약속을 하는 꿈이나, 약속 시간을 지키는 꿈을 꾸었다면 마음속으로 준비해 왔던 비밀 계획을 단념하는 것이 좋다. 뜻대로 되지 않을 징조이니까.

☆**예정표** 예정표에 앞으로의 예정을 기입하는 꿈은 나에게 어울리는 상대를 만날 징조. 예정표를 찢는 꿈은 뜻하지 않은 선물이 들어올 듯.

☆**오후** 오후에 무슨 일이 일어나는 꿈은 일반적으로 사생활에서의 길조이다. 맑은 오후라면 즐거운 시간을 보낼 수 있을 듯. 흐린 오후라면 약간의 이익이 생기고, 비가 내리는 오후라면 장사가 잘될 징조이다.

☆**일요일** 일요일도 아닌데 일요일의 꿈을 꾸었다면 가정과 직장, 모두에서의 변화를 암시.

☆**지각** 자신이 지각하는 꿈은 지킬 수 없는 약속은 하지 말라는 경고. 다른 사람이 지각하는 꿈을 꾸었다면 낭비와 사치를 줄일 것.

☆**해시계** 해시계로 시각을 보는 꿈은 가장 중요하게 바라던 소원이 이루어질 듯. 그 밖의 경우 해시계는 사교적인 즐거움을 암시한다.

결혼식·의식에 관한 꿈

☆**결혼식** 결혼식은 행복의 상징. 다만 일시적이라는 흠이 있다. 하지만 같은 결혼식이라도 여러 가지 측면에서 해석해야 할 필요가 있다.

☆**노벨상** 노벨상을 받는 꿈은 아는 척하는 행동을 적당히 하라는 뜻. 사람들의 미움을 살 수 있다. 다른 사람이 이 상을 받는 꿈이었다면 가정에 기쁜 소식이 있을 듯.

☆**만우절** 만우절에 속는 꿈은 누군가를 뜻대로 조종하게 될 듯. 하지만 다른 사람을 속이는 꿈은 친구를 잃을 징조.

☆**밸런타인데이** 밸런타인데이에 선물을 받는 꿈은 친구에게 실망을 하게 될지도. 선물을 주는 꿈이라면 새로운 기회가 생길 듯.

☆**상** 상을 받는 꿈은 성공을 암시. 그리고 상을 주는 꿈은 가까운 시일 안에 돈이 생길 듯.

☆**생일** 누구의 생일이든 길조. 건강과 평화를 가져온다.

☆**선물** 선물을 받는 꿈은 믿을 만한 상대를 신중히 선택하라는 의미.

선물을 주는 꿈은 사생활에서 뜻밖의 성공을 거둘 듯. 즐거운 일이 많이 일어날 것이다. 선물을 사는 꿈은 예기치 않은 일 때문에 고민하고 있다는 증거. 돈을 선물로 주고받는 꿈은 사람으로 인해 고민하고 있다는 증거이다.

☆**신랑 들러리** 남성이 신랑의 들러리를 서는 꿈은 애정 면에서의 행복을 암시. 여성일 경우에는 안정된 미래를 암시.

☆**신랑·신부** 제단 앞에 신부가 있었다면 모든 생활에서 길조. 하지만 신부가 혼자 있었다면 건강에 주의할 것. 자신이 신부와 나란히 서 있었다면 비밀스런 바람이 이루어질 듯. 신부에게 키스를 했다면 새로운 친구가 많이 생길 것이다. 꿈속에 신랑이 나타났다면 중요한 계획 중의 하나가 장애를 만날 듯. 하지만 포기하지 말라. 방법을 바꾸면 잘될 것이다. 신랑보다 신부가 훨씬 더 젊었다면 가족 중에 환자가 생길 수도.

☆**신부 들러리** 자신이 신부의 들러리를 서는 소녀가 되었다면 큰 실망이 기다리고 있다는 뜻. 여러 명의 들러리 소녀를 보았다면 행복이 찾아올 것이다. 소년이 웨딩드레스 자락을 잡고 있었다면 나의 사랑은 열매를 맺게 될 것이다. 사업도 뜻대로 진행될 듯.

☆**쌀 뿌리기** 결혼식에서 쌀을 뿌리는 꿈은 좋은 소식이 올 징조.

☆**안내원** 예식장의 안내원은 장래에 나를 도와줄 새로운 인연을 의미.

☆**알현** 왕족이나 왕을 만나기를 청하는 꿈은 어려운 문제 때문에 고민하게 될 징조.

☆**축복** 축복을 받는 꿈은 결혼을 강요당할 수 있다. 다만 목사(신부, 주례)에게 축복을 받는 꿈은 행운을 상징. 다른 사람이 축복을 받는 꿈은 행복한 가정을 암시. 자신이 누군가를 축복했다면 장애를 뛰어넘기 위한

고생을 떠맡게 된다.

☆**축하 인사** 축하의 말을 듣는 꿈은 다른 사람의 도움이 필요하게 될 듯. 다른 사람에게 축하 인사를 하는 꿈은 자신에게 유리한 방향으로 일이 진행될 것이다.

☆**축하용 색종이** 색종이를 꿈에서 보면 모든 사람에게 사랑을 받게 될 징조 사교 면에서 멋진 성공을 거둘 수 있다.

☆**카니발** 지금 우울한 기분에 젖어 있지 않은자? 카니발에 참가하는 꿈은 몇 가지의 장애를 뛰어넘어 가지고 싶은 것을 손에 넣을 수 있게 될 것이다.

☆**크리스마스** 가족과 함께할 즐거운 한때가 기다리고 있다. 새로운 친구를 만들려면 지금이 좋은 기회. 건강 상태도 최고

돈에 관한 꿈

☆**가게** 꿈속에서 물건을 사고 잔돈을 받았다면 재정적인 어려움을 수습해야 할 일이 생긴다. 그러나 가게에서 일하는 꿈은 뜻하지 않은 돈이 생길 것이다.

☆**경리·회계사** 돈 계산을 하는 꿈은 다른 사람에게 돈을 빌려주지 말라는 경고. 받지 못할 가능성이 있다. 수지계산이 정확하게 맞아떨어지는 꿈은 가까운 시일 안에 돈벌이가 생길 듯. 상사가 돈 계산하는 모습을 보았다면 현재의 라이벌을 주의하도록.

☆**구두쇠** 꿈에 구두쇠가 보이면 경제적인 면에서 전망이 좋지 않다. 만약 자신이 바람을 피울 생각을 하고 있다면 다시 한번 생각해 볼 것. 파트너에게 발각될 가능성이 있다.

☆**금고** 내용물이 꽉 찬 금고는 불안한 시기를 암시. 텅 비어 있었다면 성공을 암시.

☆**금괴** 금괴 같은 귀금속 덩어리가 꿈에 나타나는 것은 자신의 인생을

바꾸어 놓을 극적인 변화를 의미한다.

☆**금전등록기·금전출납장** 금전출납장이나 금전등록기를 꿈에 보았다면 신용카드를 가지고 다니지 말도록. 복잡한 금전 문제 때문에 고민할 일이 생긴다.

☆**기부·동냥** 뭔가를 베풀어 주기를 바라거나 그것을 받는 꿈은 경제적인 향상을 의미한다. 자기가 기부를 하는 꿈도 마찬가지로 좋은 꿈이다. 하지만 기부를 거절하거나 거절당하는 꿈을 꾸었다면 뜻하지 않은 시련에 부딪힐 듯.

☆**기부금** 기부금을 받는 꿈을 꾸었다면 행동을 조심할 것. 일단은 침착하라. 하지만 자기가 기부금을 주는 쪽이었다면 지금 세우고 있는 계획에는 운이 따르고 있다는 증거이다.

☆**뇌물** 뇌물을 주거나 받는 꿈은 좋은 징조는 아니다. 도박을 피하고 나를 이용하려는 사람을 피할 것.

☆**담보·저당** 담보물을 되찾는 꿈은 뜻하지 않은 청구서를 받게 될 듯. 되찾을 수 없었다면 행운을 붙잡을 수 있다. 저당을 신청하는 꿈은 고민하던 일이 해소될 징조.

☆**돈** 돈은 행운의 상징이다. 돈을 주는 꿈은 경제적인 안정과 번영의 시기를 약속하는 것이다. 돈을 받는 꿈은 큰 발전, 예를 들면 출산을 암시하는 태몽이 된다. 돈을 발견하는 꿈은 일이나 사생활에서 좋은 변화가 있을 듯. 자신이 모금 운동을 했다면 소외감을 느끼고 있다는 증거이다. 돈을 쓰는 꿈은 뜻하지 않은 이익을 얻을 수 있을 듯. 돈을 훔치는 꿈은 뜻밖의 행운을 암시한다. 돈 때문에 고민하는 꿈은 금전적인 혜택을 기대할 수 있다.

☆**돈을 빌리는 꿈** 꿈에 돈을 빌리면 가정 문제가 발생할 징조이다. 하지만 그 돈을 갚았다면 문제는 곧 수습된다. 돈을 빌려주는 꿈은 친구의 죽음을 암시.

☆**매입** 이것저것 많은 물건을 매입했을수록 절약할 필요가 있다. 다만 꿈속에서 신중하게 물건을 구입했을 경우에는 금전적인 이익이 있을 것이다.

☆**바자회** 제대로 생각해 보지도 않고 무슨 일에 결단을 내리려 한다는 암시. 하지만 이 꿈은 일단 좋은 것이다. 가까운 시일 안에 경사스러운 일이 있을 듯하다.

☆**보너스** 보너스를 받는 꿈은 뜻밖의 장소에서 새로운 인맥의 도움을 받을 듯.

☆**보수** 보수를 받는 꿈은 가까운 시일 안에 행운이 찾아올 징조. 보수를 주는 꿈은 자기만족에 빠지지 말라는 암시.

☆**보험** 자신이 보험금을 수금하는 꿈을 꾸면 좌절에 직면할 가능성이 있다. 보험에 가입하는 꿈은 자신의 계획이 안정권에 있다는 뜻. 밝은 미래가 기다리고 있다.

☆**부(富)** 꿈 그대로 향상이 있을 듯. 부가 크면 클수록 경제적인 문제가 빨리 해결된다.

☆**비용·경비** 식비나 여행비 등 특정한 목적이 있는 돈을 받는 꿈은 즐거운 일이 있을 징조. 하지만 그런 돈을 남에게 주는 꿈은 가족과 한바탕 분쟁을 일으킬 징조.

☆**빌린 돈** 빌린 돈을 갚는 꿈을 꾸는 것은 행운기에 접어들었다는 징조이다. 다른 사람에게 빌려준 돈을 받았다면 손해를 볼 우려가 있다. 도박

은 엄금하라. 인생을 망치게 된다.

☆**세금** 세금 때문에 고민하는 꿈은 어떤 형태로든 지출이 있을 듯. 하지만 고민하지 않았다면 번영을 암시.

☆**소득** 꿈속에서 소득이 있었다면 그 반대를 의미한다. 소득이 많았다면 불편한 금전 문제를 암시한다. 하지만 소득이 적었다면 경제적인 어려움이 많이 감소될 듯.

☆**소득세** 소득세와 관계된 꿈은 도와주고 싶은 친구에게 아무런 도움도 줄 수 없게 될 가능성이 크다.

☆**영수증** 영수증을 주고받는 꿈은 지금 이상으로 멋진 미래가 기다리고 있다는 암시.

☆**위자료** 자신이 위자료를 주는 꿈은 불장난에는 돈이 들어간다는 경고이다. 처신을 잘해야 한다. 위자료를 받는 꿈은 소중한 바람이 이루어질 듯.

☆**은(銀)** 꿈에 은화를 보면 돈을 잃어버릴 가능성이 있다. 은그릇은 승진을 암시. 그렇다고 너무 들뜨지는 말 것.

☆**은행** 텅 빈 은행은 뭔가를 잃을 암시. 하지만 자신이 은행에서 입금이나 인출을 할 경우에는 금전운이 상승된다.

☆**이익** 이익을 얻는 꿈은 그 수익이 클수록 금전 관리의 주의를 필요로 한다. 하지만 꺼림칙한 방법으로 수익을 올리는 꿈이라면 사업운이 상승하고 손실을 막을 수 있다.

☆**임금** 임금을 지불하는 꿈은 두 번 다시 없을 절호의 기회가 찾아올 징조이다. 자신이 임금을 받는 꿈은 도둑맞을 가능성이 크다. 안전장치를 꾀하고 확인하도록.

☆**임대료** 임대료를 받는 꿈은 자금 회전이 안 좋아질 징조. 임대료를 지불하는 꿈은 뜻하지 않은 즐거운 일이 일어날 징조.

☆**자선**(慈善) 꿈속에서 자신이 관대하면 관대할수록 경제적인 고통이 커지고 약 1년간은 그 상태가 계속된다. 모금을 받는 꿈이었다면 금전운이 열릴 징조.

☆**잔돈** 반짝거리는 새 잔돈은 친구 중에 믿을 수 없는 사람이 있다는 증거이다. 잔돈을 주는 꿈은 금전운이 있을 듯하고, 잔돈을 받는 꿈은 손해를 볼 징조이다.

☆**재벌** 자신이 재벌이 되는 꿈은 과거에 단순한 호의를 베풀었던 것이 큰 이익을 가져올 징조. 재벌을 만나는 꿈은 무슨 일을 시작하기 전에 다른 사람의 의견을 듣도록 하라는 경고.

☆**전당포** 전당포는 행운을 상징. 트러블도 곧 해소될 듯.

☆**조폐공사** 오랫동안 기다려온 승진의 꿈이 이루어질 듯.

☆**지갑** 꿈에 동전 지갑을 발견하면 오랫동안 받지 못했던 빚을 받게 될지도 모른다. 동전 지갑을 잃어버리는 꿈은 친구나 애인에게 환멸을 느낄 징조이다. 가죽 지갑은 자신이 어떤 일에 대해 재검토하고 있다는 증거. 지갑 속에 돈이 가득 들어있었으면 극복해야만 할 심각한 문제가 있다는 뜻이다. 지갑을 발견했다면 뜻하지 않은 만남을 암시. 지갑을 잃어버렸다면 우유부단한 행동을 고치라는 경고. 안이 텅 빈 지갑은 한몫 잡을 기회를 의미한다.

☆**청구서** 청구서 때문에 고민하는 꿈은 금전운이 좋아진다는 것을 의미한다. 계산을 하거나 청구서를 보내는 꿈은 경제적인 원조가 필요하게 될지도 모른다.

☆**코인** 뜻하지 않은 수익을 암시한다. 하지만 코인이 작을수록 수익은 커지기 때문에 그런 의미에서는 반대의 꿈이라고 할 수 있다. 금화는 불운을 상징. 은화는 가정 문제를 암시. 백동화는 노력 여하에 따라 많은 돈을 벌 수 있다.

☆**파산** 자신이 파산하는 꿈을 꾸었다면 돈이 풍족해질 듯. 다른 사람이 파산하는 꿈은 귀찮은 거래에 휩싸이게 될 듯. 그런 거래를 하려는 사람을 멀리하도록.

☆**품질 보증** 금은 제품에 찍혀 있는 각인이 가짜였다거나 없었다면 동료의 배신에 주의할 것. 하지만 정상적인 각인이 찍혀 있었다면 지금의 계획은 틀림없이 성공할 것이다.

음식·음료에 관한 꿈

☆**가루** 가루를 뿌리는 꿈은 이해할 수 없는 충고를 듣고 어리둥절한 상태라는 의미.

☆**가리비 조개** 가리비 조개를 먹었다면 현재의 상황이 바뀔 듯. 날것일 경우에는 뜻밖의 여행을 암시.

☆**건포도** 수입이 따라가지 못할 정도로 지나친 지출이 있을 듯하다. 하지만 단순히 건포도가 꿈에 보였을 뿐이라면 사교 상의 즐거운 만남이 있을 듯.

☆**고기**(육류) 고기를 사는 꿈, 고기 요리를 하는 꿈은 부를 암시한다. 먹는 꿈은 누군가와 사소한 분쟁을 일으킬 듯. 냉동육은 배반의 상징. 썩은 고기라면 건강에 주의해야 한다.

☆**과자** 달콤한 과자는 괴로운 추억을 상징한다. 다른 사람에게 과자를 주는 꿈은 파트너와의 사이가 나빠질 가능성이 있다. 먹는 꿈은 함부로 판단을 내리지 말라는 경고. 후회하게 된다.

☆**국수** 국수를 먹거나 요리하는 꿈은 중요한 계획에 진전이 있을 듯.

☆**그레이비 소스** 그레이비 소스를 먹거나 권하는 꿈은 시간을 낭비하고 있다는 증거. 하지만 만들고 있었다면 절호의 기회가 찾아올 징조.

☆**그릴(간이 양식집)** 그릴이나 양식이 꿈에 보였다면 남몰래 사랑을 하고 있는 것은 아닌지… 그러나 다시 한번 생각해 보도록. 자신이 생각하는 것만큼 로맨틱하지 않으니까.

☆**기름(고체지방)** 기름이 자신의 몸이나 옷에 묻는 꿈은 지금 계획하고 있는 일이 엄청난 실수였다는 것을 깨닫게 될 징조. 접시 등의 그릇에 지방이 묻었다면 다른 사람의 일에 쓸데없이 참견하지 말도록. 만약 상담을 신청했다 해도 충고는 해 주지 말 것.

☆**기름(액체)** 석유를 채취하는 꿈은 금전운이 좋아질 징조. 무엇인가에 기름을 바르거나 붓는 행위는 상사에게 칭찬을 받을 듯. 피마자유는 자신이 너무 이론만 따지고 든다는 증거. 올리브유는 사업 면에서 밝은 미래를 암시. 선 오일은 동료와의 교제가 원만하지 않다는 뜻. 기름을 흘리는 꿈은 문제가 발생할 징조.

☆**냉동식품** 가슴 설레는 여행이나 멋진 파티가 나를 위해 계획되고 있는 듯.

☆**넛메그(nutmeg: 육두구)** 강판에 간 넛메그가 꿈에 나타났다면 요리책을 미리 꺼내 놓도록. 이제부터 계속 손님을 대접해야 할 일이 생길 테니까. 넛메그를 먹거나 냄새를 맡았다면 다른 사람의 행동에서 그 동기를 간파할 것. 이용당하지 않도록 조심하라는 뜻이다.

☆**달걀** 달걀을 먹는 꿈은 건강 상태가 개선될 징조. 둥우리 안의 달걀을 발견했다면 뜻밖의 물건을 얻을 듯. 하지만 달걀이 깨져 있거나 금이

가 있거나 썩어 있었다면 믿고 있던 사람에게 호되게 당할 듯. 부활절에 사용하는 채색한 달걀은 축하할 일을 암시.

☆**달걀노른자** 꿈에 달걀노른자를 보면 지나치게 야심이 높다는 증거. 노른자를 풀고 있었다면 매력적인 사업 신청을 받게 될 듯.

☆**도넛** 꿈에 도넛을 보면 여행을 떠날 준비를 하는 것이 좋다. 만약 여행을 떠날 생각을 하고 있었다면 옷을 많이 가져가도록. 예정보다 길어질 가능성이 있으니까.

☆**독약** 독약을 먹는 꿈을 꾸었다면 지금이 화해의 시기. 독약을 모으는 꿈이었다면 우정이나 사랑에 금이 갈 우려가 있다. 독약을 버리는 꿈은 자신을 속이는 친구를 발견하게 될 듯. 또한 금전 면에서 풍부해진다.

☆**동물의 간** 간을 먹거나 요리하는 꿈은 건강 상태가 개선될 징조

☆**돼지비계** 돼지비계를 자르는 꿈은 친구를 잃을 가능성이 있다. 돼지비계로 요리를 했다면 지나치게 돈에 집착해 있다는 증거. 인생은 돈이 전부는 아니니까 생각을 바꾸도록.

☆**땅콩** 자신의 인기가 상승할 징조

☆**땅콩버터** 뭔가 꺼림칙한 일이 있다는 증거. 솔직히 터놓고 이야기하든가 그렇지 않으면 잊어버리도록 하라.

☆**레모네이드** 자신의 인기가 상승할 징조

☆**레스토랑** 도시에서 레스토랑을 발견했다면 누군가가 나에게 감추고 있는 일이 있다는 증거. 시골의 레스토랑은 문제가 발생할 징조 레스토랑이 혼잡했다면 지나친 걱정 때문에 파트너와 사이가 안 좋아질 듯. 레스토랑이 텅 비어 있었다면 파트너가 터무니없는 일을 하려고 한다는 암시. 레스토랑에서 자기가 식사를 하고 있었다면 매력적인 데이트 신청

을 받게 될 듯.

☆**마카로니** 뜻밖의 방문객이 찾아올 징조. 대접할 것이 충분히 있는지 점검해 볼 것.

☆**맥주** 맥주를 마시는 꿈은 돈을 잃어버릴 가능성이 있다. 다만 다른 사람이 맥주를 마시고 있었다면 손해는 최소한으로 줄어들 듯. 김이 빠진 맥주는 소문에 휩쓸리지 말도록 조심하라는 경고.

☆**머스터드**(서양겨자) 어떤 일 때문에 상당히 후회하게 될 듯. 머스터드가 테이블 위에 놓여 있었다면 성가신 싸움을 암시. 머스터드를 사용해서 요리를 만들었다면 지금 당장 문제가 발생할 듯. 머스터드를 샀다면 말뿐인 친구를 조심할 것.

☆**메뉴** 메뉴를 보고 있었다면 쾌적한 생활을 암시. 호화롭고 사치스러운 생활이라고는 말할 수 없지만 더 이상 바랄 것이 없을 듯.

☆**메이스**(mace : 향신료) 메이스를 보거나 냄새를 맡는 꿈은 지역 발전을 위해 공헌하여 좋은 평가를 받게 된다.

☆**메추라기** 메추라기를 먹는 꿈은 양심의 가책을 느낄 징조.

☆**물** 미지근한 물이나 뜨거운 엽차를 마시는 꿈은 돈이나 지위를 잃을 징조. 하지만 차가운 물은 자기의 지식을 살려 뭔가를 이룰 수 있다는 암시. 행운이 있을 것이다. 물을 엎지르거나 버리는 꿈은 현재 신경질적인 상태이니 짜증을 억제할 필요가 있다.

☆**밀가루** 길몽. 건강과 용기, 그리고 쾌적한 생활을 암시. 밀가루로 요리를 만들고 있었다면 가정에 좋은 소식이 있을 듯.

☆**바**(bar) 바에서 술을 마시는 꿈은 그 방면의 욕구를 억누르라는 뜻. 다른 사람이 바에서 술을 마시고 있었다면 자신이 자기가 생각하는 것 이

상으로 높은 평가를 받고 있다는 증거. 그렇다고 해서 너무 잘난 척하지 말도록!

☆**바비큐** 친구와 주위 사람이 인정 많은 당신을 이용하려 하고 있다는 증거.

☆**박하** 건강도 행복도 모두 최고의 상태.

☆**밥통** 커다란 밥통을 보았다면 조심하지 않으면 빚을 지게 된다. 하지만 작은 밥통이었다면 애정 생활이 호전될 징조. 텅 비어 있었다면 실망할 일이 생길 듯. 가득 차 있었다면 약간의 분쟁이 있을 듯. 어쨌든 가족 간의 단결이 기대된다.

☆**버터** 애인이 있는 사람이 버터 꿈을 꾸면 결혼을 암시. 그 밖의 경우에는 기쁜 손님이 찾아올 듯.

☆**벌꿀** 꿈속에서 벌꿀을 보았다면 가정 및 사회생활에서 멋진 성공을 암시. 길몽이다.

☆**베이컨** 베이컨을 먹는 꿈은 번영이 계속될 징조. 베이컨을 사는 꿈, 베이컨이 진열되어 있는 모습을 보는 꿈은 건강진단을 받아보라는 경고. 베이컨을 튀겼다면 뜻하지 않은 선물이 들어 올 듯.

☆**병(甁)** 안이 가득 찬 병은 부(富)를 암시. 술이 들어 있었다면 건강이 좋아질 듯. 텅 비어 있었다면 불안정한 시기로 접어들 징조. 또 병을 떨어뜨리거나 내용물을 쏟는 꿈은 가정 문제를 암시.

☆**병든 감자** 병든 감자가 꿈에 보였다면 현재의 식단을 개선할 필요가 있다. 어쩌면 건강진단을 받아 보는 것이 좋을 듯.

☆**보리** 건강을 시사한다. 마른 보리를 보았다면 건강진단을 받아 볼 것.

☆**불고기** 불고기 요리는 무엇이든 대길. 직접 요리를 하거나 불고기 음

식점의 점원이 되었다면 가정 내에 축하할 일이 생길 듯.

✪**브랜디** 브랜디를 사는 꿈은 예기치 않은 좋은 소식이 있을 징조. 브랜디를 사람들에게 나누어 주는 꿈은 지나친 정열을 억제하라는 암시. 단순히 꿈에 브랜디가 보였을 뿐이라면 너무 실리 위주로 행동하지 말도록. 소중한 친구를 잃을 우려가 있다.

✪**비계** 비계를 먹었다면 애정운이 좋아진다. 비계를 사용하여 요리를 했다면 사업 면에서 한몫 잡을 듯.

✪**비스킷** 비스킷을 먹었다면 길몽. 가까운 시일 안에 분에 넘치는 상이나 영예를 안게 될 듯. 비스킷을 남에게 주는 꿈은 요즘 들어 너무 잘난 척하고 다니는 게 아닌지?

✪**비트**(서양의 붉은 무) 비트가 꿈에 보였다면 열심히 해왔던 일이 빛을 보게 된다. 먹는 꿈은 애정의 끈이 더욱 튼튼해질 듯.

✪**빵** 빵을 보면 경마에서 한몫 잡을 수도 있다. 여하튼 도박에는 운이 따른다. 빵을 먹는 꿈은 건강과 튼튼한 신체를 상징. 빵을 만드는 꿈은 먼 곳에 있는 친구에게서 소식이 올 듯. 흰 빵은 감수성이 강해 상처를 받기 쉬운 상태에 놓여 있다는 뜻. 검은 빵은 급박한 상황에 처해 있을 때 친구들이 도움을 준다는 암시. 하지만 롤빵은 유감스럽게도 현재의 평온한 생활이 곧 무너질 징조.

✪**빵이나 과자 굽기** 자기가 오븐을 이용해서 무엇인가를 굽고 있었다면 자신의 지위는 향상될 것이다.

✪**사과술** 꿈에 사과술을 보면 자신의 비밀을 털어놓지 말라는 경고.

✪**사슴고기** 자기만 생각하지 말라는 경고. 사람들에게 기피당할 우려가 있다.

✿**샌드위치** 집에서 샌드위치를 먹거나 만들었다면 자신의 실력을 닦을 기회가 곧 찾아올 징조. 레스토랑에서 먹었다면 절대로 자신의 비밀을 남에게 털어놓지 말도록. 토스트나 피크닉용 샌드위치였다면 새로운 사랑을 시작하기 전에 다시 한번 재검토해 보도록.

✿**샐러드** 샐러드는 건전한 생활을 상징. 자신의 능력을 직장에서 인정받게 될 듯. 샐러드를 뒤섞고 있었다면 가족끼리 즐거운 시간을 보낼 듯.

✿**샐비어**(salvia) 향신료인 샐비어가 꿈에 보였다면 좋은 방향으로의 변화를 암시.

✿**샴페인** 소외감을 느끼는 것과 동시에 애정 면에서도 좋지 않은 일이 발생한다. 자신의 낭비벽이 원인이 되어 싸움이 일어날 가능성이 있다. 다만 결혼식을 올리는 자리에서 샴페인이 나왔다면 마지막에는 모두 원만하게 수습된다.

✿**설탕** 행복을 상징. 성공이 눈앞에 있다. 설탕이 듬뿍 든 달콤한 아이스크림을 먹었다면 이성과의 교제에서 대히트를 날릴 듯.

✿**소금** 소금을 뿌리는 꿈은 대길. 모든 문제가 해소된다.

✿**소스** 토마토소스는 편지를 암시. 카레 소스는 편견으로 인해 감정을 지배당하지 않도록 주의할 것.

✿**소시지** 단순히 소시지가 꿈에 보였다면 즐거운 놀라움을 경험할 듯. 맛있는 소시지를 잔뜩 입에 물고 있었다면 자신으로 인해 사랑이나 결혼이 파국을 맞이할 듯.

✿**소풍** 도시락을 가지고 소풍 가는 꿈은 비밀 때문에 위기가 찾아올 징조이다.

✿**쇠고기** 날것일 경우에는 자기의 일은 자기의 가슴속에만 비밀로 간

작하라는 경고. 비밀을 터놓지 말도록. 쇠고기를 권하는데 먹기를 거절했다면 가까운 시일 안에 도움이 필요하게 될 징조. 반대로 맛있게 먹었다면 사업이 급성장을 할 것이다.

☆**수수** 수수를 보았다면 이익이 있을 징조. 하지만 수수를 자르는 모습을 보았다면 최소한 한 달은 도박을 하지 말 것.

☆**수프** 뜨거운 수프는 기대 이상으로 사태가 호전될 듯. 차가운 수프는 애정운에 좋지 않다. 이미 끝난 사랑이라면 포기할 것. 그렇지 않으면 사태는 더욱 악화될 것이다. 또 야채수프는 가정 문제를 의미.

☆**수확** 과일을 수확하는 꿈은 지금 자신의 생활이 뜻대로 진행되고 있다는 증거. 마음껏 즐기도록. 곡물을 수확했다면 지금까지 열심히 노력해온 일이 마침내 결실을 맺을 징조. 하지만 흉작이었다면 남에게 이용당할 우려가 있다. 두려워하지 말고 자신의 입장을 분명하게 주장하도록.

☆**숙취** 독신자라면 숙취의 꿈은 우연한 섹스를 조심하라는 경고. 기혼자라면 가정 문제가 곧 해결될 듯.

☆**숟가락**(스푼) 나무 스푼은 이성과의 밀회를 의미. 테이블 스푼으로 음식을 먹었다면 융통성 있는 성격을 암시. 티스푼은 너무 비판적이라는 암시.

☆**술** 적당한 양의 술이라면 일반적으로 성공을 의미. 하지만 과음은 요주의. 수치를 느끼며 남에게 사과해야만 할 사태에 빠질 가능성이 있다. 금주하는 꿈은 그 반대. 자신에 대해 자만하지 말도록. 하지만 자기 뜻이 아니라 필요에 의해 어쩔 수 없이 금주를 하게 된 경우에는 성공과 부를 암시한다. 술을 마시는 꿈은 성의를 다하면 옛 애인과의 사랑을 다시 시작할 수 있다는 의미.

☆**스테이크** 스테이크를 요리했다면 사교 생활이 활기를 띨 듯. 먹었다면 월급 이상을 기대할 수 있다.

☆**스튜** 스튜를 만드는 꿈은 출산을 하게 된다는 암시. 먹었다면 옛 친구와의 재회를 암시.

☆**스트로우** 현재 이상으로 책임감이 필요한 일을 떠맡게 될 듯.

☆**스파게티** 즐거운 시간을 보내려면 지금이 절호의 기회. 파티를 암시한다. 소스 스파게티였다면 곧 축하할 일이 있을 듯.

☆**식욕** 약간의 배고픔을 느끼는 꿈은 건강을 해칠 징조. 매우 심한 허기를 느꼈다면 금전 문제를 암시. 돈 관리를 신중하게 하지 않으면 재정난에 빠질 가능성이 있다. 식욕을 잃는 꿈은 위험한 신호.

☆**식용 달팽이** 이성과의 인연이 좋지 않다. 자신감을 잃고 우울해하고 있다는 증거.

☆**식초** 식초를 먹는 꿈은 영양부족으로 몸이 좋지 않다는 징조이다. 단순히 식초를 보거나 따르는 꿈은 하기 싫은 의무를 이행해야 할 일이 생길지도 모른다.

☆**쌀·밥** 밥을 먹고 있었다면 로맨스에 대길. 밥을 지었다면 할 수 없다고 생각했던 일이 의외로 간단히 풀릴 수도. 쌀을 수확했다면 사업 면에서 이익이 발생.

☆**쓴 음식** 쓴 음식을 먹거나 쓰라린 경험을 했다면 말을 하기 전에 깊이 생각해 보라는 의미이다. 말이 많으면 누군가가 나의 야심을 방해하게 된다.

☆**아몬드** 아몬드를 먹는 꿈은 행운과 장수를 상징. 아몬드를 사는 꿈은 적에게 승리할 수 있다는 뜻.

☆**아보카도** 애정운은 나무랄 데 없다는 뜻. 아보카도를 가지고 있는 꿈은 프러포즈를 받을 가능성이 있다. 아보카도를 사는 꿈은 많은 사람에게 사랑 받을 징조. 먹는 꿈은 사랑하는 사람이 방문할 징조.

☆**아스픽**(요리용 젤리) 사교 생활이 충실해질 듯.

☆**아이스크림** 아이스크림을 먹는 꿈은 편안한 인간관계를 상징. 아이스크림을 사거나 팔거나 또는 다른 사람에게 먹이는 꿈은 약간의 성공을 거둘 징조.

☆**아침 식사** 혼자서 아침 식사를 하는 꿈은 말을 할 때는 항상 한 번쯤 더 생각해 보라는 경고. 다른 사람과 함께 식사를 했다면 약간의 인내가 갖고 싶은 물건을 얻을 수 있게 해 준다.

☆**야채** 그다지 좋은 꿈은 아니다. 말린 야채나 조리가 끝난 야채는 가족 간의 말다툼을 암시한다. 야채를 먹고 있었다면 돈을 잃어버릴 가능성이 있다. 밭에 심어져 있는 야채를 보았다면 뭔가 고민이 있다는 증거. 야채를 수확하는 꿈은 많은 비판을 받고 있다는 뜻이다. 썩은 야채는 실망을 암시한다.

☆**양상추** 양상추를 먹는 꿈은 사생활이 약간 흐트러져 있다는 증거. 양상추를 사는 꿈은 마음의 갈등을 암시한다. 양상추를 씻는 꿈을 꾸었다면 경솔한 행동은 삼갈 것. 시간을 두고 잘 생각해 보라.

☆**오믈렛** 오믈렛을 만드는 꿈은 지금을 하는 데 주저하고 있다는 증거. 오믈렛을 먹는 꿈은 도박을 피하라는 뜻. 승산이 없다. 오믈렛을 만드는 일에 실패했다면 성가신 일을 떠맡게 될지도 하지만 결과적으로는 그것이 도움이 된다.

☆**오트밀** 사업을 하는 사람에게는 성공을 암시. 여행 중인 사람에게는

뜻 있는 여행을 암시.

☆**옥수수** 행복을 부르는 꿈. 특히 가족과 관계가 있다. 옥수수를 수확하는 꿈은 건강을 암시.

☆**올리브** 올리브 열매를 따는 꿈은 일에서의 성공을 암시. 올리브를 샀다면 감정이 고조되어 있다는 증거. 먹고 있었다면 거절하기 힘든 제의가 들어올 듯. 그린 올리브는 건강을 상징. 블랙 올리브는 현시점에서 인간관계가 원만하지 않다는 뜻.

☆**와인(포도주)** 적포도주는 발랄하고 낙천적인 성격을 반영. 백포도주는 성실한 우정을 나타낸다. 달콤한 와인은 로맨스가 이루어질 듯. 씁쓸한 와인이었다면 무슨 일이든 지나친 것은 금물. 와인을 쏟는 꿈이었다면 뜻하지 않은 방해 때문에 일을 그르칠 듯. 와인을 마시는 꿈은 건강을 약속.

☆**요리** 대길. 물질적인 면에서 여러 가지 혜택이 있다. 현재 자신을 고민하게 만드는 것도 마지막에는 도움이 될 것이다.

☆**우유 캔** 꿈에서 우유 캔을 보았다면 인생에서 필요한 것은 모두 손에 넣을 수 있다. 다만 우유 캔에 우유가 넘치고 있었다면 믿었던 사람에게 실망을 느끼게 될 듯.

☆**우유·젖** 가까운 시일 안에 성공을 거둘 징조이다. 우유는 건강을 의미한다. 양젖이었다면 승진할 가능성이 있다. 모유라면 최고의 행운을 의미. 행복이 오랫동안 지속될 것이다. 썩은 우유는 좌절을 암시한다. 더구나 이것을 엎질렀다면 아무래도 자신이 바라는 기대치는 지나치게 높은 것 같다.

☆**웨하스** 웨하스를 꿈에 보았다면 묘한 감정을 느끼고 있다는 뜻.

☆**유리잔** 꿈에 텅 빈 유리잔을 보았다면 지금 의기소침해 있다는 증거이다. 파이팅할 것.

☆**음식 먹는 행위** 서서 음식을 먹는 꿈은 허둥대고 있다는 뜻. 무슨 일을 하든 지나치게 성급한 면이 있다. 손으로 음식을 먹었다면 파트너에게 실망하고 있다는 증거. 남몰래 숨어서 음식을 먹었다면 과거에 대한 집착을 의미. 다시는 과거를 돌아보지 말도록. 혼자서 음식을 먹는 꿈은 가까운 시일 안에 친구를 잃을 징조. 자기 집에서 음식을 먹는 꿈은 새로운 계획을 암시. 레스토랑에서 식사하는 꿈은 애정 문제가 발생할 듯. 문제가 커지기 전에 수습하도록.

☆**음식물** 음식물의 꿈은 대체적으로 길몽. 하지만 꿈속에서 음식이 부족했다면 실생활에서도 부족함이 없도록 신중하게 계획하여 일을 처리해야 할 필요가 있다. 음식물을 파는 꿈은 금전 면에서 길운을 의미. 음식물을 사는 꿈은 가정에 경사가 있을 듯.

☆**이스트 균** 큰돈이 굴러들어 올 징조. 상속을 받거나 복권에 당첨될 가능성이 있다.

☆**장바구니** 장바구니가 가득 차 있었다면 행복한 가정을 암시. 텅 비어 있었다면 감정의 기복에 주의하도록.

☆**잼** 혼자서 잼을 먹었다면 외로움과 슬픔 때문에 주위 사람과 분쟁을 일으킬 가능성이 있다. 다른 사람과 함께 먹었다면 새로운 친구가 생길 듯. 잼을 만들었다면 결혼할 움직임이 있다.

☆**쟁반** 쟁반에 음식이 가득 쌓여 있었다면 행운을 암시. 쟁반을 떨어뜨렸다면 가까운 시일 안에 자기가 한 말을 후회하게 된다.

☆**접시** 은으로 만든 접시는 뜻밖의 이동을 암시. 금으로 만든 접시는

야망을 이룰 징조. 음식이 잔뜩 쌓인 접시는 행운을 의미. 텅 빈 접시는 당분간 침체기에 빠질 듯. 접시가 깨지거나 이가 빠지는 꿈은 가정불화를 암시.

☆**정육점** 오랫동안 만나지 않았던 친구와 옛 우정을 돈독히 다지게 될 듯. 하지만 정육점에서 동물을 도살하는 꿈을 꾸었다면 옛 친구의 죽음을 암시한다.

☆**제과점** 부의 상징. 멋진 일 년을 보낼 수 있을 듯.

☆**제빵사** 길몽. 제빵사가 밀가루를 반죽하고 있었다면 가까운 시일 안에 중대한 소식이 있을 듯. 제빵사가 빵을 오븐에 굽고 있었다면 뜻하지 않은 좋은 일이 일어날 징조. 하지만 오븐에서 뭔가를 꺼내고 있었다면 예측하지 못한 사태가 발생할 듯.

☆**젤리** 꿈에 젤리가 나타나면 거짓과 위선을 암시. 젤리를 먹었다면 가정에 불행이 있을 듯.

☆**주스** 어떤 종류이든 주스 종류를 마시는 꿈은 누군가가 자신의 금전 문제를 해결해 줄 좋은 징조이다. 내가 남에게 주스를 대접하는 꿈은 돈을 빌려 달라는 부탁을 받게 될지도 모른다. 오렌지주스라면 비록 짧은 시간이지만 달콤한 정사를 암시한다. 파인주스라면 사업 면에서 향상이 있을 듯.

☆**진** 진을 마시는 꿈은 예상하지 못한 즐거움이 기다리고 있다는 증거. 다른 사람이 진을 마시는 꿈은 혼란스러운 변화가 일어날 듯.

☆**진수성찬** 진수성찬을 대접 받았다면 고난의 징조. 요리를 준비했다면 자신이 가지고 싶었던 물건을 남에게 빼앗길 가능성이 있다.

☆**차(茶)** 차가운 차는 애정의 파국을 암시. 뜨거운 차라면 자신의 뛰어

난 유머 감각으로 이성을 노예로 만들 수 있을 듯. 차를 마시는 꿈은 이제 사업 면에서 독립할 시기가 되었다는 징조

☆**초콜릿** 초콜릿은 안정과 행복에 싸인 자신의 현재 상태를 반영. 초콜릿을 먹는 꿈은 돈을 잃어버리거나 많은 지출이 있을 징조니까 조심하도록. 땅콩이 든 초콜릿은 현재 지루한 상태라는 뜻. 초콜릿 드링크를 마셨다면 프러포즈를 암시.

☆**치즈** 자기가 치즈를 먹고 있었다면 애정 면에서의 성취를 의미. 만들고 있었다면 지금 자신이 하는 일은 기대 이상으로 잘 진행되고 있다는 뜻. 가루 치즈라면 금전운이 좋아질 듯.

☆**칠면조 요리** 칠면조를 요리하는 꿈은 부(富)를 암시. 먹는 꿈은 판단을 하는 데 있어서 심각한 실수를 저지를 듯.

☆**칼** 잘 드는 칼은 말다툼을 암시. 녹이 슨 칼은 가정 문제, 이가 빠진 칼은 실연을 의미. 펜나이프라면 법률적인 문제를, 식사용 나이프라면 새로운 성공을 나타낸다. 칼로 자기의 몸에 상처를 냈다면 빌린 돈을 갚으라는 경고

☆**캔** 캔에 든 음료수를 마시는 꿈은 생각지도 않았던 멋진 일이 일어날 듯. 캔 뚜껑을 여는 꿈은 사랑의 라이벌에게 패할 징조. 빈 캔을 버리는 꿈은 심각한 피해를 입을 듯. 하지만 조심한다면 피할 수 있다.

☆**캔디** 달콤한 캔디는 낭비를 삼가라는 메시지. 캔디를 사는 꿈은 애정운에서 최고

☆**커스터드**(Custard) 커스터드는 우유나 달걀을 재료로 만든 크림 비슷한 반고체 형태의 과자를 말하는데, 이것이 꿈에 나타나면 지루한 생활이 기다린다는 뜻. 하지만 신경 쓸 것 없다. 파란만장한 생활보다는 좋은

편이니까.

☆**커피** 경제적인 면에서도, 가정 내에서도 모두 양호. 쓴 커피를 마시는 꿈은 친구와의 우정을 새롭게 다질 듯. 달콤한 커피는 뜻하지 않은 좋은 소식이 있을 듯. 하지만 커피를 엎지르거나 흘리면 실망할 일이 있을 것이다.

☆**컵** 컵이 가득 차 있었다면 금전을 의미. 텅 비어 있었다면 그 반대. 낭비하지 않도록 조심하라. 장식이 있는 컵이나 선물용 컵이었다면 사람들에게 망신당하지 않도록 믿을 수 있는 친구의 충고를 따르라.

☆**케이크** 길몽. 달콤한 케이크는 유산 상속이나 사업상의 승진을 의미. 크림에 뒤덮인 케이크는 사교적인 면에서 멋진 시간을 보낼 수 있을 듯. 케이크를 만드는 꿈이나 사는 꿈은 많은 친구를 가지고 있다는 증거. 케이크를 먹고 있었다면 모든 일이 순조롭게 풀릴 듯.

☆**케첩** 자기가 직접 음식물에 케첩을 뿌리고 있었다면 새로운 이성 친구가 자신의 생활에 뛰어들 징조. 하지만 약간 뻔뻔스러운 사람일 듯.

☆**코코넛** 꿈에 코코넛을 보면 뜻밖의 선물, 또는 돈이 생길 징조. 코코넛이 나무에 열려 있는 꿈은 말 많은 여자를 주의하라는 경고.

☆**코코아** 정열적인 사랑에 빠질 징조. 자기가 코코아를 마시는 꿈은 믿을 만한 친구들에게 둘러싸여 있다는 증거.

☆**콩 껍질** 콩 껍질을 벗겼다면 지금의 계획이 성공할 듯. 먹었다면 건강 상태가 호전.

☆**콩팥** 콩팥을 먹거나 요리하는 꿈은 도박에 손대지 말라는 경고. 당분간은 도박성이 있는 일에 손대지 말 것.

☆**타르트** 타르트는 카스테라에 내용물을 넣고 둥글게 만든 빵을 말하

는데 크림이 듬뿍 들어있는 타르트는 좋은 소식을 암시. 체리타르트는 자신이 녹초가 될 정도로 지쳐있다는 증거.

☆**타바스코**(Tabasco) 붉은 고추로 만든 소스인 타바스코가 꿈에 보였다면 지금 자신이 뜨겁게 달아 있다는 증거. 가슴 설레는 새로운 로맨스가 기다리고 있다.

☆**탄산음료** 가슴이 두근거리는 일이 일어날 듯. 달콤한 탄산음료는 정열적인 사랑을 암시.

☆**통조림** 정어리 통조림은 분노를 억누르고 있다는 증거. 누군가에게 솔직한 심정을 털어놓고 상의해보도록. 통조림을 먹는 꿈은 누군가의 질투를 받고 있다는 뜻.

☆**튀김요리** 튀김을 만들었다면 애정 생활에 그늘이 드리워질 듯. 튀김이 검게 탔다면 곧 원상태로 돌아올 것이다. 하지만 작은 어려움을 피한 뒤에 더 큰 어려움을 만날 수 있으니 주의할 것.

☆**파이** 파이를 만드는 꿈을 꾸었다면 지금 강한 입장에 놓여 있다는 뜻. 먹었다면 친구 중에 믿을 수 없는 사람이 있다고 의심한다는 증거. 당신의 예감은 정확하다.

☆**팬케이크** 팬케이크를 만드는 꿈은 인기가 상승해서 사교 면에서 화려해질 듯하다. 팬케이크를 먹었다면 현재의 계획이 잘 진행되고 있다는 증거이다.

☆**포크** 포크로 음식을 먹는 꿈은 고민이 길어지지 않을 징조

☆**포테이토칩** 포테이토칩을 먹었다면 애정운이 향상될 징조

☆**피자** 재료가 듬뿍 들어간 피자는 인간관계의 끈이 더욱 강해졌다는 증거. 검게 탄 피자는 이성과의 교제가 잘 진행되고 있다는 암시. 피자를

만들고 있었다면 순탄한 시기로 돌입. 먹고 있었다면 새로운 계획에 전력을 기울일 듯.

☆**햄** 길몽. 햄을 훈제하고 있었다면 순탄한 일 년을 보낼 수 있다. 햄을 굽고 있었다면 고민하던 일이 해소될 듯. 먹고 있었다면 사업운이 상승한다.

☆**허브**(herb) 약초, 향료 등의 식물을 보았다면 편안함과 충족감을 암시. 허브의 냄새를 맡는 것만으로도 자극적인 모험을 하게 될 듯. 그것도 해외여행을 통해서.

☆**호밀** 꿈에 호밀빵을 보면 재미있는 친구가 생길 듯.

☆**후추** 음식에 후추를 뿌리는 꿈은 너무 돈벌이에만 매달리는 행동은 이제 그만두라는 뜻. 생각했던 것만큼 성공할 수 없다. 후추를 빻고 있었다면 새로운 취미생활을 시작하기에는 절호의 시기. 넘치는 에너지를 낭비하지 말고 적극적으로 활용하도록.

☆**흰곰팡이** 좋아하는 사람에게 실망하게 될 징조. 다만 음식에 핀 흰곰팡이는 위험한 상황에서 운 좋게 빠져나올 수 있다는 뜻이다.

채소에 관한 꿈

☆**감자** 자신의 접시에 감자가 담겨 있었다면 장래에 대해서는 걱정하지 않아도 된다. 감자를 심거나 요리하는 꿈은 사업운이 열릴 징조.

☆**농업** 이 꿈이 주는 메시지는 열심히 일하면 반드시 그 보답을 받을 수 있다는 것. 자기가 농사를 짓는 꿈을 꾸었다면 사업 면에서 성공을 거둘 수 있다. 처음으로 농사를 경험하는 꿈은 안정된 생활을 의미한다.

☆**마늘** 꿈에 마늘을 보았다면 잃어버렸다고 포기하고 있던 물건을 발견하게 될지도. 하지만 먹는 꿈이라면 주의할 것. 싸움을 암시한다. 마늘을 이용하여 요리를 했다면 사업 면에서 주의가 필요. 현재 동료들 사이에서 평판이 별로 좋지 않다.

☆**무** 꿈에 무를 보면 짧은 시간에 성공을 거둘 수 있을 듯. 하지만 무를 먹었다면 소망을 이루기 전에 만만치 않은 경쟁을 강요당할 듯.

☆**부추** 부추를 먹거나 요리하는 꿈은 승진할 가능성이 있다. 부추가 자라는 모습을 보았다면 안정된 진전을 암시.

☆**생강** 생강을 먹거나 냄새를 맡았다면 정열적인 사랑이 시작될 듯. 하지만 유감스럽게도 오래 지속되지는 않는다. 생강이 들어간 케이크는 파티를 벌이게 될 듯.

☆**시금치** 시금치를 먹는 꿈은 건강하고 행복한 생활을 암시.

☆**아스파라거스** 성공을 암시. 요리를 했다면 자신의 계획은 순조롭게 진전. 먹고 있었다면 건강은 최고 상태.

☆**양배추** 양배추를 먹는 꿈은 생각만큼 자신의 일은 안정된 상태가 아니라는 뜻. 양배추를 사는 꿈은 건강을 암시. 양배추가 심어져 있었다면 사업적인 면에서 주의가 필요.

☆**양송이** 꿈에 양송이를 보면 머리를 약간 쓰는 것만으로 한몫 잡을 수 있을 듯. 주식이나 경마 같은 것으로. 양송이를 따는 꿈은 번영을 암시. 먹는 꿈은 영향력 있는 연줄을 이용하여 승진할 수 있을 듯.

☆**양파** 꿈에 양파가 보였다면 험난한 인생을 암시. 하지만 양파를 먹는 꿈이었다면 금전적인 혜택이 있을 듯. 그것도 도박이나 유산 상속 같은 형식으로. 양파의 껍질을 벗기고 있었다면 가정 문제가 일어날 듯. 요리하고 있었다면 친구와 사이가 틀어질 수도 있겠다.

☆**엉겅퀴** 애정 면에서 신중하게 대처하도록. 그렇지 않으면 수치를 당할 우려가 있다.

☆**오이** 오이를 먹는 꿈은 병의 회복 또는 오랫동안 행방을 알 수 없었던 친구가 돌아온다는 암시. 요리가 되어 있는 오이였다면 사업 면에서 실수할 듯. 결정을 내리기 전에 다시 한번 재검토하라.

☆**완두콩** 완두콩 통조림은 당분간 귀찮은 일이 계속될 듯. 생완두콩은 다른 사람의 문제에 휩싸일 우려가 있다. 남자가 완두콩의 껍질을 벗기

는 꿈을 꾸었다면 돈 많은 여성이 성공을 가져다줄 수도. 여성의 경우에는 자신의 파트너가 말만 앞세우는 사람이라는 뜻.

☆**채소** 그다지 좋은 꿈은 아니다. 말린 채소나 조리가 끝난 채소는 가족 간의 말다툼을 암시. 채소를 먹고 있었다면 돈을 잃어버릴 가능성이 있다. 밭에 심어져 있는 채소를 보았다면 뭔가 고민이 있다는 증거. 채소를 수확하는 꿈은 많은 비판을 받고 있다는 뜻. 썩은 채소는 실망을 암시한다. 또 채소의 껍질을 벗기고 있었다면 안 좋은 소식이 있을 듯.

☆**콩** 콩을 먹는 꿈은 전염병에 걸릴 우려가 있다. 콩나무가 자라고 있었다면 고민을 암시. 콩을 사는 꿈을 꾸었다면 사람들에게 비판을 받는 것은 물론 중상모략을 받을 우려도 있으니 항상 주의할 것. 자기가 콩요리를 하는 꿈을 꾸었다면 승진할 가능성이 있다.

☆**크레송**(cresson : **서양겨자**) 크레송의 꿈은 장난스런 사랑은 삼가라는 경고. 그리고 자기의 비밀을 털어놓을 상대를 잘 선택하라는 암시.

☆**토마토** 토마토는 장래의 성공과 충족감을 안겨줄 행복을 암시.

☆**파슬리** 파슬리를 먹었다면 좋은 기회를 얻어 가고 싶은 곳에 갈 수 있게 될지도. 파슬리가 심어져 있었다면 힘든 행로를 암시. 하지만 결과적으로는 성공을 거둘 것이다.

☆**호박** 호박을 사는 꿈이었다면 주위 사람 때문에 돈을 잃게 될 징조. 요리하거나 먹는 꿈은 금전운이 있다.

☆**홍당무** 뜻하지 않은 수익이 있을 듯. 홍당무를 먹는 꿈이었다면 설사 돈이 없다 해도 매우 행복해질 듯.

과일에 관한 꿈

☆**과일** 과일이 풍성했다면 행복한 가정생활을 암시. 또한 건강도 좋다는 뜻. 덜 익은 과일이나 썩은 과일은 슬픔을 암시. 야생 과일은 금전운은 별로 없지만 쾌적한 생활을 암시한다.

☆**그레이프프루트** 그레이프프루트가 꿈에 나타났다면 연애와 사업 사이에서 갈팡질팡할 듯. 자신의 판단을 믿고 자기 자신에 대해 잘 파악해 본 후 선택을 그르치지 말도록.

☆**대추야자** 결혼을 암시. 대추야자를 사는 꿈은 누군가가 자신을 지켜보고 있다는 증거. 대추야자가 나무에 매달려 있었다면 사업운이 상승.

☆**딸기** 딸기를 먹는 꿈은 건강을 해칠 가능성이 있다. 딸기를 땄다면 경제 상태가 향상될 듯하다. 보통 딸기는 남몰래 하는 사랑을 의미한다. 딸기가 나무에 매달려 있는 것을 보았다면 사회적인 지위가 향상된다는 암시이다.

☆**레몬** 레몬을 빨아먹는 꿈은 사람들에게 창피를 당하게 될 듯. 레몬을

쥐어짰다면 이제 절약할 시기가 되었다는 경고.

☆**매실** 매실을 먹는 꿈을 꾸었다면 자신의 사업이 인정을 받게 된다는 암시. 매실 통조림이나 덜 익은 매실은 계획이 변변하지 못해 실망하게 된다는 암시이다.

☆**멜론** 희망이나 뜻하지 않은 좋은 소식을 상징. 거의 포기하고 있었는데 뜻밖으로 바라던 것을 손에 넣게 된다. 멜론은 또한 성실함을 의미한다. 파트너와 약속을 하려면 지금이 절호의 기회. 자신에 대한 충성심은 충분히 믿을 만하다.

☆**무화과** 꿈에 무화과를 보았다면 이성과의 관계가 매우 안 좋은 상황에 빠질 듯하다. 어떻게 해서든지 그런 사태는 맞이하지 않도록 미리 주의할 것.

☆**바나나** 바나나를 사는 꿈은 번영을 의미한다. 바나나를 먹는 꿈은 무엇인가 의무를 다해야 할 상황에 놓이게 될 듯. 바나나가 나무에 열려 있었다면 좋은 일이 있을 것이다. 썩은 바나나는 친구에게 실망하게 될 징조이다.

☆**밤** 밤을 요리하고 있었다면 믿었던 사람에게 이용당할 우려가 있다. 먹고 있었다면 만족스러운 성생활을 의미. 밤껍질을 벗기고 있었다면 고민하던 문제가 풀릴 듯.

☆**배** 배 통조림은 뜻하지 않은 이익을 암시. 신선한 배라면 충격적인 소문을 듣게 될 듯. 그 소문을 멋지게 이용할 가능성도 있다.

☆**복숭아** 사생활에서 약간의 기쁜 일이 있을 듯. 비록 사소하긴 하지만 활력을 불어넣어 주는 것으로는 부족하지 않다.

☆**사과** 잘 익은 달콤한 사과는 즐거운 일이 일어날 징조. 시큼한 사과

는 경솔한 언행으로 인해 스스로 문제를 일으킬 수도 단순히 꿈에 사과가 보였을 뿐이라면 큰돈을 벌어서 남 부럽지 않은 생활을 할 수 있을 듯. 사과 소스는 적극적인 변화를 시사.

☆**살구** 살구를 먹었다면 애정 문제 이외의 모든 면에서 길몽이라 할 수 있다. 말린 살구였다면 친구 중에 팔방미인이 있다는 뜻이니 뒤지지 않도록 조심하도록.

☆**수박** 수박이 열려 있었다면 우연한 사랑에 빠지지 않도록 주의할 것. 수박을 먹는 꿈은 여행을 암시.

☆**오렌지·귤** 꿈속에서 오렌지가 나무에 매달려 있거나 출하하기 위해 상자에 담겨 있는 것을 보았다면 안정감 있고 착실한 전진을 의미한다. 오렌지를 먹거나 오렌지주스를 마시는 꿈은 특별하고 달콤한 사랑을 의미한다.

☆**파인애플** 파인애플을 먹는 꿈은 사회적으로 성공을 거두게 된다. 파인애플이 나무에 열려 있었다면 정열적인 사랑에 몸을 뜨겁게 불태우게 될 듯.

☆**포도** 쓸데없는 유흥으로 시간을 낭비하고 있다는 증거. 포도가 있거나 수확하는 꿈은 미래가 밝다는 뜻.

꽃에 관한 꿈

☆**꽃** 싱싱하고 화려한 꽃을 보면 일찍이 없었던 행복을 맛보게 될 듯. 마른 꽃, 시든 꽃은 지나치게 자신감에 차 있다가 낙담을 하게 된다는 의미. 조심하지 않으면 큰코다칠 우려가 있으니 조심할 것. 인공재배를 하는 꽃은 자신이 심리적인 압박감 때문에 신념을 바꾸려 하고 있다는 증거. 끝까지 자신의 신념을 밀고 나가도록. 야생화는 약간의 모험을 하게 될 듯.

☆**꽃다발** 꿈속에서 화려하고 예쁜 꽃다발을 보면 사교적인 면에서 즐거운 일이 있을 듯하다. 꿈에서 시든 꽃다발을 보았거나 받았다면 병이나 죽음을 암시한다. 꽃다발을 받는 꿈을 꾸었다면 즐거운 일이 있을 듯. 꽃다발을 주는 꿈은 애인의 사랑은 성실한 것이니 걱정하지 말라는 의미이다.

☆**꽃병** 유리꽃병은 우유부단하다는 증거. 도자기로 된 것은 행운을 의미. 꽃이 가득 꽂혀 있는 꽃병은 그야말로 재정적인 면에서 엄청난 향상

이 예상된다.

☆**꽃잎** 꽃잎을 따거나 찢는 꿈, 꽃잎이 떨어지는 꿈은 애인이나 친구와의 이별을 암시하는 것이다. 비록 괴롭고 외롭겠지만 이것 또한 좋은 경험이라고 생각하고 극복해 나가면 미래의 좋은 씨앗이 될 터. 낙심하지 말기 바란다.

☆**꽃집** 자신이 독신이라면 새롭고 멋진 사랑을 암시. 기혼자라면 이혼이나 별거의 가능성.

☆**난초** 꿈속에서 본 난초에 꽃이 아름답게 피어 있었다면 행운을 암시한다.

☆**라벤더** 꿈속에서 라벤더 꽃을 보거나 냄새를 맡았다는 것은 이성과의 관계가 잘 진행될 것을 암시하는 것이다. 어쩌면 새로운 사랑이 시작될지도

☆**미나리아재비** 꿈속에서 본 미나리아재비는 감정적으로 지나치게 섬세하다는 증거이다. 따라서 금전적인 면에서는 침착하게 상황을 간파할 필요가 있다. 다른 사람의 충고에도 귀를 기울이면 문제 해결에 많은 도움이 된다. 미나리아재비를 사는 꿈은 현재 감정적으로 안정되어 있다는 증거이다.

☆**비료** 삽으로 비료를 옮기는 꿈은 좋은 인연을 암시. 금전운이나 이익을 얻게 될 것이다.

☆**온실** 꿈에 자신이 온실 안에 있었다면 성공과 희망찬 미래를 암시하는 것이다.

☆**장미** 장미꽃을 따는 꿈은 행복을 암시. 장미꽃을 주는 꿈이었다면 누군가에게 사랑을 받고 있다는 증거. 받는 꿈은 사회적으로 멋진 성공을

거둘 수 있을 듯.

☆**조화**(造花) 친구의 질투를 의미.

☆**화환** 꿈에 어떤 형태로든 화환을 보았다면 좋은 소식이 오거나 단기 간이지만 즐거운 한때를 보낼 수 있을 듯. 자신이 화환을 목에 걸면 성공을 암시. 다만 너무 설치는 행동을 보이면 중상모략을 당할 우려가 있으니 조심할 것.

☆**활짝 핀 꽃** 활짝 핀 꽃은 비밀을 주의하라는 메시지. 위험을 암시하고 있다.

☆**히이드** 하얀 히이드의 꿈은 더할 나위 없는 행운을 암시. 다른 색 히이드도 모든 분야에서의 길운을 약속.

식물에 관한 꿈

☆**가시** 식물의 가시에 찔리는 꿈은 자기에게는 도움이 되지 않는 친구를 만나고 있다는 증거. 가시를 뽑는 꿈은 함부로 소문을 내지 말라는 경고.

☆**가시나무** 가시나무의 가시에 찔리는 꿈은 좌절을 겪을 듯. 하지만 찔리지 않았다면 다시 즐거운 날이 찾아올 것이다.

☆**갈대** 어떤 사람과의 우정에 위기가 닥칠 듯. 그는 믿을 수 없는 사람이니 주의하라.

☆**건초** 건초더미가 가득 차 있는 창고를 보면 뜻하지 않은 행운이 찾아올 징조. 하지만 축축하게 젖어 있었다면 트러블이 일어날 듯.

☆**기생목** 기생목을 보았다면 사업 면에서 인내가 필요. 하지만 애정 면에서는 좋다.

☆**넝쿨 식물** 포도처럼 넝쿨이 있는 식물에 꽃이 피어 있었다면 길조. 자신의 계획을 웃도는 성공이 기다리고 있다. 하지만 넝쿨이 시들어 있

었다면 속도를 늦추고 침착하게 행동할 필요가 있다.

☆**담쟁이덩굴** 담쟁이덩굴이 문밖에서 자라고 있었다면 성실한 친구를 의미. 실내라면 자신의 행복을 암시. 집안에 담쟁이덩굴이 우거진 모습을 보았다면 장래에 금전운이 있을 듯. 담쟁이덩굴이 나무에 얽혀 있었다면 건강함을 상징.

☆**덤불** 행동을 재촉하는 메시지. 이사를 하게 될지도 또는 전근할 가능성도 있다. 덤불 속에 숨어 있는 꿈은, 나중에 후회하게 될 가능성이 있는 일은 피하라는 경고. 덤불을 베는 꿈은 남에게 말할 수 없는 비밀이 탄로 나려 한다는 증거. 입을 조심하도록.

☆**도토리** 대길. 어려운 문제는 해결되고 미래는 빛나고 있다. 도토리 열매를 모으는 꿈은 유산을 상속받을 가능성이 있다. 만약 환자가 도토리 열매를 가지고 있는 꿈을 꾸었다면 곧 회복될 것이다.

☆**독버섯** 원하는 것을 손에 넣으려면 상당한 노력을 해야 할 듯. 하지만 끈질기게 노력하면 틀림없이 손에 넣을 수 있다.

☆**떡갈나무** 떡갈나무는 돈을 의미. 떡갈나무가 베어져 쓰러진 상태였다면 누군가에게 속고 있다는 증거.

☆**마호가니** 꿈에 마호가니 나무가 보았다면 운이 향상될 징조. 어쩌면 유산을 상속받게 될지도.

☆**목재** 목재를 자르거나 쪼개는 꿈은 자신이 안고 있는 문제를 해결할 수 있는 실마리를 찾을 듯. 목재를 사는 꿈은 자신이 생각하고 있는 사람이 마찬가지로 나를 생각하고 있다는 뜻. 적극적으로 데이트를 신청하라. 성공이 보인다.

☆**목초**(牧草) 목초에 꽃이 피어 있었다면 자신의 행복이나 파트너에 대

한 신뢰감이 배로 늘어날 듯. 하지만 이제 갓 베어낸 목초였다면 우울한 일이 생길 징조이다.

☆**벚꽃** 벚나무는 사업 면에서 문제가 발생할 징조. 새로운 기획은 좀 더 신중히 생각해 보도록.

☆**벨라도나**(belladonna) 독성이 강한 이 식물이 꿈에 나타나면 지금이 기회를 잡을 시기라는 뜻. 새로운 사업, 새로운 인간관계, 무엇이든 뜻대로 진행된다.

☆**뿌리** 풀이나 나무뿌리가 꿈에 보였다면 좀 더 신중하게 행동하도록. 자신의 노력을 다른 사람이 가로채 갈 위험이 있다.

☆**살구** 살구가 나무에 열려 있었다면 기쁨과 만족감에 찬 생활을 하고 있다는 증거.

☆**숲** 혼자 숲 속에 있는 꿈이나 숲 속에서 겁을 먹은 상태로 있는 꿈은 믿었던 사람에게 실망할 징조. 숲 속에서 미아가 되었다면 중요한 계획이 성공할 듯. 숲 속에 숨어 있었다면 지금은 고통스럽게 느껴지는 일도 반드시 그 보답이 있을 듯.

☆**식물** 쑥쑥 자라고 있는 식물은 현재의 계획이 뜻대로 진행된다는 증거이다. 반면에 식물이 시들어 있었다면 계획에 실수가 있을 수 있으니 재검토해 볼 것. 화분을 갈아주거나 물을 주었다면 편안한 가정생활을 암시. 나무는 대체적으로 좋은 일을 상징한다. 나무를 심는 꿈은 애정 생활이 순탄하다는 증거. 나무를 베었다면 스스로 문제를 일으킬 가능성이 있다. 나무에 오르는 꿈은 아무리 노력해도 당분간 그 결실을 보기는 어려울 듯. 나무에 꽃이 피어 있었다면 행복과 기쁨을 의미. 뜻하지 않은 승진이 있을 수도. 나무껍질은 이성과의 교제를 서두르지 말라는 뜻. 지

나치게 적극적인 행동을 보이면 오히려 미움을 받을 수도 있다. 나무의 그루터기는 새로운 시작을 상징한다.

☆**쐐기풀** 용기를 가지면 반드시 성공할 수 있다. 물론 노력도 필요. 쐐기풀의 가시에 찔리는 꿈은 성의 없는 친구나 거짓 사랑에 속을 우려가 있으니 행동을 잘 관리할 것.

☆**아몬드나무** 아몬드 나무에 꽃이 피어 있었다면 집안에 두루두루 경사가 있을 듯싶다.

☆**야자** 야자나무를 보았다면 친구에게 배신당할 우려가 있다. 가슴 아픈 실망이 있을 듯.

☆**올리브나무** 올리브 나무는 번영을 상징. 올리브 열매를 따는 꿈은 일에서의 성공을 의미.

☆**이끼** 마른 이끼는 실망을 암시. 하지만 부드럽고 파릇파릇한 이끼라면 사랑이 불타오를 징조

☆**잎** 녹색의 깨끗한 잎이라면 가정에서도 직장에서도 모든 일이 뜻대로 된다는 징조. 낙엽이나 마른 잎은 어려움과 병을 암시한다.

☆**잡초** 정원의 잡초는 자신이 나쁜 친구와 어울려 평판이 떨어졌다는 증거이다. 잡초를 뽑는 꿈은 앞길을 가로막고 있던 먹구름이 걷힐 것이라는 증거.

☆**짚단** 짚단이 쌓여 있었다면 많은 돈을 저축하게 될 듯. 짚단이 불에 타고 있었다면 적은 돈이라도 헛되이 낭비하지 말라는 경고. 짚단이 젖어 있었다면 경솔한 짓을 하지 말라는 의미. 밀짚모자는 겉보기에 화려한 것에는 조심하라는 뜻이다.

☆**통나무** 통나무를 보면 가정생활이 호전된다. 통나무를 쌓는 꿈은 지

금 가장 신경 쓰고 있는 일에 밝은 조짐이 보인다. 통나무가 물에 떠 있었다면 어떤 기회도 놓치지 말라는 증거. 통나무가 불에 타고 있었다면 가족 간에 경사가 있을 듯. 통나무에 앉아 있었다면 현재보다 생활이 더욱 충실해질 듯. 또 통나무집은 상당한 노력이 필요하게 되지만 결과적으로 목적을 달성한다는 뜻.

☆풀 풀을 베는 꿈은 금전 문제를 암시하는 것이다. 누렇게 마른풀이었다면 주위 사람의 건강에 주의. 그 사람의 몸이 나빠질 우려가 있다. 녹색으로 손질이 잘된 풀이었다면 지금 하고 있는 모든 일이 알찬 결실을 거둘 것이다.

☆홉(hop : 맥주의 향미제) 자라는 것을 보았다면 돈이 들어올 징조이다. 땄다면 정열적인 사랑을 암시. 하지만 유감스럽게도 곧 파국을 맞이하게 된다.

곤충·벌레에 관한 꿈

☆**개미** 개미가 돌아다녔다면 사업 면에서 호조. 개미집 안에 있었다면 가족 중에 환자가 생길 수도. 하지만 음식에 개미가 들끓고 있었다면 행운을 약속.

☆**거머리** 뜻하지 않은 고액 청구서를 받게 될 우려가 있다. 하지만 피할 것 없다. 어떻게든 돈을 마련할 수 있을 테니까.

☆**거미** 행운을 상징. 거미를 죽였다면 좋은 소식이 있을 징조. 거미가 실을 뽑고 있었다면 돈이 생길 듯. 거미가 벽을 기어오르고 있었다면 지금 가장 고민하는 일이 호전될 것이다. 거미줄에 있는 거미를 보았다면 가까운 사람에게 이용당할 우려가 있으니 주의할 것.

☆**곤충** 장애의 꿈. 하지만 곤충을 쫓아 버리거나 죽이는 꿈은 생각보다 쉽게 문제에서 벗어날 듯.

☆**꿀벌** 노력과 성공의 상징. 그러나 꿀벌에게 쏘였다면 누군가와 골치 아픈 싸움을 벌일 듯.

☆**나방** 나방을 잡으려 했다면 누군가에게 시기를 받고 있다는 증거. 죽었다면 라이벌을 찾아낼 수 있다. 나방의 유충으로 인해 옷에 구멍이 났다면 가정에 슬픈 일이 있을 듯.

☆**나비** 화려한 무늬를 가진 나비는 더 이상 바랄 나위가 없을 정도로 생활이 만족스러워질 징조. 하지만 나비가 조명 주위를 날고 있었다면 승리는 오래가지 못할 것이다. 죽은 나비는 위험을 암시.

☆**나비·나방의 애벌레** 질투의 증거. 꿈에 이런 애벌레를 보면 누군가 나에게 수치스러운 일을 하려고 한다는 증거이다.

☆**말벌** 어떤 사람과의 관계에 속박당하고 있다는 증거. 슬슬 손을 뗄 시기가 되었다.

☆**모기** 모기가 높이 날고 있었다면 행운을 암시. 모기에게 물렸다면 자신이 누군가를 시기하고 있다는 증거. 모기 울음소리를 들었다면 자신이 악의에 찬 소문의 주인공이 되어 있다는 뜻.

☆**벌집** 명예와 위엄과 부를 상징. 단, 텅 비어 있었다면 금전 문제가 발생할 징조이다.

☆**벼룩** 주위에 적대감을 가진 사람이 있다. 하지만 벼룩을 잡아떼려고 했다면 그 사람을 꼼짝 못하게 만들 수가 있다.

☆**이** 꿈에 이가 보였다면 뜻하지 않은 소식이 있을 듯. 이를 죽였다면 자신이 처해 있는 상황이 호전된다.

☆**장수풍뎅이** 자신의 주위에는 질투와 적대심이 들끓고 있다. 하지만 장수풍뎅이를 죽였다면 시련은 일시적인 것이 될 듯.

☆**지렁이** 지렁이를 낚시 미끼로 사용했다면 돈이 생길 징조. 지렁이를 죽였다면 자신의 노력이 빛을 볼 듯. 그 밖의 경우에 지렁이는 병에 대

한 경고이다.

☆**집게벌레** 나를 미워하는 사람 때문에 문제가 일어날 징조

☆**파리** 누군가의 질투를 받아 고민하게 될 징조. 하지만 파리를 쫓아
버렸다면 그 문제에서 벗어날 수 있다.

☆**파리매** 이것도 역시 나를 미워하는 사람이 있다는 뜻. 하지만 파리매
를 쫓았다면 문제도 해결된다.

☆**확대경·돋보기** 꿈에 확대경이나 돋보기를 보았다면 생각지도 않았
던 돈이 생길 징조. 어쩌면 월급이 오를지도. 확대경을 사는 꿈이었다면
잃어버린 귀중품을 발견하게 될 듯.

새·조류에 관한 꿈

☆**거위** 날거나 헤엄치거나 뛰어다니고 있는 거위라면 좋은 징조. 하지만 꽥꽥거리고 울고 있었다면 누군가가 나를 속이려 한다는 의미.

☆**까치** 포기하려면 지금이 최적기. 더 끌고 가 봐야 에너지 낭비일 뿐. 혹시 자신이 에너지를 소비하고 있는 상대는 이성이 아닌가?

☆**날개** 자기의 몸에 날개가 달려 있는 꿈은 가까운 시일 안에 최고의 절정기가 찾아올 징조. 날개가 부러진 새는 목표를 달성하기 어렵다는 뜻. 좀 더 목표를 낮추는 것이 좋을 듯. 날갯짓을 하는 새를 보았다면 도박은 엄금.

☆**닭** 꿈에 수탉이 시간을 알리기 위해 울고 있었다면 멋진 소식이 있을 듯. 그러나 수탉끼리 싸움을 하고 있었다면 가족 간의 불화를 암시한다. 검은 암탉은 슬픈 소식을, 흰 암탉은 좋은 소식을, 검붉은 암탉은 금전운을 나타낸다. 암탉이 꼬꼬댁거리며 울고 있었다면 충격적인 소문을 듣게 될 듯. 알을 낳고 있었다면 부자가 될 암시. 암탉을 죽이는

꿈을 꾸었다면 파란이 예상된다. 암탉의 깃털을 잡아 뜯는 꿈을 꾸었다면 얼마 지나지 않아 우편집배원이 뜻하지 않은 청구서를 가져올지도 모른다.

☆**독수리** 하늘을 날고 있었다면 사업 면에서 대길. 높은 하늘에 머물고 있었다면 명성과 부를 동시에 손에 넣을 수 있을 것이다. 하지만 독수리가 덤벼들었다면 성가신 일이 일어날 듯. 대형 독수리가 하늘을 날고 있었다면 사랑의 라이벌이 있다는 암시. 대형 독수리가 뭔가를 먹고 있었다면 행운의 여신이 미소를 자을 것이다. 그리고 대형 독수리를 죽이는 꿈이었다면 당신의 생활은 뜻대로 진행될 것이다.

☆**매** 매가 날고 있었다면 전도양양. 하지만 날고 있지 않았다면 당분간 지루한 생활이 계속될 듯.

☆**백조** 자신의 사랑이 열매를 맺을 징조. 연못에 있었다면 부를 상징. 다만 검은색의 흑조일 경우에는 가까운 시일 안에 사업상의 문제에 직면하게 될 듯.

☆**비둘기** 하얀 비둘기는 현재 안고 있는 문제가 평화적으로 해결될 것이라는 뜻. 비둘기 떼를 보았다면 가까운 시일 안에 옛 친구와 재회하게 될 듯.

☆**새·조류** 일반적으로 새는 길조로, 지저귀고 있었거나 날고 있었다면 더욱 좋다. 새의 사체는 불안을 의미. 다만 사냥을 해서 잡은 죽은 새라면 불안은 일시적인 것. 새가 둥지 안에 있었다면 가정에 행복이 찾아들 듯. 알에서 부화하려는 병아리는 한발 늦은 이익을 의미하고, 새떼는 가족의 단결을 암시한다. 또 새장은 행복한 결혼을 상징. 다만 문이 열려 있고 안이 텅 비어 있었다면 배신을 뜻한다. 그리고 새의 종류에 따라

해석도 각각 달라진다.

☆**새의 가슴뼈** 기회를 잡으려면 바로 지금. 행운과 뜻밖의 선물이 기다리고 있다.

☆**새털** 깃 작은 새털을 보았다면 뜻밖의 행운이 굴러들어오거나 큰돈이 생길 듯. 장식용 새털은 사교 면에서의 성공을 의미. 하얀 새털은 언제까지나 변함없는 우정을 상징.

☆**신천옹** 행운의 상징. 좋은 소식이 있을 것이다. 가정에도 행복이 있을 징조.

☆**앵무새·잉꼬** 꿈속에서 화려하고 말 많은 앵무새가 주는 메시지는 다른 사람의 소문을 내지 말라는 경고이다. 그리고 벼슬이 있는 앵무새일 경우에는 쓸데없는 소문에 귀를 기울이지 말라는 경고이다. 이 새가 새장 안에 있었다면 지금까지 자신이 얼마나 경솔했던가를 깨닫게 될 것이다.

☆**에뮤** 날지 못하는 새로 알려진 오스트레일리아의 에뮤는 친구가 좋은 마음으로 충고를 하려 한다는 암시. 하지만 쓸데없는 충고이니 귀를 기울이지는 말 것.

☆**오리** 길몽이다. 다만 오리가 덤벼들었을 경우에는 무엇인가를 잃게 될 듯. 오리가 날고 있었다면 가까운 시일 안에 돈이 생길 듯. 헤엄치고 있었다면 가정생활이 편안해질 징조.

☆**올빼미** 꿈속의 올빼미는 실망의 징조. 하지만 올빼미를 쫓아 버렸다면 사태는 호전된다. 집 안에 올빼미가 있었다면 틀림없이 가정 문제가 발생하게 될 것이다.

☆**칠면조** 여기저기 뛰어다니며 모이를 먹는 칠면조는 혼란을 의미. 칠

면조를 죽이는 꿈은 곧 운이 열리게 될 징조. 하지만 칠면조고기를 먹는 꿈이었다면 엄청난 판단 착오를 일으키게 된다.

☆**타조** 타조를 보는 꿈을 꾸었다면 사교 면에서 바빠질 듯. 그리고 그 만남에 사용할 돈도 충분히 들어올 것이다. 샴페인을 터뜨릴 일이 계속 될 테니 기대하라.

☆**플라밍고** 꿈에 플라밍고를 보았다면 자극적인 장소에서의 새로운 경험을 암시.

☆**황새** 좋은 꿈은 아니다. 현재 이상으로 상황이 악화될 우려가 있다. 황새가 둥지 안에 있었다면 가정 문제를 암시. 날고 있었다면 법률을 위반할 가능성이 있다. 특히 운전에 조심하도록.

동물에 관한 꿈

☆**개** 개는 친구를 상징한다. 사람에게 친숙한 개가 꿈에 나타났다면 좋은 친구들과 즐겁게 지낼 수 있을 듯. 으르렁거리며 위협하는 개가 나타났다면 친구 중에 믿을 수 없는 사람이 있다는 증거. 개에게 물리는 꿈은 친구라고 자청하는 사람이 나에게 해를 끼칠 징조 또 하얀 개는 행운을 뜻하고 검은 개는 친구의 배신을 의미. 집을 지키는 개는 연인과 싸움을 암시. 경찰견은 사업상의 문제를 뜻하고 맹도견은 평판이 나쁜 소식이 있을 듯. 자신이 기혼자라면 개는 배우자와의 말싸움을 암시. 독신자는 더욱 조심하도록. 누군가에게 강요당할 일이 생길 수 있다.

☆**개구리** 재미있는 사람과 친구가 될 징조 다만 개구리를 잡는 꿈은 나를 방해하는 사람이 있다는 증거이니 주의할 것.

☆**개미핥기** 파산할 징조가 있다. 일할 때 항상 철저하게 점검하여 경제적인 손해를 보지 않도록 주의할 것.

☆**개집** 어떤 사람과 친해지려고 노력하는데 그 사람이 못 본 척하고 있

지는 않은지. 아무리 환심을 사려 해도 소용없으니 그대로 지내도록.

☆**고래** 자신을 지켜 줄 상황이 갖추어지고 있다는 암시. 고민도 곧 해소될 것이다.

☆**고슴도치** 어려운 선택을 하게 될 듯. 돈벌이나 승진 때문에 친구를 잃게 될지도 모른다. 결심하기 전에 신중히 생각하라.

☆**고양이** 전반적으로 그다지 좋은 꿈은 아니다. 고양이는 거짓을 뜻하기 때문에 애인이 바람을 피울 가능성이 크다. 고양이를 죽이는 꿈은 나쁜 친구의 유혹에 넘어갈 징조. 검은 고양이는 병에 걸린다는 암시. 하지만 쫓아 버렸다면 뜻밖의 행운을 예상할 수 있다. 또 여자의 꿈에 새끼 고양이가 나타나면 일시적인 뜨거운 연애를 암시. 남자의 경우에는 애정 면에서 실망할 징조.

☆**곰** 우리에 갇힌 곰을 보았다면 자신이 가는 곳에는 적이 없다. 틀림없이 성공할 것이다. 곰이 춤을 추듯이 몸을 흔들고 있었다면 한몫 잡을 징조. 도박에도 운이 따를 것이다. 곰을 쫓아 버리거나 죽이는 꿈은 적에게 승리를 거둘 수 있다는 암시. 반대로 곰에게 습격을 당하는 꿈을 꾸었다면 조심할 것. 누군가가 앞길을 막으려 하고 있다.

☆**기린** 다른 사람의 문제에 쓸데없이 간섭하지 말라는 경고.

☆**낙타** 고귀하고 자만심 강한 낙타가 꿈에 나타나면 어려움을 극복하기 위해서는 모든 노력을 기울여야 한다는 암시. 그러나 낙타 등에 올라탔다면 미래가 밝다.

☆**너구리** 새로운 재능이나 취미를 살려 돈을 벌 수 있을 듯. 그리고 즐거운 일도 많이 생길 것이다.

☆**늑대** 흉몽. 늑대를 잡는 꿈은 바로 눈앞까지 위험이 닥쳐왔다는 증거.

늑대에게 쫓기는 꿈은 어떤 일 때문에 지나치게 고민하고 있다는 증거. 하지만 늑대를 죽이는 꿈이라면 약간의 성공을 기대할 수 있을 듯.

☆**다람쥐** 다람쥐에게 먹이를 주는 꿈은 지금까지 노력한 덕분에 생활이 안정 궤도로 접어들었다는 의미. 다람쥐가 돌아다니는 꿈은 사랑의 파국을 암시. 나무로 기어오르는 모습을 보았다면 재정난에 빠질 듯. 낭비와 사치를 조심하라.

☆**달팽이** 그다지 좋지 않은 꿈. 의지할 곳이 없어서 외로워하고 있다는 증거.

☆**당나귀** 문제가 있더라도 조금만 참으면 곧 해결된다는 암시. 독신 여성이 꿈에 당나귀를 보았다면 미래의 남편은 돈 많은 사람은 아니지만, 의지가 강한 사람이라는 의미. 당나귀가 울고 있었다면 금지된 사랑이 끝을 맺게 될 듯. 들통나서 큰 창피를 당하게 될 것이다. 하얀 당나귀가 꿈에 나타났다면 성생활이 뜨거워질 징조.

☆**돌고래** 돌고래는 일반적으로 사랑스러운 동물로 취급되지만 유감스럽게도 꿈속에서는 좋은 의미라고 말할 수 없다. 걱정스러운 일이나 위험한 여행, 중요한 계획의 실패, 친구의 병 등을 의미한다.

☆**동물** 동물의 종류에 따라 해석이 달라진다. 일반적으로 말하면 동물을 쓰다듬고 있는 꿈은 큰돈이 생길 징조. 동물에게 먹이를 주는 것도 역시 부를 암시한다. 하지만 동물을 쫓는 꿈이라면 이혼해야 할 위기가 닥치게 된다.

☆**동물원** 동물원에 가는 꿈은 여행할 기회가 생길 징조. 아이들을 데리고 동물원에 갔다면 유익한 인생을 암시.

☆**돼지** 일반적으로 가정생활에서는 길몽. 사업에서는 흉몽. 살이 찐 돼

지일수록 가정생활은 좋아지고 사업은 악화된다. 진흙 속에서 뒹굴고 있는 숫돼지를 보았다면 사업 면에서 돈이 될 새로운 기회가 기다리고 있다는 암시. 더럽혀지지 않은 깨끗한 모습이었다면 뜻밖의 성공을 기대할 수 있다. 야생 숫돼지는 누군가의 시기를 받고 있다는 뜻. 악의에 찬 소문에 휩싸이게 될 듯.

★**두꺼비** 사업상의 라이벌이 거대한 도전을 걸어오고 있다는 의미. 만약 자신에게 동업자가 있다면 그 동업자가 배신할 가능성도 있다. 하지만 두꺼비를 죽이는 꿈은 안정을 뜻한다.

★**두더지** 믿었던 친구가 나를 이용하려 하고 있다는 암시. 하지만 두더지를 잡거나 죽이는 꿈은 승진을 뜻한다.

★**들고양이** 들고양이가 주는 메시지는 감추어진 적의(敵意). 조심하지 않으면 큰코다치는 수가 있다.

★**마구간** 마구간에 암소가 가득 차 있는 꿈은 거대한 성공을 의미. 하지만 노새나 당나귀가 마구간에 있었다면 사업상의 문제로 고민하게 될 듯. 그리고 마구간에 말이 있었다면 부를 암시.

★**말** 일반적으로 행운을 의미하지만, 검정말은 슬픔을 암시. 말을 타고 있는 꿈은 자립하여 행복해질 징조

★**멧돼지** 사나운 동물은 일반적으로 나쁜 운을 뜻한다. 멧돼지를 쫓거나 멧돼지에게 쫓기는 꿈은 비참한 실망을 암시. 하지만 멧돼지를 죽이거나 자신이 살해당하는 꿈은 가까운 시일 안에 승진할 가능성이 있다.

★**물소** 이익이 생길 징조. 하지만 물소가 살해당하거나 상처를 입는 모습을 보았다면 사업적인 새로운 시도는 신중하게 결단을 내리는 것이 좋다.

☆**밍크** 유흥을 그만두고 열심히 일하라는 의미. 밍크코트는 어떤 일에 지나치게 애달아하지 말라는 경고.

☆**바다표범** 금전적인 혜택이 있다. 다만 바다표범을 죽이는 꿈은 사업 면에서 불길.

☆**박쥐** 대낮에 박쥐가 날아다니는 꿈은 안정과 평화를 의미. 하지만 밤에 박쥐를 보았다면 문제가 생길 징조 그것도 가족 관계나 경제적인 면에서의 문제다. 박쥐가 지나칠 때 나의 몸을 건드렸다면 이제 곧 나쁜 상황에서 벗어날 수 있다는 암시.

☆**방울뱀** 믿었던 사람에게 배신당할 징조 방울뱀에게서 멀리 벗어나는 꿈은 라이벌을 찾아낼 수 있을 것이라는 뜻. 방울뱀에게 물렸다면 한바탕 전투를 치르게 될 듯.

☆**뱀** 뱀이 몸을 휘감고 있는 꿈은 섹스의 노예가 되어 있다는 증거. 뱀에게 물렸다면 귀찮은 문제에 휘말릴 듯. 여러 마리의 뱀이 보였다면 믿었던 친구에게 심한 실망을 느낄 듯. 뱀을 죽이는 꿈은 성공을 암시. 땅꾼을 보았다면 소문을 내지 않도록 주의할 것.

☆**뿔** 행운을 상징. 소의 뿔은 안정된 자신감을 의미. 염소의 뿔은 승진을 암시. 자기의 머리에 뿔이 돋았다면 강한 의지를 가지고 있다는 증거.

☆**사슴** 뭔가 좋은 일이 일어날 듯. 다만 붙잡힌 사슴이나 사슴 사냥의 꿈은 실망을 의미. 믿었던 사람에게 실망하게 될 것이다. 사슴을 죽이거나 죽은 사슴을 보았다면 친구 관계에 주의할 것. 나를 궁지에 빠뜨리려는 친구가 있다.

☆**사슴 뿔** 빛나는 미래가 보장된다.

☆**사자** 사교적인 면에서의 성공을 약속. 사자가 포효하고 있었다면 약

간의 질투를 받을 듯. 새끼 사자는 소중한 새로운 친구를 암시.

☆소 ① 수소(가축용. 거세한 것) : 애인이 있는 사람이라면 결혼을 암시. 초원에서 풀을 뜯어먹고 있었다면 사업운이 급상승한다. ② 수소(종자용. 거세하지 않은 것) : 사나운 수소가 꿈에 보였다면 사랑의 라이벌이 나타날 듯. 하지만 하얀 수소는 최고의 행운을 암시. 수소에게 쫓기는 꿈은 선물을 받게 될 징조 ③ 암소 : 한가롭게 풀을 뜯어먹는 암소는 행운을 상징. 단, 마른 암소나 암소에게 쫓기는 꿈은 중요한 계획이 물거품이 될 듯. 우유를 짜는 꿈은 주머니가 풍성해질 징조 ④ 송아지 : 송아지가 보였다면 중요한 소망이 이루어질 듯. 송아지를 사는 꿈은 뜨거운 사랑에 빠질 듯. 하지만 송아지가 도살당하는 꿈은 실망을 하게 될 징조 ⑤ 투우 : 투우를 구경하는 꿈은 가까운 시일 안에 단호한 태도를 취해야 할 일이 생길 징조

☆수달 생각 이상으로 역경의 시기가 가까이 다가왔다는 증거. 만일의 경우에 대비하여 저축을 해 둘 것.

☆순록 뜻하지 않은 이익이 굴러들어올 징조 잃어버렸던 물건을 발견하거나 별 볼일 없다고 생각했던 것이 실은 매우 가치 있다고 판명될 것이다.

☆승마 자신이 말을 타고 달렸다면 감정적으로 괴로운 시기가 찾아올 듯. 하지만 기수가 말을 타고 달렸다면 즐거운 나날을 암시. 많은 말들이 질주하고 있었다면 곧 소망이 이루어질 듯.

☆악어 ① 앨리게이터(alligator) : 적에게 둘러싸여 있다는 증거. 여러 마리였다면 새로운 사업을 시작할 때 신중하게 결정을 내리도록. 생각했던 것만큼 뜻대로 전개되지는 않을 것이다. ② 크로커다일(crocodile) : 동료

를 믿지 말 것. 크로커다일에게 쫓기거나 신변의 위험을 느꼈다면 행운을 암시. 하지만 습격을 당해 상처를 입었다면 당분간 사업운이 안 좋을 것이다. 크로커다일을 죽이는 꿈은 자신의 야심을 웃도는 성공을 맛보게 될 것이다.

☆**야마**(llama) 야마나 야마의 털로 만든 물건이 꿈에 보였다면 지금 세우고 있는 계획은 성공할 것이라는 암시.

☆**양** 풀을 뜯어 먹는 양은 행운을 의미. 털이 깎이는 모습이었다면 결혼할 시기가 다가왔다는 뜻. 우리 안에 있었다면 절호의 기회가 찾아올 것이다. 하지만 텅 빈 우리만 보이고 양이 없었다면 인생의 목표를 잃고 있다는 증거. ① 숫양: 주어진 환경에 만족해서는 안 된다는 메시지. 다른 사람의 그늘에 가려 그들이 시키는 대로만 움직이지 말고 빨리 자립하도록. ② 새끼 양: 기운이 샘솟을 경험을 암시. 새끼 양이 뛰어놀고 있었다면 가족끼리 단란한 시간을 보낼 수 있을 듯. 울고 있었다면 새로운 책임을 지게 될 것이다. 사라졌던 새끼 양을 발견하는 꿈은 옛 친구와의 우정이 되살아날 징조. 새끼 양의 고기를 먹거나 요리하는 꿈은 돈이 굴러들어올 징조. ③ 검은 양: 뜻밖의 이익이 생길 듯. 단, 내가 성가신 사람이라는 뜻의 검은 양으로 불리는 꿈이었다면 소문을 내지 않도록 주의하라는 경고.

☆**얼룩말** 얼룩말 무리는 한 가지 일에 모든 희망을 걸어서는 안 된다는 경고. 얼룩말이 한 마리였다면 뜻밖의 행운을 기대할 수 있다.

☆**여우** 약삭빠른 여우는 자신이 싫어하는 사람이나 사랑의 라이벌을 상징. 여우의 꿈을 꾸었다면 항상 그런 사람들에게 조심할 것. 하지만 여우를 죽였다면 그들을 앞서갈 수 있다는 암시.

☆**염소** 문제를 해결하려면 안내만이 있을 뿐이라는 충고. 바위나 높은 산 위에 염소가 있었다면 수입을 암시. 염소에게 쫓기거나 뿔에 받히는 꿈은 도박을 하지 말라는 경고. 이길 가망이 없다.

☆**오소리** 사업적인 재능이 성공으로 이끌어 줄 징조. 오소리를 죽이는 꿈이었다면 사랑에 빠질 징조.

☆**용(龍)** 전설 속의 생물인 용은 강력한 후원자의 도움으로 성공한다는 암시. 큰돈을 의미한다.

☆**원숭이** ① 유인원(침팬지, 고릴라, 오랑우탄 등) : 우리 안에 갇혀 있었다면 사랑의 방해자가 나타날 듯. 또한 유인원은 친구 사이를 갈라놓을 사람에게 주의하라는 경고와 이제 슬슬 침착하게 일어나 공부에 전념하라는 경고적 의미가 있다. ② 영장류(긴꼬리원숭이, 안경원숭이 등) : 주위에 거짓과 기만이 들끓고 있다는 증거. 원숭이에게 먹이를 주는 꿈은 친구에게 배신당할 징조. ③ 비비 : 독신자에게 좋은 꿈. 이제 곧 결혼하게 될 듯. 기혼자라면 지위의 상승을 의미. 사업상의 거래도 잘 될 듯.

☆**유니콘(뿔이 하나 달린 전설적 동물)** 좋은 꿈은 아니다. 처음에 예상했던 것만큼 도움이 되지 않는 사람 때문에 귀찮은 문제에 휘말리게 될 듯.

☆**이구아나** 사교적인 면에서 즐거운 일이 생길 듯. 또는 재미있는 친구가 생길 가능성도.

☆**자칼** 누군가가 나의 약점을 발견하여 궁지에 빠뜨리려 하고 있다. 신중하게 행동한다면 그 사람을 찾아낼 수 있을 것이다.

☆**족제비** 꿈속에서 족제비를 보았다면 성격이 안 좋은 이성 친구가 주

위에 있을 것이다. 조심하도록!

☆쥐 ① 시궁쥐: 계속해서 문제가 발생할 징조. 단, 모두 시시한 문제들이다. 지금 연애 중이라면 누군가 나의 사랑을 방해하려 하고 있다는 뜻이고, 기혼자라면 말뿐인 친구가 나를 곤경에 빠뜨리려 하고 있다는 뜻이다. ② 생쥐: 가족이나 친구와의 분쟁을 상징. 생쥐를 쫓는 꿈은 모든 일을 원만하게 수습할 수 있다. 생쥐를 보고 겁을 먹었다면 사교적인 면에서 뒤끝이 안 좋은 추억을 가지게 될지도. 죽이는 꿈이었다면 뜻밖의 소식이 들어올 듯. 생쥐가 고양이에게 쫓기거나 살해당하는 것을 보았다면 다른 사람의 충고에 귀를 기울이지 말도록. 무엇보다 자기의 판단을 믿는 것이 좋다.

☆캥거루 가슴 설레는 뜻하지 않은 여행을 암시.

☆코끼리 지금 매우 건강한 상태. 또한 자신의 인생에 상당한 영향을 줄 중요한 사람과 만나게 될 것이다.

☆코뿔소 확실하게 자신의 책임을 완수하려는 경고. 동물원의 코뿔소를 보았다면 나의 성적 매력이 최고조에 달해 있다는 뜻. 이성에게서 맹렬한 데이트 신청을 받을 듯.

☆토끼 집토끼는 행운과 다산(多産)을 뜻한다. 결혼한 여성에게는 임신의 징조. 여러 마리의 토끼가 보였다면 새롭고 즐거운 일이 기다리고 있다는 증거. 토끼 가죽이 보였다면 밍크코트를 사게 될지도. 산토끼도 행운을 의미. 산토끼가 나에게 달려왔다면 친구가 찾아올 듯. 독신 여성이라면 남편 될 사람을 만나게 될 듯. 하지만 산토끼가 사냥꾼에게 쫓기는 꿈은 심각한 위기에 직면하게 된다.

☆판다 귀여운 판다가 꿈에 나타나면 지나치게 쓸데없는 걱정을 한다는

증거이다. 고민이 있더라도 자신감을 가지고 뛰어넘을 수 있는 해결책을 찾을 것.

★**표범** 꿈속의 표범은 적이나 라이벌을 상징한다. 그저 표범을 보기만 했다면 마지막 승리는 자신의 것. 표범을 죽이는 꿈은 갖고 싶은 것을 손에 넣기 위해서는 열심히 싸워야만 한다는 뜻. 표범이 달리고 있었다면 중병을 암시.

★**하마** 야생 하마는 위험을 초래할 라이벌을 암시. 동물원의 하마는 생활이 만족스럽지 않아 가까운 시일 안에 소란을 피울 징조.

★**흰 족제비** 털이 북슬북슬한 흰 족제비를 꿈에 보았다면 쓸데없는 소문에 귀를 기울이지 말라는 경고. 흰 족제비가 먹이를 쪼아먹고 있었다면 감동적인 드라마가 연출될 듯.

물고기·어패류에 관한 꿈

☆**가재** 살아 있는 가재는 귀찮은 문제에 휩싸일 징조. 가재를 먹는 꿈, 요리하는 꿈, 사람들에게 대접하는 꿈은 빌려줬던 돈을 받게 되거나 잃어버렸던 물건을 찾게 될 징조이다.

☆**그물** 꿈속에서 커다란 저인망(底引網)을 보았다면 돈을 낭비하고 있다는 증거이다. 작은 그물이었다면 앞으로의 생활이 풍성해질 징조. 그물을 널어 말리고 있었다면 현재의 건강 상태는 최고라는 의미이다. 물속에 그물을 치거나 던지는 꿈은 새로운 친구에게 부당한 의심을 하고 있다는 증거.

☆**금붕어** 독신자가 금붕어 꿈을 꾸었다면 부자와 결혼하게 될 듯. 기혼여성의 경우에는 이혼을 암시. 어항에 들어 있는 금붕어는 돈이 풍족해질 징조.

☆**낚싯바늘** 낚싯바늘은 예전부터 알고 지내는 이성에게 혼자 정열을 불태우며 고민한다는 뜻.

☆**멸치** 연애, 도박, 경마 등 모든 일에 운이 따를 징조

☆**문어** 문어의 꿈은 모험심이 아주 풍부하다는 증거이다. 하지만 문어가 살해당하는 꿈은 어떤 일에 대해 매우 도덕적인 생각을 하고 있다는 뜻. 문어에게 습격을 당하는 꿈은 귀찮은 문제에 휘말리게 될 징조이니 조심해야 한다.

☆**물고기** 맑은 물속에서 물고기가 헤엄치고 있었다면 돈과 권력을 손에 넣을 수 있을 것이다. 물고기가 먹이를 먹고 있었다면 도움이 될 정보가 들어올 징조. 물고기를 먹는 꿈, 요리하는 꿈은 현재의 계획이 잘 진행되고 있다는 의미. 죽은 물고기나 썩은 물고기는 월급이 큰 폭으로 오를 것이라는 뜻.

☆**미끼** 낚싯바늘에 미끼를 꿰는 꿈은 멋진 일이 일어날 징조. 불타오르듯 열정적인 정사(情事)를 암시한다. 하지만 다른 사람이 미끼를 꿰고 있었다면 실망할 일이 일어날 것이다.

☆**뱀장어** 꿈에 뱀장어를 보았다면 직장을 옮길 생각을 하고 있다는 뜻. 하지만 다시 생각해 보도록. 새로운 직장의 상사와는 뜻이 맞지 않을 것 같다. 죽은 뱀장어를 꿈에 보았다면 자신을 방해하려는 사람을 가볍게 요리할 수 있을 듯.

☆**비늘** 물고기의 비늘이 인상 깊게 남았다면 말뿐인 친구와 교제하고 있다는 증거.

☆**상어** 이빨을 드러낸 상어를 보면 친구 때문에 위기에 처할 징조. 특히 돈이 얽힌 문제에 주의하라.

☆**연어** 살아 있는 연어를 꿈속에서 보았다면, 성의를 다하면 헤어졌던 연인과 다시 사랑을 속삭일 수 있다는 암시이다. 연어 통조림은 약간의

모험을 하게 될 징조이다.

☆**인어** 인어의 꿈은 애정 생활과 관계가 있다. 꿈의 분위기에 따라 해석도 달라진다. 즐거운 분위기였다면 만사가 잘 진행될 것이고 난처하고 놀라운 분위기였다면 실망이 기다리고 있을 것이다.

☆**작은 새우** 사교적인 면에서 즐거운 일이 기대된다.

☆**전복** 껍질 안에 있는 전복은 심한 질투를 의미. 껍질 안에 진주가 있었다면 사업 면에서 큰 실수를 저지를 듯. 전복을 사는 꿈을 꾸었다면 건강에 주의. 전복을 먹는 꿈은 자신이 관여하고 있는 일을 가족이 이해해 주지 않는다는 뜻. 당연히 의기소침해질 징조

☆**정어리** 정어리 통조림은 자신이 분노를 억누르고 있다는 증거. 누군가에게 솔직한 심정을 털어놓고 상의해보도록. 신선한 정어리를 먹는 꿈은 누군가의 질투를 받고 있다는 뜻.

☆**조개류** 조개류를 먹는 꿈은 자신의 인기가 상승할 징조. 홍합 껍데기를 모았다면 이제 곧 만족스러운 나날이 찾아올 것이다.

☆**해파리** 꿈속에서 해파리를 보았다면 위선적인 행동 때문에 문제를 일으키게 될 듯. 순수하게 행동하라. 평생토록 연극을 하고 살 수는 없지 않은가.

천체·우주에 관한 꿈

☆**달** 평화와 조화의 상징인 달은 좋은 인연을 맺을 징조. 특히 애정 면에서 더욱 그렇다. 초승달은 파트너와의 관계에 문제가 있을 것이라는 뜻이지만 보름달은 행복과 멋진 로맨스를 암시.

☆**별** 밝게 빛나는 별은 능력 있는 이성 친구가 야망을 달성하는 데 큰 도움을 준다는 암시. 하늘에 가득한 별들은 성공을 의미. 유성은 마지막에는 목표를 달성할 수 있다는 뜻이지만 가능하면 새로운 일에 손대지 말 것.

☆**별자리** 별자리를 보거나 조사하는 꿈은 부와 명성을 얻을 수 있다는 것을 암시한다.

☆**별점** 별점을 치는 꿈은 활기를 얻을 수 있는 새로운 일이 생길 듯. 별점에 나온 운세가 좋았다면 사업상의 고민이 있다는 뜻. 반대일 경우도 마찬가지지만 너무 걱정하지 말 것. 지금까지 노력한 결실을 곧 보게 될 것이다. 다른 사람의 별점을 치는 꿈은 파트너와의 싸움을 암시.

☆**원자**(原子) 꿈속에서 원자를 보았다면 오랫동안 이어온 관계가 끊어질 듯. 하지만 그것이 자신에게는 도움이 되는 일이다. 원자에 관한 이야기를 했다면 안내가 필요해질 징조

☆**인공위성** 인공위성을 보았다면 자기 자신에 대해 좀 더 신중하게 생각해 보도록. 충고를 받는 것은 괜찮지만 결단은 스스로 내릴 것

☆**점성술** 고대의 과학인 점성술은 행복을 의미. 점성술을 배우는 꿈은 중요하고 유익한 일이 생길 징조

☆**천문대** 일시적인 감정 때문에 이루어지는 만남은 피할 것. 곧 후회하게 될 것이다.

☆**천문학자** 높은 야망을 달성할 수 있을 징조. 다만 자기가 천문학자가 되는 꿈은 가족의 병을 암시.

☆**태양** 밝게 빛나고 있었다면 성공은 곧 나의 것! 붉은 태양은 고난을 암시. 하지만 마지막에는 승리를 거둘 수 있다. 일출은 자신에게 새로운 길이 열리려 한다는 의미. 일몰은 자극적인 변화가 있을 징조

☆**행성**(行星) 지구 이외의 행성을 보았다면 매일 되풀이되는 평범한 생활에 지루함을 느끼고 있다는 뜻. 천문학자처럼 행성을 연구하는 꿈이었다면 자신이 지금 세우고 있는 계획은 시간은 걸리더라도 성공할 수 있을 것이다.

☆**혜성** 혜성을 보았다면 뜻하지 않은 방해를 받게 될 듯. 다만 애정운은 예외. 어떤 사랑이라도 꽃을 피울 수 있을 것이다.

날씨에 관한 꿈

☆**가뭄** 괴로운 시기가 찾아올 듯. 하지만 오래가지는 않을 것이다. 그리고 고민도 해소될 테니 조금만 참으면 될 터.

☆**고드름** 지금 가장 불안하게 생각하고 있는 일이 곧 해결될 징조. 고드름에서 물방울이 떨어졌다면 돈을 낭비하지 말도록. 최소한 두 달은 절약해야 한다.

☆**공기** 구체적으로 어떤 종류의 공기인가에 따라 해석이 달라진다. 맑은 공기와 푸른 하늘은 성공을 암시. 찬 공기는 가족 간의 불화를 의미하고 안개처럼 뿌옇게 흐린 공기는 남에게 속을 가능성이 있다. 축축하게 습기에 찬 공기는 소망이 불운하게 끝날 듯. 거친 날씨는 병이나 위기를 만날 징조.

☆**구름** 태양이 구름에 가려 있는 꿈은 책임감이 강하다는 증거. 달이 구름에 가려 있었다면 인내심이 강한 사람이라는 뜻. 지금 안고 있는 문제도 그 덕분에 극복할 수 있다. 흐린 하늘은 감정에 흔들리는 자신의

마음을 암시. 하지만 솜사탕처럼 하얀 구름이었다면 가까운 시일 안에 좋은 일에 착수하게 된다.

☆**기압계** 기압계의 날씨가 좋으면 행복이 찾아올 징조 나쁘거나 비가 올 징조가 보였다면 슬픔과 실망이 생길 듯. 기압계가 부서져 있었다면 낭비를 삼가도록.

☆**눈**[雪] 가벼운 가루눈은 자신의 장난스러운 마음을 상징. 눈이 얼어 있었다면 애인에게 의심을 품고 있다는 증거. 녹고 있었다면 자신은 조심성 있는 사람이라는 뜻. 눈이 내리고 있었다면 자신의 생활에 흥미 깊은 변화가 있을 듯. 눈이 잔뜩 쌓여 있었다면 뜻하지 않은 즐거움과 전운을 암시한다.

☆**대기**(大氣) 깨끗하고 맑은 대기는 가정의 행복, 성실한 친구, 번영 등을 의미하는 길몽. 하지만 흐린 대기는 애정 면에서 파란을 암시.

☆**먼지** 쓸데없는 싸움을 하게 되거나 성가신 고민을 하게 될 징조 하지만 먼지를 터는 꿈이었다면 그런 문제들이 해소될 것이다. 먼지가 뽀얗게 피어올랐다면 문제가 발생할 징조

☆**무지개** 행운을 상징. 설사 큰돈을 쥘 수는 없다 해도 즐거운 변화가 일어날 징조

☆**바람** 산들바람은 경제적인 면에서 흑자를 의미. 강풍이라면 평범하지 않은 상황에 놓여 있다는 증거. 무슨 일을 하든 사전에 신중히 생각하도록. 바람을 향해 걷는 꿈은 가정 문제가 일어날 징조 하지만 어딘가에 숨어 바람을 피했다면 가까운 시일 안에 안정될 수 있는 소식이 있을 듯. 뭔가가 돌풍에 휩싸이는 모습을 보았다면 파트너에 대한 독점욕이 지나치게 강하다는 증거. 파트너가 피곤해하니 욕심을 낮추도록.

☆**비** 비를 맞는 꿈은 뜻하지 않은 사랑이 시작될 징조. 큰비에 흠뻑 젖었다면 돈이 생길 징조. 또는 술 먹을 일이 생기기도 한다.

☆**서리** 벽이나 창에 서리가 끼면 색다르면서 가슴 설레는 경험을 하게 된다. 물론 좋은 쪽으로 운도 따른다. 동상이 걸리는 꿈이었다면 문제를 피하기 위해서는 해야 할 일과 해서는 안 될 일을 신중하게 선택하라는 경고. 특히 사업 면에서 신중할 것.

☆**안개** 안개 속을 걷는 꿈은 애정 문제를 암시. 육지의 안개는 상당한 인내력을 필요로 하는 사업 문제를 의미. 하지만 안개가 걷혔다면 사태를 수습할 수 있다.

☆**얼음** 좋지 않은 징조. 사방이 온통 얼음과 눈으로 뒤덮여 있었다면 위험과 고난을 의미. 얼음이 깔린 길을 보았다면 현재의 자신은 침착하지 못한 상태이고 좀 더 자극적인 일이 일어나기를 바라고 있다는 뜻. 얼음을 깨는 꿈은 지금 안고 있는 문제는 별 것 아니니까 걱정하지 말라는 뜻. 음료수에 들어있는 얼음은 시간과 돈을 낭비하고 있다는 증거. 빙산이 꿈에 보였다면 자신의 앞길에 장애가 있다는 뜻. 하지만 주의하면 그것을 피해갈 수 있다.

☆**지진** 주위의 상황이 싹 변할 듯. 이사, 전근, 또는 애인이 바뀔지도 모른다. 하지만 이 모든 것은 나를 위해 일어나는 일이다.

☆**천둥** 천둥소리가 들렸다면 고민이 해소된다. 하지만 그 소리가 흐트러지듯 울려 퍼졌다면 자신의 주위에 믿을 수 없는 사람이 있다는 증거이니 주의할 것.

☆**추위** 좋은 징조는 아니다. 추위를 느끼는 꿈은 누군가가 자신을 배반했다는 증거. 추위에서 몸을 보호하려 했다면 일은 뜻대로 진행되지 않

을 것이다. 손이 차가웠다면 자신감을 가지라는 경고. 감기에 걸리는 꿈
은 마음이 차분해질 징조.

☆**태풍** 상황을 바꿀 수 있는 사람은 자신뿐이라는 메시지. 자신이 처해
있는 상황을 간파해야만 그 궁지에서 빠져나올 수 있다.

☆**폭풍** 적어도 반년 동안은 위험한 가능성이 있는 일은 하지 말라는 경
고. 폭풍으로 인해 집에 피해를 당했다면 사교적인 면에서 당분간은 양
호할 징조.

☆**하늘** 맑은 하늘은 즐겁게 시간을 보낼 수 있다는 징조. 흐린 하늘은
더욱 노력하라는 의미. 하늘이 불안하고 거친 모습이었다면 스트레스를
뜻한다. 날씨와는 상관없이 하늘이 잿빛이었다면 친구가 나를 도와줄 것
이다.

☆**홍수** 물이 넘쳐서 흐르는 정도의 홍수라면 자신의 고민은 일시적인
것. 세상을 뒤엎을 듯 들끓는 홍수였다면 불안을 암시. 당분간 어렵고 힘
든 생활이 계속될 것이다. 자신이 홍수에 떠내려갔다면 이성 친구에게
이용당하고 있다는 증거. 이성을 조심하라. 홍수를 피하는 꿈은 자신이
안고 있는 문제를 극복할 수 있도록 도와줄 사람이 나타날 징조.

바다에 관한 꿈

☆**거룻배** 짐을 실어나르는 거룻배를 보면 라이벌을 찾아낼 수 있다. 텅비어 있었다면 결단을 서두르지 말라는 의미. 멀리 떨어져 있는 거룻배를 바라보고 있었다면 곧 여행을 떠나게 될지도.

☆**구명보트** 배 안에 구명보트가 있었다면 사업 면에서 맹렬한 반대에 부딪힐지도. 구명보트가 바다 위에 있었다면 적을 이길 수 있다. 파손되어 있었다면 변화가 있을 듯. 하지만 좋은 쪽으로의 변화다. 구명보트에 구조되는 사람을 보았다면 머지않아 행복한 생활을 하게 될 암시.

☆**기선의 굴뚝** 좋은 일을 하여 칭찬받을 징조.

☆**노(櫓)** 노를 젓는 꿈을 꾸었다면 중요한 일은 지금 해치우도록. 노를 옆에 놓고 쉬고 있었다면 파트너와의 사이가 벌어질 결정적으로 나쁜 소식이 들어올 암시. 부러진 노는 지금 자신을 구할 수 있는 것은 다른 사람들의 선심뿐이라는 뜻.

☆**노아의 방주** 엄청난 사건이 일어날 징조.

☆**닻** 그다지 필요도 없는 물건을 사들이느라고 낭비하지 말고 절약하라는 경고. 물속에 있는 닻을 끌어올리는 꿈은 금전운이 좋아질 징조.

☆**돛** 사각형의 돛은 자신의 문제를 직시하라는 경고. 삼각형의 돛은 골치 아픈 선택을 의미. 하얀 돛은 금전 문제에 계획성을 가지고 행동하라는 경고. 그 밖의 색은 즐거운 소식을 암시.

☆**뗏목** 뗏목을 타고 바다 위를 표류했다면 게으름을 피우지 말라는 경고. 그사이에 다른 사람이 이익을 취할 수 있다. 뗏목을 만들었다면 노력한 보람으로 큰 성공을 거둘 수 있다.

☆**모래** 모래 위를 걷고 있었다면 질투심을 가지고 있다는 증거. 모래 위를 뒹굴었다면 누군가를 도와주기 위해 약간의 고생을 할 듯. 땅 위에 모래를 뿌렸다면 마치 자신의 손가락 사이로 모래가 빠져나가듯 돈이 새나갈 징조.

☆**물 위에 뜬 모습** 자기가 바다 위에 떠 있는 꿈은 눈부신 성공이 바로 앞에 있다는 뜻. 무엇이든지 뜻대로 될 것이다. 플라스틱이나 보트를 타고 떠 있었다면 화해를 암시. 작은 배가 뜬 것을 보면 상업 면에서 길조. 큰 배라면 엄청난 돈을 벌 징조. 물 위에 뜬 시체를 보았다면 행복을 암시.

☆**물놀이** 해수욕을 했다면 자신의 바람을 웃도는 행운을 얻을 수 있다. 호수에서였다면 문제가 해소될 것이다. 강이었다면 뜻하지 않은 행운이 있을 징조. 다른 사람과 물놀이를 하고 있었다면 친구가 나의 도움을 필요로 하고 있다는 증거.

☆**물에 빠지는 꿈** 물에 빠지는 꿈은 사업 면에서 흉몽이다. 하지만 자신이나 타인이 물에 빠졌다가 구조되었다면 곧 회복할 수 있을 듯.

☆**물에 잠기는 꿈** 물속에 잠기는 꿈은 뜻밖의 지출이 있을 것이라는 암시. 지금이라도 쇼핑은 다음 기회로 미룰 것.

☆**바다** 바다와 관계가 있는 꿈은 대부분 여행을 암시한다고 본다. 맑고 평온한 바다를 바라보는 꿈은 길몽. 즐거운 일이 생길 징조이다. 사업상 중요한 기획이 완성될 것이고 유익한 친구도 생길 것이다. 연애운도 양호. 하지만 흐리고 거친 바다를 보았다면 호기심을 자아낼 소식이 들어올 징조. 다소의 어려움도 따를 듯.

☆**배** 배는 이익의 상징물이다. 배의 모형은 정열적인 사랑을, 배의 집단은 사업적인 성공을 암시. 난파선은 자기의 평판에 신경을 쓰라는 경고.

☆**배의 집단** 어선의 집단이 항구에 정박해 있었다면 평온한 생활을 암시. 바다로 출항을 나갔다면 불안한 일이 생길 듯. 해군의 함대였다면 지루한 일에서 해방될 듯. 돛단배의 집단이었다면 일단 실패한 듯이 보였던 일도 성공으로 이끌 수 있다.

☆**밸러스트**(ballast) '배의 안정을 유지하기 위해 배 밑에 쌓는 자갈이나 흙더미'를 밸러스트라고 한다. 밸러스트를 쌓고 있었다면 자기에게 소중한 물건을 지킬 필요가 있다. 밸러스트가 배 밖으로 내던져지고 있었다면 바람이 이루어질 징조.

☆**보트** 보트는 자신의 인생을 상징. 그래서 주위 상황에 따라 해석도 달라진다. 평온한 수면에 떠 있었다면 인생도 평온하다. 거친 바다 위에 떠 있었다면 험난한 인생을 살아야 할 징조. 보트가 가라앉아 있었다면 위기가 닥쳐올 징조.

☆**부두** 부두에 배가 들어와 있었다면 여행을 암시. 배가 없었다면 게으름을 피우지 말라는 경고. 그렇지 않으면 실망하게 된다.

☆**삿대** 삿대를 보았다면 자신의 장점은 신망이 두텁다는 것. 삿대가 부러져 있었다면 당분간 여행은 삼갈 것. 자기가 삿대를 잡고 있었다면 어려운 목표를 달성할 수 있다.

☆**선실** 선실의 꿈은 집안에 파란이 일어날 징조. 어쩌면 법률적인 문제로까지 이어질지도 모른다.

☆**선원** 자기가 선원이 되는 꿈은 환경을 바꿀 필요가 있다는 암시. 바닷가에 있는 선원은 새롭고 자극적인 로맨스를 암시. 배 위의 선원은 자신의 마음을 충동질할 새로운 소식이 들어올 징조.

☆**선착장** 배 위에서 선착장을 바라보고 있었다면 사태가 의외의 전개를 보일 듯. 선착장에서 혼자 머뭇거리고 있었다면 슬픔을 암시.

☆**수영** 벌거벗고 수영을 했다면 길조. 수영복을 입은 모습이었다면 가까운 시일 안에 창피를 당하게 될 징조. 수영을 배우는 꿈은 금전운이 있다는 암시. 바닷가를 향해 수영하고 있었다면 가지고 싶은 것을 손에 넣기 위해서는 상당한 노력이 필요하다는 뜻. 수영장이 보였다면 사업운이 상승. 하지만 수영장에 물이 없었다면 사람을 첫인상만으로 판단하지 말도록. 그것은 상대방에 대한 모욕이다.

☆**요트** 요트를 보았다면 금전운이 있을 것이다. 그리고 자기가 요트를 타는 꿈을 꾸었다면 가장 중요한 바람이 이루어질 징조.

☆**잠수** 바다에 잠수하는 꿈은 머지않아 깜짝 놀랄 정도로 멋진 유혹을 받게 될 징조. 물속이 맑았다면 만사가 양호. 하지만 파도가 일었거나 물이 흐렸다면 안 좋은 결과로 끝나게 된다.

☆**절벽** 꿈에 절벽을 보았다면 위험성이 있는 일은 당분간 피할 것. 절벽을 올라가는 꿈은 노력한 보람이 있을 징조지만 내려가는 꿈은 믿을

수 없는 친구가 있다는 증거.

☆**조선소** 지금 넉넉한 돈을 가지고 있다는 의미.

☆**카누** 카누에 타고 있었다면 화재에 주의. 텅 빈 카누는 고독을 암시. 새로운 친구를 사귀도록. 카누가 뒤집히는 꿈은 자신을 해치려는 적이 있다는 뜻.

☆**트랩** 자신의 전환기를 의미. 여객선의 트랩처럼 주위가 화려한 분위기였다면 전도양양. 트랩을 오르는 꿈은 모든 일이 향상될 징조 내리는 꿈은 당분간 골치 아픈 시기가 계속될 듯. 트랩을 가로지르는 꿈은 지금까지 해 오던 일을 계속해야만 성공을 거둘 수 있다는 의미.

☆**파도** 바닷가로 밀려오는 파도는 사업과 애정 면에서 전진을 의미.

☆**페리호** 페리호를 타는 꿈, 보는 꿈은 모두 노력한 보람을 얻게 된다는 암시. 특히 사업 면에서.

☆**표류** 자기가 표류하는 꿈은 해결할 수 없는 문제나 직시하기를 거부하고 있는 문제를 시사. 무사히 육지에 도착했다면 모두 해결될 것이다. 하지만 도착하지 못했다면 더욱 심각하게 고민할 징조 이것은 모두 스스로 자신의 마음을 결정하지 못하고 있기 때문이다. 꿈속에서 구조되거나 헤엄쳐서 안전한 장소로 피하기만 했다면 고민 끝에 성공을 붙잡을 수 있다.

☆**항구** 항구로 들어가는 꿈은 안정된 미래를 뜻한다. 항구에서 나오는 꿈은 자신이 생각하는 만큼 친구가 나에게 성실하지 않다는 것을 발견하게 된다는 의미.

☆**항만** 아름다운 항만은 여행을 암시. 수면이 거칠었다면 돈이 들어오기도 전에 써버릴 우려가 있다. 평온한 항만은 보기 드문 사회적 성공을

거둘 수 있다.

☆**항해** 바다를 건너는 꿈은 이제 자기의 재능을 살릴 때가 왔다는 뜻. 당신은 사교적이며 주도권을 쥐고 일할 수 있는 사람이다. 그 자질을 충분히 활용하도록.

☆**해군** 자기가 해군이 되는 꿈은 병을 암시. 해군을 보았다면 사업 면에서 손해를 볼 듯. 해군 장교는 애정 문제를 뜻한다.

☆**해변** 인적이 없는 해변은 절대로 놓쳐서는 안 될 기회를 의미. 사람들이 북적거리고 있었다면 자신의 안정감과 신뢰감의 표출. 해변에서 일광욕을 하는 꿈은 사업 면에서 인간관계가 깊어질 듯.

☆**해적** 꿈에 해적을 보았다면 자극적이고 새로운 시도의 유혹을 받을 듯. 하지만 그 일을 시작하기 전에 철저한 조사를 해야 한다.

☆**해초** 자신의 신념을 굽히지 말도록. 뜻을 관철하면 틀림없이 좋은 결과를 얻을 수 있을 것이다.

☆**화물** 배에 화물을 쌓는 꿈은 여행을 암시. 화물이 물속으로 떨어지거나 쌓아 놓은 화물이 무너졌다면 다른 사람의 금전 문제에 휘말리지 않도록 요주의.

물에 관한 꿈

☆**간헐천**(주기적으로 분출하는 온천) 방향 전환을 하게 될 듯. 처음에는 약간의 어려움이 있겠지만 결과적으로 좋은 결실을 거두게 될 것이다.

☆**강** 천천히 흘러가는 맑은 강은 행운을 상징. 물살이 빠르거나 흐렸다면 문제가 발생할 암시. 강에 빠지는 꿈은 위험할 징조. 강에서 수영했다면 금전운이 있을 것이다. 또 헤엄쳐서 강을 건너는 꿈은 바라던 소원이 이루어질 징조.

☆**거품** 지금 안고 있는 문제가 해결될 징조. 비누 거품은 낭비를 삼가라는 경고. 돈에 대해 좀 더 현실적인 사람이 되도록. 욕조 안의 거품은 누군가가 자신을 지켜 주려 한다는 암시.

☆**국자** 국자를 사용하여 물 등을 떠내는 꿈은 오랫동안 만나지 못했던 친구에게서 소식이 있을 듯하다. 단순히 국자를 보았을 뿐이라면 위기가 닥칠 징조이다.

☆**깔때기** 정신을 바짝 차리라는 경고. 지금 당신은 너무 우왕좌왕하고 있다.

☆**나무 물통** 꿈에 나무 물통에 물이 가득 차 있었다면 가족 간의 분쟁이 일어날 징조이다. 텅 비어 있었다면 결단력이 없다는 증거. 물을 채우는 꿈이었다면 사업 면에서 길조. 안에 든 물을 버리는 꿈은 나쁜 소식이 들어올 징조.

☆**나무통**(술 따위를 저장하는 큼직한 것) 똑바로 서 있는 나무통이 내용물로 가득 차 있었다면 금전적인 면에서 안정되어 있다는 뜻. 하지만 텅 빈 나무통이나 뒹굴고 있는 나무통은 현재의 지위를 지키기 위해 손을 쓸 필요가 있다는 뜻.

☆**늪** 신용카드를 가지고 다니지 말 것. 터무니없이 돈을 쓸 일이 생긴다. 늪 안을 걷고 있었다면 지금 만나는 이성은 자신에게 어울리지 않는다는 증거.

☆**다리** 건설 중인 다리가 꿈에 보였다면 상상력이 풍부하다는 증거. 다리를 건너는 꿈은 전직을 의미. ① **돌이나 콘크리트 다리**: 가까운 시일 안에 거대한 계획이 실현된다. ② **나무다리**: 의지가 약하다는 증거. ③ **철교**: 위험성이 있는 일에서의 행운을 암시. ④ **난간**: 다리의 난간을 꿈에 보면 현재의 장애를 뛰어넘기 위해서는 안내가 필요하다는 뜻. ⑤ **육교**: 야망이 너무 높은 경향이 있다. 그것이 원인이 되어 파트너와의 관계가 나빠질 수도.

☆**댐** 댐에 고여 있는 물은 충동적인 언행을 삼가라는 경고. 돈에 관한 일이라면 더욱 조심하도록.

☆**도랑** 장애가 있을 꿈. 자기가 도랑 안에 있었다면 금전 문제, 도랑에

떨어졌다면 애정 문제를 의미. 그러나 큰 문제는 아니다. 그리고 도랑에서 나오려고 애를 썼다면 가까운 시일 안에 자신의 경험을 살릴 수 있는 일을 하게 될 것이다.

☆**물결** 맑고 잔잔한 물은 길조. 물결이 일거나 흐린 물은 문제가 발생할 징조. 물을 마시는 꿈은 행운이 찾아올 징조. 하지만 물을 흘리거나 버렸다면 자신의 감정을 조종할 필요가 있다. 자연스럽게 흐르고 있었다면 기나긴 행복을 암시. 뜨거운 물은 사회생활에서의 장애를 의미.

☆**물레방아·풍차** 물레방아나 풍차가 돌고 있었다면 사업상 중요한 계획을 달성하여 존경과 만족감을 얻을 수 있을 것이다. 하지만 움직이지 않고 멈춰 있었다면 사업이나 인간관계에서 어려움이 생길 듯. 빨리 수습하지 않으면 더욱 크게 확대될 우려가 있다.

☆**물을 건너는 행위** 물속을 걸어서 건너는 꿈은 사랑이나 우정과 관련이 있다. 물이 맑았다면 모든 일이 양호. 진흙탕이나 흐린 물이었다면 실망이 기다리고 있다는 뜻.

☆**물이 새는 곳** 물이 새는 곳을 발견하는 꿈은 시간을 낭비하고 있다는 증거. 파이프의 물이 새고 있었다면 활동 범위를 좀 더 넓히라는 충고. 지붕이 새고 있었다면 불운을 암시. 라디에이터가 새고 있었다면 가까운 시일 안에 출산 소식이 있을 듯하다.

☆**분수** 분수에서 물이 뿜어져 나오고 있었다면 행복은 나의 것. 물이 나오지 않았다면 만족스럽지 않은 나날을 암시.

☆**비누** 애정 면에서 길조. 가루비누는 가지고 싶은 것을 손에 넣기 위해서는 열심히 싸울 각오가 필요하다는 뜻. 약용비누는 어려운 문제가 풀리려 한다는 증거.

☆**빙하** 빙하를 보았다면 먼 곳에서 중요한 소식이 오든가 장기간의 여행을 떠날 소식이 올 징조. 빙하의 계곡으로 떨어지는 꿈은 방향 전환을 하지 말라는 경고. 위험해진다. 빙하의 계곡을 건너는 꿈은 자신이 안고 있는 문제는 생각만큼 대단하지 않다는 뜻.

☆**샘물** 샘물이 말랐다면 고난을 암시. 샘물을 마시는 꿈은 어떤 사람에 대한 애정이 그 보답을 받게 된다는 의미.

☆**샤워** 꿈에 샤워했다면 돈이 들어올 징조.

☆**세면기** 세면기에 물이 가득 차 있었다면 가까운 시일 안에 행복이 찾아들 징조. 텅 빈 세면기도 성공을 암시. 세면기의 물을 마시는 꿈은 새로운 애정 관계가 생길 듯. 다만 신중하게 행동하도록. 처음에 만난 사람이 가장 잘 어울리는 상대라는 법은 없다.

☆**세탁** 손으로 빨래를 하는 꿈을 꾸었다면 다른 사람의 문제에 휩싸이지 않도록 조심할 것. 세탁기로 빨래를 했다면 이사할 가능성이 있다. 세탁물을 말리는 꿈은 일이 성사될 징조. 청결한 세탁물은 행운의 심벌. 더러운 것이었다면 문제가 생길 염려가 있다.

☆**수건** 깨끗한 수건이 꿈에 보였다면 컨디션이 최고라는 증거. 하지만 젖어 있었거나 더럽혀져 있었다면 욕구불만에 차 있다는 암시. 종이수건을 꿈에서 보았다면 주머니 사정이 넉넉하지 않다는 뜻.

☆**수도관** 새로운 수도관은 뜻하지 않은 기회가 찾아와 오랫동안 기대해 온 야심을 이룰 수 있을 징조. 낡은 수도관이나 수돗물이 새고 있는 수도관을 보았다면 사업 면에서 오해를 받게 될 암시.

☆**수로**(水路) 수로가 바싹 말라 있었다면 슬픈 일이 있을 듯. 하지만 물이 흐르고 있었다면 만족과 건강을 암시. 건설 중인 수로는 성공이 앞당

겨질 징조. 수리 중이었다면 대망을 성취할 수 있다.

☆**스펀지** 스펀지를 빠는 꿈은 좋은 일을 하여 사람들에게 감사의 말을 들을 징조. 스펀지의 물을 짜고 있었다면 월급이 오를 가능성이 있다. 마른 스펀지는 도박하지 말라는 경고.

☆**습기** 다른 사람의 문제에 관여하지 말라는 경고. 충고 정도는 상관이 없지만 깊이 개입하는 것은 피해야 한다.

☆**시냇물** 시냇물은 인생의 흐름을 상징한다. 시원스럽게 잘 흘러가고 있었다면 자신의 인생도 순풍에 돛단배와 같다는 뜻. 하지만 흐리거나 물결이 거칠게 일고 있었다면 자신의 인생도 당분간 어려움이 계속될 징조이다.

☆**씻는 행위** 손으로 무엇인가를 씻는 꿈은 다른 사람의 문제에 휩싸이지 않도록 조심하라는 경고. 기계를 사용하여 씻거나 빨았다면 새롭고 멋진 우정이 싹틀 것이다.

☆**양동이** 양동이를 운반했다면 사태가 진전될 듯. 물을 흘렸다면 돈을 소중하게 여기라는 경고. 텅 빈 양동이는 언젠가 반드시 가지고 싶었던 것을 손에 넣을 수 있다는 의미. 물이 가득 찬 양동이는 비록 사소한 일이기는 해도 목적을 달성할 수 있다는 뜻이다.

☆**욕조** 욕조가 텅 비어 있었다면 감정적으로 결단을 내리지 말라는 충고. 물이 너무 뜨거웠거나 미지근했다면 지금 세우고 있는 계획을 재검토해 볼 필요가 있다는 뜻. 옷을 입은 채로 욕조에 들어갔다면 애인과 싸움을 하게 될 듯. 욕조에 물을 채우는 꿈은 사소한 분쟁이 일어날 징조이다.

☆**우물** 마른 우물은 자신이 지금 관여하고 있는 계획이 위험에 노출되

어 있다는 뜻. 물이 많이 고여 있었다면 일이 이상한 방향으로 전개될 징조. 우물에서 물을 퍼 올리는 꿈은 애정운이 더 좋아질 수 없다는 뜻. 우물에 빠지는 꿈은 머지않아 중대한 결단을 내려야 할 시기가 찾아올 징조이다.

☆**운하** 물이 가득 찬 운하는 안정된 미래를 약속. 완전히 말라버린 운하나 말라가는 운하는 돈을 낭비하지 말라는 경고이다. 운하의 물이 흐르지 않고 고여 있는 상태였다면 우정을 방해하는 자가 주위에 있다는 암시이다.

☆**웅덩이** 웅덩이의 물을 튀게 했다면 가까운 시일 안에 사교 석상에서 수치를 당하게 될 듯. 웅덩이를 피해 가는 꿈이었다면 귀찮은 상황에 놓여 있는 자신을 누군가가 구해 줄 것이다.

☆**저수지** 저수지에 물이 가득 고여 있었다면 돈이 들어올 징조이다. 저수지에 물이 텅 비어 있었다면 예상치 않은 어려움이 갑자기 찾아올 듯. 저수지에 물을 채우고 있었다면 변화의 바람이 불어 새로운 기회가 생길 징조이다.

☆**제방** 틀림없이 힘겨운 책임감 때문에 고민하고 있다는 증거. 친구나 전문가에게 상의하도록.

☆**주전자** 믿었던 사람에게 속을 위험이 있다. 주전자의 물이 끓고 있었다면 대인 관계의 폭을 넓힐 시기가 되었다는 증거. 구리 주전자는 물질적으로 풍부하다는 의미이다.

☆**진흙** 진흙 자체는 길조 하지만 진흙 속을 걷고 있었다면 가정에서 문제가 발생할 징조이다.

☆**폭포** 폭포의 꿈은 월급이 오를 가능성을 시사.

☆**항아리·단지·화분** 화분은 돈은 없어도 행복한 일이 많이 생길 징조. 요리용 단지는 무슨 일이든 지나치게 믿지 말라는 경고. 깨진 항아리나 깨진 화분 등은 슬픔을 암시한다.

☆**협곡** 꿈에 협곡이 보였다면 모든 수단을 강구하여 언쟁을 회피할 필요가 있다. 틀림없이 금전 문제일 테니까. 또한 사업상의 결정 사항은 뒤로 미룰 것.

☆**호스** 호스로 물을 뿌리는 꿈은 약간의 모험이 기다리고 있다는 뜻. 호스의 물로 불을 끄는 꿈은 뜨거운 사랑이 시작될 암시. 호스로 정원에 물을 주고 있었다면 새로운 친구가 생길 듯.

풍경·경치에 관한 꿈

☆**계곡** 어두컴컴한 계곡은 평온하고 만족스러운 생활을 암시한다. 깊은 계곡은 이익을 가져올 새로운 시도를 기대할 수 있을 듯. 온통 녹색식물로 뒤덮인 계곡은 목표 달성을 위해서는 최대한의 노력을 기울이라는 경고이다.

☆**동굴** 어두컴컴한 지하동굴은 위험을 암시. 하지만 언덕이나 산 위의 동굴은 새로운 기회가 찾아온다는 암시. 밖에서 동굴을 들여다보았다면 운이 조금씩 향상될 듯. 그러나 동굴 안에 있었다면 자신의 야망은 이루기 어렵다. 동굴이 매우 깊었다면 목표 설정을 처음부터 다시 생각할 필요가 있다.

☆**들판** 꿈속에서 녹색의 시원한 들판을 보면 행복과 돈이 굴러들어온다. 꿈에 보이는 메마른 들판은 좌절을 의미하는 것. 경작을 시작한 들판은 원하는 것을 손에 넣을 수는 있지만, 다소간의 희생을 각오해야 한다는 뜻이다.

☆**땅** 땅 위를 구르는 꿈은 슬픈 소식이 있을 징조. 땅속에 파묻히는 꿈은 한몫 잡을 기회. 승부에서 틀림없이 이길 수 있다. 땅에 키스하는 꿈은 감정적인 문제와 실망을 암시한다.

☆**벼랑** 위험성이 있는 일은 당분간 피할 것. 벼랑을 올라가는 꿈은 노력한 보람이 있을 징조지만 내려가는 꿈은 믿을 수 없는 친구가 있다는 증거이다.

☆**빙산** 좋지 않은 징조. 사방이 온통 얼음과 눈으로 뒤덮여 있었다면 위험과 고난을 의미. 얼음이 깔린 길을 보았다면 현재 자신은 침착하지 못한 상태이고 좀 더 자극적인 일이 일어나기를 바라고 있다는 뜻. 얼음을 깨는 꿈은 지금 안고 있는 문제는 별 것 아니니까 걱정하지 말라는 뜻. 음료수에 들어있는 얼음은 시간과 돈을 낭비하고 있다는 증거. 빙산이 꿈에 보였다면 자신의 앞길에 장애가 있다는 뜻. 하지만 주의하면 그것을 피해갈 수 있다.

☆**빙하곡** 꿈속에서 빙하곡을 보았다면 먼 곳에서 중요한 소식이 오든가 장기간의 여행을 떠날 소식이 올 징조이다. 빙하의 계곡으로 떨어지는 꿈은 방향 전환을 하지 말라는 경고로, 하는 일이 위험해진다. 빙하의 계곡을 건너는 꿈은, 자신이 안고 있는 문제는 생각하는 만큼 대단하지 않다는 뜻이다.

☆**사막** 사막을 걷고 있는 꿈은 인생에서 어지러운 시기가 찾아올 징조이다. 사막에서 모래바람이 일었다면 문제 해결을 위해 상당한 시간이 걸릴 듯. 사막에서 오아시스가 보였다면 반드시 나쁘지만은 않다는 의미이다. 즐거운 일도 꽤 있으니 걱정하지 말라는 뜻이다. 사막에 발이 빠진 사람을 구해 주는 꿈을 꾸었다면 월급이 오를 징조이다. 자기가 사막에

빠지는 꿈은 다른 사람의 문제에 쓸데없이 관여하지 말라는 경고이니 신중하게 행동하라.

☆**산** 산의 정상에 있었다면 사업운은 양호하다는 증거이다. 산을 내려오는 도중이었다면 어떤 일에 겁을 먹고 있다는 증거. 자신을 위해서라도 분발하라.

☆**석탄지대** 석탄지대가 꿈에 보였다면 힘을 늦추지 말라는 경고. 열심히 노력하면 반드시 그 보답을 받는다.

☆**숲** 혼자 숲 속에 있는 꿈이나 숲 속에서 겁을 먹은 상태로 있는 꿈은 믿었던 사람으로부터 실망을 느끼게 될 징조이다. 숲 속에서 미아가 되었다면 중요한 계획이 성공할 듯하고, 숲 속에 숨어 있었다면 지금은 고통스럽게 느껴지는 일도 반드시 그 보답이 있을 것이니 실망하지 말고 최선을 다하라는 의미이다.

☆**습지대** 꿈속에서 습지대를 보았거나 거니는 것은 다른 사람의 문제에 관여하지 말라는 경고이다. 충고 정도는 상관없지만 너무 깊이 개입하는 것은 피해야 한다.

☆**시냇가** 시냇가의 물은 인생의 흐름을 상징한다. 시원스럽게 잘 흘러가고 있었다면 자신의 인생도 순풍에 돛단배와 같다는 뜻. 하지만 흐려 있거나 물결이 거칠게 일고 있었다면 자신의 인생도 당분간 어려움이 계속될 징조이다.

☆**알프스** 알프스와 같은 고산지대의 풍경은 뜻하지 않은 이익을 의미한다. 등산객이 보였다면 심술궂은 소문에 휩싸이지 않도록 각별하게 주의할 것.

☆**언덕** 뛰어넘어야만 할 고난을 상징. 언덕 꼭대기에서 있었다면 고난

을 극복할 수 있다는 뜻이다. 기어오르고 있었다면 정력을 낭비하여 지쳐 있다는 증거이다.

☆오아시스 자극적이고 새로운 모험을 통해 눈부신 성공을 거두게 될 징조. 여러 가지 경험을 기대할 수 있을 듯.

☆호수 깨끗하고 평온한 호수는 미래의 행복과 성공을 상징. 하지만 물결이 일거나 흐려 있었다면 고난기가 닥쳐올 듯. 보트를 타고 호수를 건너는 꿈은 자신에 대한 다른 사람의 평가가 높아질 징조. 호수로 뛰어드는 꿈은 불행을 암시. 호수 바닥을 걷고 있었다면 지나치게 고민하고 있다는 증거. 모든 일을 좋게 생각하도록.

외국·외국인에 관한 꿈

☆**대사관** 영향력 있는 사람들과 사귀게 될 듯. 자기가 대사관에서 일하고 있는 꿈은 원하는 것을 손에 넣으려면 최대한의 노력을 기울여야 한다는 뜻. 기다리기만 해서는 안 된다.

☆**북극** 북극의 꿈은 가장 중요하다고 생각하는 소원이 이루어질 징조

☆**섬** 섬에 도착하는 꿈은 외로워하고 있다는 증거. 하지만 그 섬에 사람이 살고 있었다면 활기가 샘솟을 즐거운 일이 생길 것이다. 야자나무는 희망에 넘친 새로운 미래를 상징한다.

☆**세계** 모든 종류의 여행을 암시. 세계의 끝은 새로운 시작을 암시.

☆**스핑크스** 지금까지 고민해 오던 문제가 해결될 징조

☆**아랍인** 아랍인이 꿈에 나타났다면 주의할 것. 여행 중에 불쾌한 일을 겪게 될지도 모른다. 자기가 아랍인이 되었다면 운이 따를 징조 아랍인의 집단은 사랑이 시작될 암시이다.

☆**아메리카** 아메리카의 꿈은 여러 사람에게 질투를 받고 있다는 증거.

혼자서 아메리카로 가는 꿈은 곧 결혼하게 될 징조. 동행이 있었다면 불안정한 미래를 암시. 5월의 아메리카를 보았다면 굉장히 좋은 일이 있을 듯하다. 하지만 아메리카에서 돌아오는 꿈은 경솔한 행동을 조심하라는 경고. 후회하게 된다.

☆**아시아** 자신이나 가족에게 뜻하지 않은 로맨스가 생기거나 현재의 애정운이 향상될 징조.

☆**아프리카** 아프리카 지도를 보는 꿈은 자신의 지위가 향상될 징조. 아프리카에 가는 꿈은 매우 기쁜 일이 있을 듯. 아프리카에서 돌아오는 꿈은 커다란 실망을 의미한다.

☆**에스키모** 에스키모가 보였다면 금전 관리가 어려워질 듯. 하지만 적은 돈이라도 낭비하지 않도록 조심한다면 크게 걱정할 일은 없을 것이다. 남들의 도움을 받을 생각은 하지 말라.

☆**여권** 새로운 여권을 발급 받는 꿈은 사랑이 꽃필 징조. 잃어버리는 꿈은 이성과의 사이에 실망할 일이 생길 듯. 잃어버린 여권을 발견하는 꿈은 누군가의 건강을 걱정하고 있다는 증거. 하지만 그럴 필요 없다. 당사자는 전혀 걱정하고 있지 않으니까.

☆**예루살렘** 고독을 상징. 친구에게 적극적으로 다가가도록. 어떻게 해서든 사람들을 주위로 끌어모으도록 노력하라.

☆**오스트레일리아** 오스트레일리아로 가는 꿈은 계획 중인 사교적 행사를 암시. 그곳에 있는 꿈은 친구에게 속고 있다는 증거. 단순히 꿈에 오스트레일리아를 보았을 뿐이라면 주변을 정리해야 할 필요가 있다. 중요한 변화가 있을 테니까.

☆**외국·외국인** 외국과 관계된 꿈을 꾸면 남에게 속을 징조. 외국으로

나가는 꿈은 진정한 행복은 가정에 있다는 암시. 외국으로 이민 가는 꿈은 낭비를 조심하라는 뜻. 뜻하지 않은 지출이 예상된다. 외국인을 만나는 꿈은 잃어버렸던 귀중품을 찾게 될지도. 외국인과 결혼하는 꿈은 애정 면에서 좋은 징조이다.

☆**원주민** 길몽. 적극적인 마음이 되어 가슴 설레는 새로운 경험을 하게 될 듯.

☆**이민** 절약하도록. 뜻하지 않은 지출이 예상된다.

☆**인디언** 인디언과 싸웠다면 친구의 배신에 주의하라. 싸우지 않았다면 인디언은 좋은 일을 의미한다.

☆**정글** 정글 속을 헤매고 있었다면 가까운 시일 안에 큰 문제에 부딪히게 될 듯. 하지만 정글을 빠져나갔다면 사태는 수습할 수 있다.

☆**캐나다** 사업이 번성할 징조이다. 캐나다에 가는 꿈은 자신의 즐거움을 위해 지나치게 시간을 낭비하고 있다는 증거. 일에 열중하도록. 캐나다에서 사는 꿈은 자신의 명성이 떨어지기를 바라는 적이 있다는 뜻.

☆**해외여행** 배를 타고 해외로 나가는 꿈은 자신에게 강한 영향력을 미칠 새로운 친구가 나타난다는 암시. 해외에 있는 꿈은 불안정한 상황을 의미하고 동시에 가까운 시일 안에 뭔가 변화가 있을 징조

장소에 관한 꿈

☆**거리** 익숙지 않은 거리는 유익하고 새로운 시도를 암시. 긴 거리는 어떤 일에 압박감을 느끼게 될 징조이다. 구부러진 거리는 뜻하지 않은 일이 일어날 징조

☆**개울** 자기가 개울 속에 있었다면 금전 문제를 의미하고, 개울에 떨어졌다면 애정 문제를 의미한다. 단, 큰 문제는 아니다. 그리고 개울에서 나오려고 애를 썼다면 가까운 시일 안에 자신의 경험을 살릴 수 있는 일을 하게 될 것이다.

☆**경기장** 사업 면에서 항상 주의할 것. 장애가 깃들어 있을 위험이 있다. 자기가 경기장에 있는 꿈은 말뿐인 친구를 조심하라는 뜻. 경기장의 관객은 불행을 암시한다.

☆**골목** 어두컴컴한 골목은 주위 사람이 소문을 내고 있다는 증거. 밝은 골목이었다면 전도양양. 하지만 막다른 골목이었다면 행동하기 전에 다시 한번 신중하게 생각해 보도록.

☆**공원** 꿈에 공원을 보았다면 자극적인 사랑을 암시. 공원 안을 거닐었다면 목표가 지나치게 높다는 경고. 공원 안에서 헤맸다면 사업 면에서 그릇된 판단을 한 것은 아닌지 재검토해 볼 것.

☆**공장** 지금은 비록 고생이 되겠지만 마지막에는 성공을 거둘 수 있을 것이라는 암시. 자기가 공장에서 일하는 꿈은 좋은 변화가 있을 징조이다.

☆**광산** 꿈속에서 자신이 광산에서 일을 하였다면 언젠가 노력한 보람을 얻게 될 것이다. 단순히 광산을 보았을 뿐이라면 이성과 다툼이 있을 가능성이 있다.

☆**광장** 광장을 보았다면 에너지가 넘치고 있다는 증거. 걸어서 광장을 가로지르는 꿈은 멋진 기회가 찾아올 징조

☆**구멍·함정** 함정에 빠지는 꿈은 요즘 나쁜 친구들과 어울리고 있다는 뜻. 옷에 구멍이 나는 꿈은 금전운이 있을 징조 구멍을 파고 있었다면 다급한 여행을 암시한다.

☆**남쪽** 남쪽을 향하면 안전을 암시.

☆**농장** 손질이 잘된 농장을 꿈속에서 보는 것은 건강과 수입을 의미한다. 농장을 소유하는 꿈은 윗사람이 자신의 성공을 밀어주고 있다는 뜻. 농장에서 일했다면 동료보다 한발 앞서 나아갈 수 있다. 새로운 사무실을 얻게 될지도 거친 황무지 같은 농장이었다면 돈이나 재산의 손실을 의미한다.

☆**농촌** 이 꿈이 주는 메시지는 열심히 일하면 반드시 그 보답을 받을 수 있다는 것. 자기가 농사를 짓는 꿈을 꾸었다면 사업 면에서 성공을 거둘 수 있을 것이다. 처음으로 농사를 경험하는 꿈은 안정된

생활을 의미한다.

☆**도시** 대도시의 꿈은 자신에게 커다란 이상이 있다는 증거. 대도시에 사는 꿈은 머지않아 그 꿈대로 생활이 변화할 징조

☆**돔구장** 꿈속에서 지붕이 둥근 돔구장을 보았다면 주위 사람이나 친척이 뜻하지 않은 영예를 안게 되거나 주위로부터 훌륭한 평판을 받게 될 징조이다.

☆**마을** 해변의 마을은 몇 가지의 난관에 부딪힐 징조 산촌이었다면 예상 밖의 소득을 암시. 농촌이었다면 큰 성공을 거둘 수 있다는 암시. 멀리 떨어져 있는 마을을 보았다면 '두 번 다시 경험할 수 없는 좋은 기회'라며 현혹하는 말에 넘어가지 말라는 경고

☆**모퉁이** 꿈에 나타난 모퉁이는 장애의 징조가 있으니 함부로 결단을 내리지 않도록 주의할 것. 길모퉁이를 걸었다면 자신의 인생이 바뀔 새로운 기회가 찾아온다. 모퉁이를 돌아가는 꿈이었다면 기쁜 소식이 찾아올 징조이다.

☆**박물관·미술관** 꿈속에서 이것들을 보면 재미있는 일이 없어서 지루해하고 있다는 증거. 새로운 흥미의 대상을 발견하지 않으면 사태는 더욱 악화된다. 실내에 동상이 있었다면 당신의 문제는 일에 대한 지나친 집착이 원인이다.

☆**발판** 건물의 발판은 새로운 기회를 암시. 교수대의 발판은 경솔한 행동으로 인해 위기가 닥친다는 경고

☆**백화점·슈퍼마켓** 독신자에게는 좋은 인연이 있을 징조 곧 사랑에 빠질 것이며 그것 이외에도 몇 가지 즐거운 일을 기대할 수 있다. 하지만 결혼한 사람에게는 배신을 의미한다.

☆**베란다** 베란다에 앉아 있었다면 애정 문제가 해소될 징조. 베란다에서 잠을 자는 꿈이었다면 우유부단한 성격을 고칠 것. 누군가가 나의 등을 노리고 있다. 베란다에 꽃이 있었다면 멋진 일이 일어나 자신을 깜짝 놀라게 만들 것이다.

☆**벤치** 성실하게 일하지 않으면 직장을 잃을 가능성이 있다. 나무 벤치는 많지 않지만 기분이 좋은 수입을 의미하고, 돌로 된 벤치는 더욱 큰 이익을 암시한다. 누군가 벤치에 앉아 있었다면 적의 죽음을 의미.

☆**벽** 길을 가던 도중에 벽을 만났다면 애정이나 금전 면에서 장애에 부딪힐 징조. 벽 너머에 파트너가 있었다면 당분간 안 좋은 관계가 계속될 듯. 벽 위를 걷고 있었다면 자신이 지금 동의하고자 하는 일은 위험하다는 증거. 벽을 기어오르는 꿈은 사업 면에서의 성공을 기대할 수 있다.

☆**북쪽** 꿈속에서 북쪽을 의식하고 있었다면 이제야 자신의 인생에서 가야 할 길을 찾았다는 의미이다.

☆**불탑**(佛塔) 불탑 안으로 들어가는 꿈은 오랫동안 고민해 오던 문제가 해결될 징조. 불탑에서 나오는 꿈은 약속을 어기지 말라는 경고. 단순히 불탑을 보고 있었다면 예상 밖의 여행을 암시.

☆**빌딩** 커다란 빌딩은 생활의 변화를 암시. 작은 빌딩은 자신이 하는 일에 문제가 발생할 징조. 고층 빌딩은 얼마 지나지 않아 큰 성공에 이를 수 있기까지의 역경에 대비해 저축하는 것이 좋다는 경고.

☆**사무실** 뜻밖으로 사업적인 면보다는 감정적인 면과 관계가 있다. 자기 사무실에 있는 꿈은 애정 생활에 변화가 있을 징조. 익숙지 않은 다른 사무실이었다면 소중하고 새로운 친구를 암시.

☆**산책로** 길이 시원하게 펼쳐져 있었다면 친구 덕분에 얻을 수 있는 행

복을 암시. 좋은 길이면 약간의 고난이 있을 듯. 하지만 주의하기만 하면 충분히 그 고난을 이겨낼 수 있다.

☆**서쪽** 서쪽을 향하면 여행을 암시한다.

☆**시설** 뭔가를 시설 중인 꿈은 심각한 문제가 생길 징조이다. 친구나 전문가에게 고민을 털어놓고 상담해 보라. 시설에 동참하기를 거부하는 꿈을 꾸었다면 건강에 주의할 것. 그 시설 밖에 있는 꿈은 누군가가 도움을 요청해 올 징조. 부담되겠지만 도와주도록.

☆**식료품 가게** 자기가 식료품 가게 안에 있는 꿈은 지금 실행하고 있는 계획이 잘 진행되고 있다는 뜻. 식료품 가게에서 일했었다면 가정 내의 분쟁이 마침내 폭발할 가능성이 있다. 식료품을 샀다면 지금 안정된 상태이며 운이 열릴 징조. 식료품 가게가 문을 닫았다면 세웠던 계획은 난관에 부딪힐 듯.

☆**식품 저장실** 식품이 가득 저장되어 있는 식품 저장실은 즐거운 나날을 암시. 하지만 텅 비어 있었다면 낭비를 삼가라는 의미.

☆**아치**(arch) 꿈속에서 보는 아치는 부와 승진을 의미한다. 아치 밑을 지나갔다면 남들에게 부탁을 받게 될 것이다. 부서진 아치는 진로를 수정하라는 경고이다.

☆**아케이드**(arcade) 아케이드를 걷는 꿈은 유혹을 받을 징조이다. 단순히 꿈에 아케이드를 보았다면 비밀이 드러나지 않도록 조심할 것.

☆**에스컬레이터** 올라가는 것은 성공, 내려오는 것은 실패를 의미한다. 단, 에스컬레이터를 타고 내려오는 꿈은 확고한 의지만 있다면 마지막에는 성공을 거둘 가능성이 있다.

☆**연구소** 위기에 빠질 가능성이 있다. 특히 건강을 해칠 위험이 크다.

요즘 지나치게 일에 열중하느라고 지쳐 있는 것은 아닌지, 아니면 정신 적으로 피곤한 상태는 아닌지? 어쩌면 파트너와의 관계가 좋지 않을 가 능성도 있다. 여하튼 마음을 가다듬도록.

☆**오른쪽** 무엇인가의 오른쪽을 보았다거나 오른쪽으로 구부러지는 꿈 은 자신의 신념과 유흥 사이에서 방황하게 될 징조. 양심을 걸고 판단하 라. 자기가 꿈속에서 오른손잡이였다면 법률적인 문제에서 순조로운 진 전을 보일 듯.

☆**오솔길** 농촌의 좁은 오솔길은 이성과의 교제에 신중하라는 경고이다. 오솔길이 끊어져 있었다면 자기 일 때문에 고민에 빠질 듯. 어두운 오솔 길은 금전 면에서 커다란 난관에 부딪힐 듯.

☆**왼쪽** 무엇인가의 왼쪽이었거나, 또는 왼쪽으로 구부러지는 꿈은 힘이 들더라도 좌절하지 말라는 의미. 언젠가 다시 원상태로 복귀할 수 있을 것이다. 왼손잡이도 아닌데 꿈에 왼손잡이가 되었다면 우유부단한 성격 을 버릴 것. 자신의 옆에는 무서운 라이벌이 버티고 있다.

☆**인도**(人道) 금전적으로 절약하라는 경고. 낭비는 금물. 특히 신용카드 를 조심할 것. 새로 형성된 보도는 지금 자신이 하고 있는 일이 순조롭 게 진행되고 있다는 의미. 울퉁불퉁한 보도였다면 지나친 질투심에 휩싸 여 있다는 경고. 소중한 지위를 잃을 수도 있으니 조심하도록.

☆**좁은 장소** 꿈에 보인 장소가 현실보다 좁게 느껴졌다면 장애를 나타 낸다. 자기에게 힘겨운 일을 하고 있다는 증거. 도움을 요청하라.

☆**종각**(鐘閣) 꿈에 보이는 높은 종각은 좋은 소식을 암시한다. 부서져 가는 낡은 종각은 장래에 별 도움이 되지 않을 테니 현재의 사업을 바꾸 어 보라는 경고이다.

☆**지하창고** 꿈에 지하에 있는 창고를 보았다면 약간 의기소침해 있다는 증거. 하지만 지하창고에 목재나 석탄이 가득 저장되어 있었다면 곧 활기를 되찾을 것이다. 와인을 저장하는 창고였다면 당분간 우울한 생활이 계속될 듯. 텅 비어 있었다면 새로운 힘을 얻을 수 있다. 마음을 차분히 가다듬고 다시 시작하라.

☆**창고** 행운과 부를 암시. 다소간의 희생을 치르더라도 현명하게 행동하면 가까운 시일 안에 큰 성공을 거둘 수 있다. 자신이 독신자라면 미래의 파트너는 바로 눈앞에 있다.

☆**채석장** 현재의 성공 정도로 안심해서는 안 된다는 경고. 아직도 할 일이 많이 남아 있다.

☆**천국** 꿈속에 나타나는 천국은 변화가 있을 징조이다. 이 변화가 처음에는 익숙하지 않겠지만 곧 적응하게 될 것이다. 결과적으로는 자신의 인생에 도움이 된다.

☆**체육관·경기장** 체육관은 물질적인 번성과 사회적으로 존경받는 지위를 의미. 실외 경기장은 해외여행을 암시. 자신이 열광하고 있었다면 좋은 인연을 만났다는 증거. 지금의 파트너라면 모든 일이 순조롭게 진행될 것이다.

☆**탄광** 탄광에서 석탄을 캐는 꿈이었다면 재정적인 어려움을 암시하고, 돌을 캤다면 여행을 암시한다.

☆**터널** 터널은 장애의 꿈이다. 고생고생하며 터널 안을 헤매고 있었다면 어려운 사태에 직면하게 될지도 모른다. 그렇지 않으면 변화가 있을 것이다. 하지만 별 어려움 없이 터널을 빠져나왔다면 머잖아 행복을 얻을 수 있다.

☆**토지** 토지를 소유하는 꿈은 운이 열릴 징조이다. 토지를 팔아야 할 상황에 놓였다면 실망이 있을 것이다. 굽히지 말고 분발하도록.

☆**폐가**(廢家) 낡은 집을 보았다면 상상력을 키우도록. 창조력이 조금만 향상되어도 능력이 배로 늘어날 것이다.

☆**플랫폼** 플랫폼에 서 있는 꿈은 승진할 가능성을 시사. 하지만 발판이 흔들렸다면 윗사람에게 자신을 돋보이게 하기 위한 노력을 더 할 필요가 있다.

☆**피라미드** 일에서의 성공과 새로운 로맨스를 암시. 피라미드에 오르는 꿈은 현재 자신감에 차 있다는 증거. 피라미드가 거꾸로 서 있거나 파괴되어 있었다면 금전 문제가 생길 징조

☆**호텔** 혼자 호텔에서 잠을 자는 꿈은 일과 관련이 있다. 이성과 함께였다면 실패와 실망을 암시. 일반적인 호텔이었다면 사태는 자신에게 좋은 방향으로 전개될 듯.

☆**홀** 좁고 긴 현관 홀은 불안한 시기를 암시. 넓은 응접실 같은 홀은 변화를 뜻한다. 강당과 같은 공공장소의 홀은 지금까지 미루어 오던 일에 슬슬 결단을 내려야 할 때라는 의미.

빛과 어둠에 관한 꿈

☆**광선** 오랫동안 끌어오던 일이 해결될 징조. 전기 스위치를 켜는 꿈은 사업이 번창할 징조. 전기 스위치를 끄는 꿈은 애인에게 속고 있다는 증거. 밝은 빛은 건강을, 어둠침침한 빛은 병을 암시한다.

☆**그림자** 자신의 그림자였다면 법률적인 문제가 호전될 징조. 다른 사람의 그림자였다면 당분간 여행은 떠나지 않는 것이 좋다.

☆**달빛** 평화와 조화의 상징인 달은 좋은 인연을 맺을 징조. 특히 애정면에서 더욱 그렇다. 초승달은 파트너와의 관계에 문제가 있을 것이라는 뜻이지만 보름달은 행복과 멋진 로맨스를 암시.

☆**등대** 밤의 등대는 사업·애정운이 모두 좋아질 징조. 낮의 등대는 긴 여행을 암시. 자기가 등대 안에 있었다면 건강과 장수를 의미.

☆**랜턴** 이성과 단순한 불장난을 삼가도록. 한 사람에게 열중하라. 불이 꺼져 있었다면 법률적인 문제에 휩싸일 가능성이 있다.

☆**밤[夜]** 꿈속이 밤이었으면 장애가 기다리고 있다는 암시. 새까맣게 어

두운 밤이었다면 과거에 자신에게 해를 끼쳤던 사람에 대해 원한을 가지고 있다는 증거. 별이 반짝이는 밤이었다면 재미있는 일을 발견할 수 있을 듯.

☆**번개** 번개가 치는 꿈은 장기간의 행운을 암시. 벼락이 떨어졌다면 장래에 대한 자신의 설계가 열매를 맺을 것이다.

☆**불빛** 횃불이든 회중전등이든 불빛이 켜져 있었다면 주위 사람을 존중해야 일에 도움이 된다는 뜻. 하지만 꺼져 있었다면 이성과의 문제로 실망하고 있다는 증거. 기운을 내서 다시 재도전해 보도록. 반딧불은 성실한 친구가 있다는 증거.

☆**서치라이트** 꿈에 서치라이트를 보면 집념이 결실을 맺게 되어 원하던 것을 손에 넣을 수 있다. 서치라이트가 하늘을 비추었다면 가혹한 경쟁을 강요당할 듯.

☆**섬광**(閃光) 순간적으로 번쩍이는 빛은 어떤 것이든 생활의 변화를 의미한다. 그것들은 모두 번뜩이는 자신의 아이디어를 상징한다.

☆**어둠** 기복이 심한 감정 변화를 의미. 하지만 꿈속에서 손으로 더듬어 빛이 있는 방향으로 갔다면 일은 순조로워지고 애정 생활도 꽃을 피우게 된다.

☆**일식·월식** 성생활에 지쳐 있다는 증거. 상대에게서 매력을 느낄 수 없다면 일찌감치 정리하는 편이 좋다.

☆**전기** 감전당하는 꿈은 뜻하지 않은 소식이 있을 듯. 전원을 넣는 꿈은 예전에 베풀었던 선행이 그 보답을 받게 될 징조. 전원을 끊는 꿈은 휴가를 얻어 쉴 필요가 있다는 암시. 너무 고집스럽게 일을 진행 시키지 말 것. 전기의 퓨즈가 꿈에 보였다면 뭔가를 잃어버릴 징조이다.

☆정전 정전이 되는 꿈을 꾸었다면 어떤 일에 쓸데없이 에너지를 낭비하고 있다는 증거다. 에너지를 다른 일에 분산시키도록 노력하라.

☆조명 장소가 어디든 눈부신 조명은 자신이 가장 관심을 기울이고 있는 일에 운이 열릴 징조

☆촛불 촛불에 불꽃이 붙어 있었다면 예기치 않은 일이 일어날 징조. 편지가 오거나 친구가 찾아와 약간의 놀라움을 경험할 듯. 촛불을 입으로 불어서 끄는 꿈은 애정 면에서의 실망을 의미. 양초를 사는 꿈은 다람쥐 쳇바퀴 도는 듯한 생활에 지루함을 느끼고 있다는 증거. 한 번쯤은 자신을 위한 시간을 가져 보도록. 촛불 행렬을 보았다면 사회활동의 폭이 넓어질 듯.

☆햇빛 대낮의 햇빛은 희망을 되찾을 수 있다는 암시.

집·거주지에 관한 꿈

☆**개축** 자택을 개축하는 꿈은 머지않아 멋진 변신을 하게 될 징조

☆**계단** 계단을 올라갔다면 애정 면에서 길조이고, 내려갔다면 말다툼을 조심하라는 경고이다. 계단을 청소했다면 생활이 뜻하지 않은 방향으로 변할 듯. 나무 계단은 지금 하는 일에 실수가 있다는 의미.

☆**고급 주택** 호화로운 고급 주택이 보였다면 싫더라도 변화를 받아들여야 할 상황에 처하게 될 듯. 하지만 고급 주택이 오래되어 낡은 모습이었다면 그 변화는 장래에 도움이 될 것이다.

☆**굴뚝** 공장의 굴뚝은 뜻밖의 수입을 의미. 집의 굴뚝이었다면 당분간 어려운 상황이 계속될 듯. 부서져 가는 굴뚝은 약간의 문제를 의미. 완전히 부서져 버린 굴뚝은 좋은 일이 있을 징조 굴뚝을 청소하는 꿈은 하지도 않은 일로 책임 추궁을 당하게 될 듯.

☆**궁전** 궁전의 겉모습은 향상을 의미. 하지만 궁전 안이었다면 자만하지 말라는 경고 황폐한 모습의 궁전은 로맨틱한 밀회의 종말을 암시.

☆**기둥** 자신의 야망을 이루기 위한 일에 영향력 있는 사람이 도움을 줄 징조이다.

☆**난간** 난간이 부서져 있었다면 지금 세우고 있는 계획이 심각한 장애에 부딪힐 징조이다. 난간을 붙잡고 계단을 내려가는 꿈은 사소한 일 때문에 고민하게 될 듯. 계단을 올라가는 꿈은 목적을 달성하기 위해 상당한 노력이 필요하다는 증거이다.

☆**다락** 젊은 사람이 꿈에 다락방을 보았다면 이성 관계에 주의할 것. 하지만 나이 지긋한 사람일 경우에는 쾌적한 노후 생활을 의미한다.

☆**대들보·서까래** 튼튼한 대들보라면 힘든 일을 버텨나가야 할 상황에 놓일 듯. 가벼운 목재의 대들보였다면 과거에 친절하게 대해 주었던 사람에게서 그 보답을 받을 듯. 쇠로 된 대들보는 완전히 잊고 있던 돈을 암시. 꿈에 대들보가 보였다면 내가 실수하기를 바라는 사람이 있다는 암시. 그 수법에 걸리지 않도록 주의하라.

☆**대지** 넓고 깨끗한 대지는 이웃과 친해질 수 없다는 의미. 다른 사람들은 가능해도 당신은 불가능하다.

☆**대합실** 꿈에 대합실을 보았다면 현재의 계획에 불안감을 가지고 있다는 뜻.

☆**무용실** 무용실에 관한 꿈을 꾸었으면 감정적인 문제가 일어날 징조

☆**문** 문이 열려 있었다면 자신에게 극적인 변화가 있을 듯. 닫혀 있었다면 지금 안고 있는 문제를 미루지 말 것. 정면으로 부딪히는 것이 좋다. 나무나 쇠로 된 문은 눈부신 사교생활을 암시. 금색이나 금속제의 문은 무슨 일을 하더라도 신중을 기하라는 경고이다.

☆**바닥** 나무로 된 마룻바닥이 보였다면 누군가 나의 뜻에 공감해 줄 징

조 대리석 바닥은 애정 문제를 의미. 타일 바닥은 남의 말에 간단히 움직여서는 안 된다는 경고. 주관 있게 행동할 것. 깨끗한 바닥이었다면 옛사랑이 재연될 징조. 더러웠다면 잃어버렸던 돈을 찾을 수 있을 듯. 바닥을 닦거나 청소하는 꿈은 무슨 일이든 신중하게 대처하라는 경고이다.

☆**발코니** 자기가 발코니에 서 있었다면 실업자가 될 우려가 있다. 하지만 이성과 함께 발코니에 서 있었다면 뜨거운 연애를 하게 될 듯. 발코니가 무너지거나 위험해 보였다면 먼 곳에서 슬픈 소식이 올지도.

☆**벽지** 방에 벽지를 바르는 꿈은 사회적 지위가 향상될 징조.

☆**별장·산장** 별장에서 생활하는 꿈은 지금보다 좋은 때가 찾아올 징조. 아무도 없는 별장은 고독을 상징한다. 황폐한 별장은 사생활을 재정립할 시기를 암시. 감정적으로 너무 혼란한 상태에 빠져 있는 것은 아닌지 스스로 체크해 볼 것.

☆**부엌** 밝고 깨끗한 부엌은 가족의 행복을 암시. 깨끗하면 깨끗할수록 기쁨도 커진다.

☆**블라인드** 새로운 사랑에 뛰어들기 전에 두 번 세 번 고민해 볼 것. 자칫하면 나쁜 소문이 퍼질 염려가 있다.

☆**성(城)** 자신의 성격 때문에 분쟁이 일어날 징조. 고성(古城)을 보았다면 투자할 곳을 잘 선택하도록. 성을 방문하는 꿈은 잠깐 여행을 떠나게 될지도. 폐허가 된 성은 정열을 억누르라는 경고. 문제를 일으키게 될지도 모르니까.

☆**식당** 지나치게 자기주장을 내세우지 말라는 의미.

☆**아파트** 아파트에 살고 있는 꿈은 라이벌을 조심하라는 경고. 자기 아파트를 가지게 되는 꿈은 가족 간의 분쟁을 암시. 다른 사람의 아파트였

다면 사업상의 문제가 일어날 징조. 좁고 불편한 아파트였다면 가족 간의 불화를 타개하기 위해 상당히 노력이 필요할 듯. 하지만 넓고 호화로운 아파트였다면 금전운이 착실하게 향상될 징조이다.

☆**안마당** 귀찮은 문제가 해결될 때가 다가왔다는 징조.

☆**안테나** 안테나를 세우는 꿈은 잃어버렸다고 포기했던 물건을 찾을 수 있을 징조이다.

☆**오두막** 숲 속이나 해변에 오두막이 있었다면 사소한 일 때문에 화를 낼 일이 생긴다.

☆**옥상** 가옥의 옥상에 있는 호화로운 집을 보았다면 분수에 맞지 않는 생활을 하고 있다는 증거.

☆**울타리** 울타리를 치우는 꿈은 행운이 찾아올 징조. 울타리를 뛰어넘었다면 짝사랑하던 이성과의 교제가 시작될 듯. 단, 갑작스럽게 애정이 식을 위험이 있다. 울타리에 꽃이 피어 있었다면 사랑의 성취를 의미. 울타리에 가시가 있었다면 누군가의 방해에 부딪힐 위험이 있다. 하지만 의지를 강하면 헤쳐나갈 수 있다.

☆**응접실** 뜻하지 않은 수입을 암시.

☆**이사** 이사를 하는데, 순조롭게 일이 끝났다면 실생활에서도 만사가 무리 없이 진행될 것이다. 하지만 짐을 옮기기가 힘들었거나 고생을 했다면 큰 결단을 내려야 할 일이 생길 듯. 현재 상황을 밀고 나가든 전혀 다른 길을 찾아보든 선택은 당신 자유다.

☆**정원** 꽃이 피어 있는 작고 아름다운 정원은 편안한 생활을 암시. 단, 감정적인 고민이 약간 있을 듯. 손질이 되어 있지 않은 정원은 문제가 발생할 징조. 꽃이 화려하게 피어 있는 정원은 최고의 길몽. 애정도 돈도

뜻대로 이루어진다.

☆**주소** 집 주소를 쓰는 꿈은 도박에 손대지 말라는 경고. 하지만 그것이 직장인 경우는 도박에서 운이 따라줄 가능성이 크다. 주소를 듣거나 말하는 꿈은 사생활을 신중히 하라는 의미.

☆**지붕** 자신의 새로운 아이디어를 실행에 옮길 때이다. 타일 지붕은 행복을 암시. 초가지붕은 애정 면에서 실망할 징조. 지붕에서 떨어졌다면 자신이 자랑스러워하는 성공은 유감스럽게도 일시적인 것에 지나지 않는다.

☆**집** 집은 경제적인 안정을 의미한다. 자기의 집이 꿈에 보이면 가정의 행복을 뜻한다. 낡은 집이라면 옛 인연을 되살릴 징조. 새집이라면 경제적인 안정을 의미. 건축 중인 집이라면 뜻하지 않은 수입이 있을 징조. 집을 사는 꿈은 비록 짧지만 즐거운 사랑을 암시. 집을 파는 꿈은 어떤 책임에서 벗어날 징조. 집이 부서지는 것을 보았다면 실망하거나 슬퍼할 일이 생길 징조. 혹시 주위 사람과 다투지는 않았는지? 하지만 곧 원래대로 회복될 테니 너무 걱정할 필요는 없다.

☆**차고** 새 차가 들어서 있는 차고는 해결하기 어려웠던 문제가 윗사람의 도움으로 해결될 징조이다. 낡은 차만 있었다면 다른 사람에게 협력할 필요가 있다. 결과적으로는 그것이 도움이 될 테니까. 개인 주택의 차고가 텅 비어 있었다면 믿었던 사람에게서 단점을 발견하게 될 듯. 자기 집의 차고에 차를 넣는 꿈은 노력한 보람이 있어 편안한 생활을 하게 될 징조이다.

☆**차양** 차양이 올라가 있었다면 새롭고 특이한 경험을 하게 될 듯. 차양이 내려져 있었다면 전직을 암시한다.

☆**창문** 창밖을 바라보고 있었다면 여행을 암시. 창문이 열려 있었다면 금전운이 상승. 닫혀 있었다면 새로운 책임을 지게 될 징조. 창문에 불이 켜져 있었다면 변화가 있을 듯. 창문을 통해 밖으로 나가는 꿈은 뜻밖의 방법으로 문제를 해결할 수 있을 징조. 창문을 통해 안으로 들어오는 꿈은 새로운 기회를 잡을 수 있다는 암시이다.

☆**천장** 천장에 금이 가 있거나 부서져 있었다면 친구 때문에 성가신 문제에 휩싸일 가능성이 있다. 하지만 멋진 장식을 한 천장이라면 행복과 보호를 상징한다.

☆**침실** 눈에 익지 않은 침실은 즐거운 변화를 암시. 자기의 침실이었다면 지금 안고 있는 문제가 잘 풀려나갈 것이라는 의미. 호텔의 침실은 헛소문이 퍼질 징조이니, 소문의 주인공이 되지 않도록 조심하라.

☆**칸막이** 실수를 감추려 하고 있지는 않은자? 솔직하게 고백하든지 깨끗하게 잊어버려라.

☆**판잣집** 판잣집 안에 있었다면 재난이 있을 징조. 그러나 지붕이 낮은 판잣집은 안정된 미래를 암시.

☆**폐허** 고대의 유적이라면 상황이 호전될 징조. 하지만 새로 지은 건물이 폐허가 된 모습이었다면 주위 사람에게 불행이 있을 듯.

☆**화장실** 수습되지 않고 있는 중요한 문제가 깨끗이 해결될 징조이다.

문에 관한 꿈

☆**걸쇠** 문의 걸쇠를 거는 꿈은 기분 상할 일이 생길 징조이다. 걸쇠가 망가져 있었다면 요즘 들어 자신이 제멋대로 행동하고 있다는 뜻이니, 자제하도록. 걸쇠를 풀었다면 새로운 장소에서 심기일전하여 새 출발을 하게 될 징조. 걸쇠를 건 문에 갇혀 버렸다면 하는 일에 문제가 발생할 징조이다.

☆**경첩** 녹이 슬어 있었다면 가정 문제를 암시. 삐걱거리는 소리가 났다면 자신에 대한 나쁜 소문이 퍼질 징조

☆**노크** 문을 노크하는 소리가 들렸다면 행운의 여신이 미소를 지어줄 것이다. 자기가 노크하는 꿈은 과거를 그리워하고 있다는 의미. 하지만 과거를 돌이킬 수는 없으니 현재에 충실하라.

☆**닫힌 문** 문이 닫혀 있거나 자물쇠가 걸려 있었다면 기회를 놓치고 후회할 징조이다. 이미 지나간 일은 다시 돌이킬 수 없으니 애달아 해봐야 시간 낭비일 뿐.

☆**뒷문** 뒷문을 통해 출입하는 꿈은 가까운 시일 안에 자신의 생활에 변화가 찾아올 징조이다. 친구가 뒷문으로 출입을 했다면 새로운 일에 도전하려는 사람을 주의하라는 경고이다. 뒷문으로 출입하는 사람이 모르는 사람이거나 도둑이었다면 반대로 해석함으로, 뜻하지 않은 행운이 찾아올 것이다.

☆**비밀 문** 천장이나 바닥에 있는 비밀 문을 보았다면 충격적인 소식을 받게 될 듯. 초조한 나머지 결단을 서두르지 말 것.

☆**손잡이** 뜻하지 않은 행운을 기대할 수 있다. 한몫 잡기에는 다시없는 기회.

☆**여러 개의 문** 여러 개의 문이 꿈에 보였다면 절호의 기회를 선택할 수 있을 것이다.

☆**열린 문** 꿈속에서 본 문이 열려 있었다면 머지않아 소망이 이루어질 징조이다.

☆**열쇠** 열쇠를 발견하는 꿈은 무거운 짐처럼 여겼던 문제가 해소될 징조이다. 열쇠를 잃어버렸다면 실망을 면할 수 없다. 열쇠가 열쇠 구멍에 정확히 들어맞았다면 애정운은 순조롭게 진전될 듯. 열쇠가 망가졌다면 모처럼의 기회를 놓치고 있다는 증거이다. 열쇠 다발은 사업 면에서 이익을 암시하는 것이다. 열쇠 구멍에 열쇠가 없었다면 친구 중에 믿을 수 없는 사람이 있다는 뜻이다. 자기나 다른 사람이 열쇠 구멍을 들여다보았다면 요즘 충동적으로 행동하고 있다는 증거이니, 행동하기 전에 한 번 더 생각하도록.

☆**입구** 입구를 보았다면 마음이 안정되어 있다는 증거.

☆**자물쇠** 돈주머니 모양의 작은 자물쇠를 꿈속에서 보았다면 머지않아

법적인 충고가 필요하게 될 듯. 자물쇠를 억지로 열고 있었다면 다른 사람의 귀찮은 문제에 휘말릴 듯. 자물쇠를 자연스럽게 열 수 있었다면 그것은 행운을 암시한다. 하지만 아무리 애를 써도 자물쇠를 열 수 없었다면 문제가 발생할 징조이다.

☆**초인종** 초인종을 누르는 꿈은 멋진 친구가 생길 징조이다. 꿈속에서 초인종 소리가 들렸다면 가까운 시일 안에 새로운 흥미의 대상에 푹 빠지게 될 것이다.

☆**회전문** 난관에 부딪혀 있다는 증거. 새로운 일에 도전하라. 틀림없이 그쪽이 더 마음에 들 것이다.

가구에 관한 꿈

☆**가구** 오래된 가구는 애정 문제를 암시. 새 가구를 사는 꿈은 그다지 마음이 내키지 않는 변화라도 받아들일 필요가 있다. 가구를 파는 꿈은 금전 면에서 타격을 입을 듯. 가구의 종류에 따라서도 의미가 달라진다.

☆**거울** 커다란 거울은 요즘 마음이 들떠 있다는 증거. 조심하지 않으면 파트너가 화를 낼 수도 있다. 작은 거울은 무슨 일을 하는 데 있어서 지나치게 소심하다는 증거. 좀 더 적극적으로 나서도록. 그렇게 하면 거짓말처럼 잘 풀려나갈 것이다. 깨진 거울은 슬픈 소식과 어려운 시기를 암시. 거울에 자신의 모습을 비춰 보고 있었다면 친구 중에 믿을 수 없는 사람이 있다는 증거이다.

☆**냉장고** 냉장고에 음식을 넣어 두었다면 돈이 들어올 징조. 음식을 꺼냈다면 불청객이 찾아올 듯.

☆**녹슨 물건** 녹슨 물건을 보았다면 뜻밖의 이익이 생길 징조

☆**롤 커튼** 롤 커튼을 내리는 꿈은 자신의 목표가 지나치게 높다는 증

거. 올라는 꿈은 자신이 가장 관심을 기울이고 있는 일이 잘 해결될 징

조 롤 커튼이 저절로 올라갔다면 깜짝 놀랄 일이 일어날 듯.

☆**매트** 현관 입구의 매트는 불청객을 암시. 그 밖의 매트는 장애를 뜻

한다. 매트가 클수록 장애가 크다.

☆**매트리스** 매트리스는 편안함과 안정된 마음을 상징. 낡은 매트리스는

사업 면에서 유익한 충고를 받게 될 듯. 새것이라면 편안한 한때를 암시.

이중 매트리스였다면 파트너와의 문제로 고민하고 있다는 증거. 솔직하

고 진지하게 이야기를 나누어 보도록.

☆**샹들리에** 샹들리에에 불이 켜져 있었다면 사교 면에서 대성공을 암

시. 불이 꺼져 있었다면 성공을 이룰 때까지 시간이 걸릴 듯. 자기나 다

른 사람이 샹들리에에 매달려 있었다면 바람기에 주의하라. 애인에게 곧

들통나게 될 것이다.

☆**서랍** 서랍이 닫혀 있었다면 원하는 것을 손에 넣기 위해서는 라이벌

을 제거할 필요가 있다는 의미. 열려 있었다면 새로운 기회를 의미. 안에

내용물이 가득 차 있었다면 새로운 모험을 시작하기에는 다시없는 기회.

텅 비어 있었다면 고난을 암시. 열쇠가 잠겨 있었다면 예기치 않은 문제

가 기다리고 있음을 시사. 하지만 인내력을 가지고 밀고 나가면 문제를

돌파할 수 있다.

☆**소파** 혹시 자기 자신을 안심시키기 위해 위선을 부리고 있지는 않은

지 생각해 볼 것 믿을 수 있는 친구의 충고에 귀를 기울여라.

☆**식기 선반** 텅 비어 있었다면 불행한 시기가 찾아올 듯. 가득 채워져

있었다면 사태는 향상될 것이다. 선반을 청소하는 꿈이었다면 손해를 메

꿀 수는 있지만 상당한 노력이 필요하다.

☆**식탁** 꿈에 본 식탁이 청결했다면 직장이나 가정에서의 순탄한 생활을 의미한다. 하지만 식탁 위가 너저분하고 더러웠다면 가정 문제가 발생할 징조이다.

☆**의자** 아무도 앉아 있지 않은 의자는 뜻밖의 소식을 암시. 흔들의자였다면 다른 사람의 노력 덕분에 뜻하지 않은 이익을 얻을 듯. 의자에 앉아 있는 꿈은 특별히 손을 대었어야만 할 일을 미루어 오다가 결국 해결에 나서게 될 징조. 하지만 그다지 중요한 일은 아니다.

☆**찬장** 어떤 종류의 찬장이든지 믿었던 사람에게 배신을 당할 징조이다. 찬장을 사는 꿈은 돈이 생길 듯. 찬장을 여는 꿈은 기다리던 편지가 올 듯.

☆**책상** 책상 서랍이 닫혀 있었다면 애정 면에서 실망이 있을 징조이다. 서랍이 열려 있었다면 결단을 서두르지 말라는 뜻이니, 당분간은 침묵을 지키는 것이 좋다. 책상 안을 뒤졌다면 머지않아 좋은 친구가 생길 징조이다.

☆**침대** 익숙하지 않은 침대였다면 사업 면에서 호전될 듯. 침대 청소를 했다면 중대한 이동을 시사. 자기가 침대에 누워 있었다면 새로운 사랑이 시작될 듯. 자기의 침대가 꿈에 보였다면 기분이 안정되어 간다는 징조이다. 아기 침대에 누워 있는 꿈은 자신에게 있어서 즐거운 변화가 기대된다. 아기 침대가 망가져 있었다면 믿었던 사람에게 배신을 당할 수 있다.

☆**카펫** 지금은 어렵게 느껴지는 계획도 틀림없이 잘 진행될 것이다. 카펫의 먼지를 터는 꿈은 중대한 소식이 들어올 징조. 여기저기 찢어져서 너덜너덜한 카펫은 빚을 지고 있다는 증거이다. 빨리 이 상황에서 벗어

나도록 노력할 것

☆**커튼** 커튼이 열려 있었다면 자신을 방해하는 사람을 발견할 수 있을 듯. 새 커튼을 다는 꿈은 사교적인 외출이 늘어날 듯. 하얀 커튼이었다면 성가신 일을 하게 될 징조. 색이 있는 커튼은 당분간 절약하는 생활을 할 필요가 있다.

☆**쿠션** 쿠션이 부풀어 있을수록 앞으로 직면하게 될 문제가 크다는 뜻. 하지만 낡고 너덜너덜한 쿠션은 약간의 수확을 기대할 수 있다.

☆**테이블** 둥근 테이블은 예상치 않은 손님을 암시. 사각형은 재미있는 친구가 생길 징조. 긴 테이블은 대인관계에서 오해가 생길 가능성이 있다. 대리석이 깔린 테이블은 멋진 사랑을 암시.

☆**팔걸이의자** 편안한 팔걸이의자에 앉아 있는 꿈은 어떤 소망도 이루어질 징조. 팔걸이의자에 앉아 있는 것이 다른 사람, 또는 개나 고양이였다면 가까운 시일 안에 불청객이 찾아올 듯. 아무도 앉아 있지 않았다면 수수께끼에 싸인 문제를 암시한다. 그 수수께끼가 풀릴 때까지는 시간이 걸릴 듯.

의류·장식품에 관한 꿈

☆**가방** 가방의 종류에 따라 해석이 달라진다. 종이봉투는 경제적 위기를 경고. 천으로 만든 가방은 사업적인 성공을, 가죽가방은 뜻밖의 여행을 암시. 무게 있는 가방은 바람이 이루어질 좋은 징조 또 가방을 한 개만 가지고 있었다면 돈을 빌리게 될 징조이고, 여러 개를 가지고 있었다면 친구의 배신에 주의할 것.

☆**가운** 가운을 걸쳤다면 일을 처리하는 데 있어서 가족의 협력이 필요해질 듯. 가운을 선물하는 꿈은 너무 나서지 말라는 경고적 의미. 자신을 좀 억제하도록.

☆**가죽** 가죽류로 만든 의복은 모두 길조 가죽 제품을 사는 꿈이었다면 가족의 행복을 암시. 하지만 가죽 제품을 선물하는 꿈이었다면 가정 문제가 발생할 징조 가죽 제품을 파는 가게를 보았다면 적에게 승리할 수 있다는 뜻이다.

☆**간이 배낭** 내용물이 가득 차 있었다면 즐거운 휴일을 기대할 수 있

을 듯. 하지만 텅 비어 있었다면 금전적으로 쪼들릴 징조.

☆**광주리** 안이 가득 찬 광주리는 새로운 기회가 찾아온다는 암시. 텅 빈 광주리나 부서진 광주리는 돈을 잃게 될 징조. 모든 것은 자신의 책임이다. 항상 주의할 것.

☆**구두** 오래 신은 구두는 성공을 암시한다. 새 구두는 자신감이 지나치다는 뜻. 구두를 잃어버렸다면 무슨 일에 시간을 낭비하고 있다는 증거. 구두를 닦았다면 새로운 시도가 뜻밖으로 잘 풀려나갈 듯. 착용감이 좋은 샌들은 새로운 사랑이 시작될 징조. 꽉 조이는 샌들은 금전 문제에 휘말릴 듯. 하얀 샌들은 자신의 재능을 인정받지 못하고 있다는 뜻. 어린이용 샌들은 가까운 시일 안에 도움이 될 고마운 신청이 들어올 듯.

☆**나막신** 자기가 나막신을 신고 있었다면 뜨겁고 섹시한 사랑을 하게 될 듯. 다만 유감스럽게도 오래 지속되지는 못한다.

☆**나일론** 모든 일이 뜻대로 되지는 않는 법. 사물을 겉만 보고 판단하지 말 것.

☆**낡은 옷** 깨끗한 것이었다면 번영을 암시. 더러웠다면 친구를 선택하는 눈을 좀 더 배양하도록. 너덜너덜해져 있었다면 현명한 결단을 내리려 하고 있다는 증거.

☆**냅킨** 냅킨을 사용하는 꿈이었다면 자기는 도저히 완수할 수 없다고 생각했던 일이 뜻밖으로 마무리 지어질 징조. 냅킨을 접고 있었다면 특별한 초대를 받을 가능성이 있다.

☆**눈가리개** 꿈에 눈가리개가 보였다면 귀찮은 일이 있다는 증거. 자기가 눈가리개를 하고 있었다면 계획을 수정할 것. 동기가 불순하다.

☆**다리미** 귀찮은 문제를 해결하려면 지금이 최적기. 내버려 두면 점점

복잡해질 테니 빨리 손을 쓰도록.

☆**단추** 번쩍번쩍 빛나는 새 단추가 달려 있었다면 그것이 무엇이든 부와 안전을 의미한다. 낡은 단추나 깨어진 단추는 현재의 어수선한 감정을 정리하라는 뜻. 단추를 푸는 꿈은 요즘 돈을 낭비하고 있다는 뜻이다.

☆**담요** 아무런 어려움 없이 사는 사람이 이 꿈을 꾸었다면, 새 담요를 사는 꿈은 돈은 잃게 된다는 의미. 하지만 같은 꿈이라도 평범한 생활을 하는 사람이 꾸었을 경우는 모든 일이 호전될 징조. 낡은 담요는 좋은 소식이 들어올 징조.

☆**드레스** 새 드레스를 보았다면 사교 면에서 눈부신 성공을 거둘 수 있을 것이다. 자수를 놓은 드레스였다면 섹스의 노예가 되어 있다는 증거. 드레스를 선물 받았다면 모르는 남성이 힘이 되어 줄 징조.

☆**뜨개질** 뜨개질을 하는 꿈은 마음의 안정을 얻게 될 징조. 하지만 코를 빠뜨리면 얼마 동안 가정생활이 불안할 듯. 뜨개질에 무늬를 넣었으면 오랜 우정이 되살아나거나 새로운 우정이 싹틀 징조.

☆**레이스** 이성에게 인기가 없는가? 지금 당신의 매력은 최고조에 달해 있다. 레이스를 엮는 꿈은 뒷거래에서 한몫 잡을 징조이다. 하지만 들키지 않도록 조심하라. 레이스가 달린 커튼은 쓸데없는 사치나 일에 시간을 낭비하지 말라는 경고이다. 종이 레이스라면 겉치레에 지나치게 얽매이지 말라는 뜻.

☆**레인코트** 비 오는 날에 레인코트를 입고 있었다면 잠시간 걱정스러운 일에 휩싸일 듯. 레인코트를 벗는 꿈은 소문을 조심하라는 의미. 레인코트를 사는 꿈이었다면 수입이 있을 듯. 레인코트를 잃어버리는 꿈은 성공을 상징한다.

☆**리본** 꿈에 리본을 보는 사람은 누구와도 친구가 될 수 있는 타입. 핑크빛 리본은 장기적인 계획이 성공을 거두게 된다는 암시. 은색이었다면 자신의 의욕이 좀 지나치다는 뜻. 리본을 묶는 꿈은 일에서 어느 정도 성공을 거둘 듯.

☆**립스틱** 꿈에 립스틱을 보았다면 자신이 지금 약간 자기중심적이라는 뜻이다. 가게에서 립스틱을 고르는 꿈은 금전 문제를 암시하고, 다른 사람에게 립스틱을 주는 꿈은 자신감에 넘쳐 있다는 증거이다.

☆**망토** 망토는 암중모색하는 나날을 암시. 모자가 달린 것이라면 믿고 있는 사람에게 속을 우려가 있다. 친구를 선택하는 데 더욱 신중하도록.

☆**매니큐어** 뜻하지 않은 지출이 있을 듯. 저축을 해 두지 않으면 금전적인 어려움을 겪게 될 듯.

☆**머리빗** 이가 가지런히 갖추어져 있는 빗은 사업적인 어려움을 곧 돌파할 수 있을 징조. 이가 빠져 있었다면 아직도 몇 가지 난관을 더 헤쳐 나가야 한다는 뜻. 금속제 빗은 스포츠에서의 승리, 또는 경마에서 한몫을 잡을 징조. 플라스틱제 빗은 자만하지 말라는 뜻. 빗을 발견하는 꿈은 감정적인 문제가 발생할 듯. 빗을 사는 꿈이었다면 이사할 가능성이 있다. 빗으로 자기의 머리를 빗는 꿈은 고민 중인 문제를 해결하려면 지금 당장 손을 쓰라는 경고적 의미. 다른 사람의 머리를 빗겨 주고 있었다면 믿을 수 있는 상대를 잘못 선택하고 있다는 뜻.

☆**모자** 테가 없는 모자는 애정 면에서 길조. 모자를 사는 꿈이었다면 상속을 받을 가능성이 있다. 더러운 것, 낡은 것은 사업 면에서 일이 자기 뜻대로 진행되지 않을 것이라는 의미이다. 군대의 모자였다면 맹렬한 주위의 반대를 무릅쓰고 성공을 움켜쥘 듯. 테가 있는 모자는 뜻

하지 않은 수확이 있을 듯. 새 모자를 사는 꿈이었다면 시시한 싸움 때문에 친구를 잃을 가능성이 있다. 항상 말을 조심하도록. 모자가 더럽혀져 있었다면 감정적으로 불쾌한 경험을 할 듯. 마음을 가다듬어라. 실크 모자는 사회적인 지위의 향상을 의미한다. 모자용 상자는 기쁨과 놀라움을 암시.

☆**모직** 게으름을 피지 말라는 경고. 긴장을 풀고 있으면 나를 이용하여 돈을 벌려고 하는 사람이 나타나게 된다. 나중에 후회하지 말고 미리 조심할 것.

☆**모피** 패션잡지에서 호화스러운 모피를 보고 있는 꿈은 지나치게 일을 많이 하고 있다는 증거. 휴식을 취하도록. 그 밖의 경우, 호화스러운 모피는 다른 사람의 질투가 원인이 되어 성가신 문제에 휩싸이게 될 징조. 모피코트를 입는 꿈은 직장에서 중요한 인간관계에 관여하게 될 듯. 끊임없이 상사의 비위를 맞춘 결과가 마침내 나타날 것이다. 모피를 선물하는 꿈이었다면 위험한 일에 시간을 낭비하고 있다는 증거. 또 하얀 모피는 친구를 잃을 징조. 검은 모피라면 자신의 바람은 실현되지 않는다. 갈색이라면 감동적인 일을 암시. 가게의 쇼윈도에 모피가 진열되어 있었다면 계획이 성공할 것이다. 심사숙고한 후에 일을 계획했기 때문이다. 밍크 모피는 자신이 무슨 일에 지나치게 집착하고 있다는 증거.

☆**목화** 목화를 재배하는 꿈이나, 목화가 자라는 것을 보는 꿈은 번영을 상징한다. 단, 시간이 조금 걸릴 듯. 목면은 자신이 지금 비밀을 가지고 있다는 뜻이다. 그 비밀을 그대로 간직하도록 쉽게 본심을 드러내지 않아야 한다.

☆**바느질** 누군가가 바느질을 하고 있는 꿈을 꾸었다면 장래에 대한 계획을 세워라. 자신이 바느질을 했다면 새로운 기회가 찾아올 것이다. 손바느질이라면 힘겨운 일이 기다리고 있다는 뜻이고 재봉틀을 사용했다면 믿을 만한 상대를 조심해서 선택할 필요가 있다.

☆**바지** 해지거나 더러운 바지였다면 감정적인 문제를 피할 수 없다. 하지만 옷감이 싼 것일수록 금전운은 좋아진다. 예를 들어 솜바지 같은 것일 경우에는 부를 암시하지만 실크였다면 항상 금전적인 걱정이 쌓여있다는 뜻.

☆**버클** 버클을 잠그는 꿈은 가족의 단결을 의미. 버클이 풀려 있었다면 성가신 애정 문제를 피하기 위해서는 좀 더 적극적인 태도를 취하라는 경고. 버클을 잠그려 했거나 풀려고 했다면 사업이나 공부에 더욱 전념하도록.

☆**베개** 베개가 지저분한 모습이었다면 자신의 경솔한 행동 때문에 문제가 발생할 징조이다.

☆**베스트**(vest) 꿈에 베스트를 보았다면 누군가가 마음의 변화를 일으켜 자신도 그 타격을 받게 될 징조. 실크 베스트는 과거에 집착하고 있다는 증거. 하얀 베스트는 어떤 일에서 가족의 의견이 일치한다는 뜻. 검은색이었다면 성가신 일이 발생할 듯. 녹색이었다면 친구들의 부러움을 살 징조. 베스트를 입는 꿈은 사랑하는 사람과 싸움을 하게 될 징조.

☆**베일** 자신이 시작하려는 일이 혹시 나의 뜻에는 맞지 않는 것이 아닌지? 실행에 옮기기 전에 잘 생각해 볼 것. 베일이 찢어져 있었다면 가까운 시일 안에 수수께끼나 의문점이 풀릴 듯. 신부의 베일이었다면 수치를 당하게 될 우려가 있다. 상복용 베일은 화낼 일이 생길 징조이다.

☆**벨트** 낡은 벨트는 상황이 호전될 징조. 새 가죽 벨트는 어색했던 관계가 좋아질 암시. 실크와 같은 천으로 만들어진 벨트는 자신의 욕망이 채워지지 않을 것이라는 의미. 벨트를 채우는 꿈은 자신이 이사나 전근을 원하고 있다는 증거.

☆**부츠** 신품 또는 번쩍번쩍 광이 나는 부츠는 승진과 경제적인 안정을 암시. 낡은 부츠는 고난이 다가올 징조.

☆**브래지어** 브래지어를 착용하는 꿈은 무슨 일에든 적응을 잘한다는 뜻. 브래지어를 사는 꿈을 꾸었다면 최근에 좋은 결심을 했다는 증거. 하지만 결심을 하기까지 꽤 많은 시간을 낭비했을 듯. 브래지어가 작았다면 자신의 지금 마음이 초조하여 공격적으로 되어 있다는 뜻이니, 마음을 편히 가지도록. 반대로 브래지어가 컸다면 사업 면에서 너무 자기주장만 내세우지 말 것. 실수를 자청하게 된다. 하얀 브래지어는 만족의 상징이다.

☆**셔츠** 깨끗한 셔츠는 길조. 더러운 것이었다면 우울한 나날을 암시.

☆**소매** 반소매인 옷을 보았다면 실망할 일이 있을 듯. 긴소매였다면 자신의 노력이 평가를 받을 징조. 소매가 알맞게 조였다면 성적인 기쁨을 암시. 헐렁했다면 감정을 자제하라는 경고.

☆**손수건** 손수건이 더러웠다면 싸움을 암시. 목면손수건이었다면 이제 자기주장을 할 때. 적극적으로 밀고 나가라. 실크손수건은 행복한 나날을 암시. 손수건이 찢어지거나 해져 있었다면 사업 면에서 귀찮은 문제가 발생할 듯. 손수건을 잃어버렸다면 애정의 파국을 의미. 손수건으로 코를 풀었다면 사회적 지위가 올라갈 징조. 손수건을 흔들었다면 소중한 새 친구가 생길 듯.

☆**숄** 어깨에 숄을 걸치고 있었다면 당분간 자금 회전이 어려워질 듯. 손에 들고 있었다면 애정 면에서 길운이다.

☆**수선·수리** 옷을 수선했다면 뜻밖의 수입원이 생길 듯. 아르바이트 자리가 생길 수도. 그 밖의 다른 물건을 수리했다면 현재의 계획을 재검토할 필요가 있다. 정말 괜찮은 계획인지 확인해 보도록.

☆**스커트** 하얀 스커트는 행복의 상징. 다른 색이었다면 가까운 시일 안에 바람이 이루어질 듯. 미니스커트는 관계도 없는 일에 휩싸이게 될 징조. 롱스커트는 곧 누군가를 속이게 될 일이 있을 듯. 목면 스커트가 꿈에 보였다면 로맨틱한 성공을 거둘 수 있다.

☆**스타킹** 스타킹을 신는 꿈은 이익을 암시. 벗는 꿈은 뭔가 변화가 있을 징조. 스타킹이 풀어져 있었다면 금전 문제가 있을 듯. 실크 스타킹이었다면 약간의 돈이 생길 듯. 울이었다면 안정을 의미. 또 고무밴드가 달린 것이라면 애정 생활과 관계가 있다. 남성에게 있어서 양말 밴드는 지금 특정한 여성에게 뜨겁게 달아 있다는 증거. 여성에게는 헌신의 상징. 거터벨트였다면 여성일 경우, 지금 사랑하고 있는 남성은 나에게 어울리지 않는 사람이라는 의미. 남성일 경우는 뜻밖의 이익을 뜻한다.

☆**슬리퍼** 신기에 익숙한 낡은 슬리퍼는, 여자 것일 경우 감정적인 관계가 위기에 빠질 징조. 남자 것일 경우에는 강한 유대 관계가 지속될 징조. 천으로 만든 슬리퍼는 약간의 변화가 필요. 가죽 슬리퍼는 만사가 뜻대로 진행될 징조. 슬리퍼를 사는 꿈이었다면 길몽. 슬리퍼를 파는 꿈이었다면 한몫 잡을 수 있는 기회. 슬리퍼가 여기저기 흐트러진 모습으로 놓여 있었다면 경력이 늘어날 징조.

☆**안경** 안경을 쓰고 있었다면 두 번 다시 얻을 수 없는 기회를 잃게 될

징조. 선글라스였다면 자신감에 넘치는 한때를 암시. 안경을 사는 꿈이 었다면 가벼운 병에 걸릴 듯.

☆**앞치마** 깨끗하고 새하얀 앞치마는 행복의 상징. 하지만 검은색이거나 더러운 것이었다면 위험을 뜻한다. 앞치마를 걸치고 있는 꿈은 친척이 찾아올 가능성을 시사. 앞치마를 빨고 있었다면 새로운 사랑이 싹틀 징조이다.

☆**여행 가방** 여행 가방을 보았다면 곧 장기간 여행을 떠나게 될 듯. 혹시 해외여행일지도. 자신의 여행 가방을 누군가가 들어다 주었다면 즐거운 일이 있을 듯. 여행 가방을 잃어버린 꿈은 유산 상속을 의미. 하지만 거리에서 여행 가방을 발견하는 꿈은 도난을 암시한다.

☆**옷깃** 멋진 옷깃은 지금 하고 있는 사랑은 진실하다는 증거. 더럽혀져 있거나 훼손되어 있었다면 속고 있다는 증거. 어쩌면 자기가 속이고 있는 것인지도 모른다.

☆**왕관** 약간의 성공을 거둘 징조. 종이로 만든 왕관을 보았다면 유혹에 넘어가 수치를 당할 우려가 있으니 조심할 것. 황금 왕관은 뜻밖의 명예를 의미. 임금이 쓰는 진짜 왕관이라면 사회적 지위가 한 단계 높아질 듯. 자기가 왕관을 쓰고 있었다면 현재의 자신은 믿음직하지 못한 존재라는 뜻.

☆**외눈 안경** 함부로 설치지 말라는 경고. 허세 부리지 말고 좀 더 자기 분수에 맞게 행동하도록. 정직한 것이 최고다.

☆**우산** 우산은 안전을 상징. 하지만 찢어져 있거나 뒤집혀 있었다면 계획이 늦어지거나 어떤 문제로 인해 방해를 받게 될 듯. 우산을 사는 꿈은 금전 문제가 뜻대로 진행될 징조이고 우산을 잃어버리는 꿈은 직장

에서의 문제가 원인이 되어 생활이 곤란해질 위험이 있다.

☆**의복** 기본적으로는 입고 있는 옷가지 수가 적을수록 좋다고 본다. 옷을 거의 입지 않고 있었다면 운이 열릴 징조. 하지만 옷을 입는 중이었다면 성공을 암시하고, 벗는 중이었다면 실패를 암시한다는 식으로 해석하기도 한다. 초라한 옷을 입고 있었다면 친구와 함께 장사를 하는 식의 동업은 피할 것. 하지만 초라한 정도가 아니라 완전히 누더기 같은 모습이었다면 상속을 받을 가능성이 있다. 몸에 맞지 않는 듯이 불편한 옷은 이성과의 불장난을 그만두라는 경고. 자신의 평판이 떨어진다. 이 밖에 옷의 종류에 따라서도 각각 의미가 달라진다. 일반적으로 패션 감각이 뛰어나고 유행에 민감한 옷일수록 문제가 발생할 경향이 크다. 새 옷은 가정 문제를 암시한다.

☆**자수**(刺繡) 자기가 수를 놓고 있었다면 행복을 상징. 다른 사람일 경우에는 누군가에게 속을 징조.

☆**장갑** 장갑의 종류에 따라 의미가 달라진다. 스키용 장갑은 문제가 해결될 징조. 복싱 글러브는 새롭고 소중한 만남을 의미. 하얀 장갑은 곧 만나게 될 중요한 인물을 상징. 검은 장갑은 실패를 의미. 가죽장갑은 중대한 결심을 할 징조. 털장갑은 문제가 해결될 징조. 장갑을 잃어버리는 꿈은 자신이 바라는 원조가 실현될 가망성이 없다는 뜻.

☆**장식용 식탁보** 뜻밖의 멋진 일이 일어날 듯. 돈 한 푼 안 들이고 멋지게 즐길 일이 생길 것이다.

☆**재물·장식품** 집이나 자동차처럼 재산적 가치가 있는 것을 샀다면 확실한 이익이 있을 것이다. 장식물을 부수는 꿈도 금전적인 혜택이 있을 징조.

☆**재봉사** 재봉사가 일하고 있었다면 뜻하지 않은 여행을 암시. 자기가 재봉사가 되었다면 남에게 비밀을 털어놓지 말도록 조심할 것.

☆**재킷** 재킷을 입는 꿈이었다면 지금 위험한 상황을 눈앞에 두고 있다는 뜻. 벗는 꿈이었다면 그 위험이 곧 실현될 듯. 새 재킷은 금전 문제를 암시. 낡은 재킷은 심각한 충고를 받게 될 징조.

☆**주머니** 주머니에 구멍이 나 있었다면 결단을 서두른 탓에 수치를 당할 우려가 있다. 주머니에 물건이 가득 들어 있었다면 권위 있는 사람과 문제를 해결하기 위해 상상 이상의 시간을 보낼 듯. 주머니가 텅 비어 있었다면 친구 중에 성실하지 못한 사람이 있다는 뜻.

☆**지팡이** 학교 선생님이 사용하는 지팡이는 애정의 성취를 뜻한다. 단, 시일이 좀 걸린다. 누군가를 지팡이로 때리거나 맞는 꿈을 꾸었다면 당분간 큰 변화를 피할 것. 부러진 지팡이는 바라지도 않았던 승리를 거둘 징조.

☆**지퍼** 지퍼가 망가지거나 뭔가에 끼어 말을 듣지 않았다면 가까운 시일 안에 사람들 앞에서 창피를 당하게 될 우려가 있다. 지퍼를 잠그는 꿈이었다면 쓸데없는 고민에서 벗어날 징조.

☆**직물**(織物) 자기가 옷감을 짜고 있었다면 안정과 충족감을 얻을 수 있을 징조. 다른 사람이 옷감을 짜고 있었다면 자신의 명예가 올라갈 듯.

☆**천** 중요한 건 어떤 종류인가 하는 것. 일반적으로 리본은 소득이 오를 징조. 울은 안전, 벨벳은 애정의 성취, 실크는 만족스러운 사교 생활을 의미한다. 목면이 보였다면 좀 더 신중해지도록. 나일론이었다면 모든 일이 뜻대로 되는 것만은 아니라는 뜻. 비단옷을 입고 있었다면 지금 자신감에 넘쳐 있다는 증거. 천을 자르는 꿈은 멀리서 소식이 올 징조.

☆**천으로 만든 자루** 안이 가득 차 있었다면 길조. 텅 비어 있었다면 넘을 수 없는 장애가 있을 듯. 석탄이 들어 있었다면 자극적인 새로운 계획이 생길 듯. 감자가 들어 있었다면 남녀 관계를 조심하라는 경고.

☆**코트** 다른 사람에게 코트를 입혔다면 빚 독촉을 받게 될 듯. 코트를 빌려주는 꿈이었다면 새로운 친구가 생길 징조. 낡은 코트는 금전운을 상징하고 새 코트는 사업의 실패를 의미. 옷걸이에 코트를 거는 꿈은 상사에게 호감을 살 징조.

☆**파자마** 남성용 파자마를 보았다면 불행 및 건강의 적신호. 여성용 파자마였다면 자신은 지금 가족에게 이해를 받지 못하고 있다는 암시. 어린이용 파자마는 누군가에게 바람맞게 될 징조. 기다릴 필요가 없다. 파자마를 입는 꿈이었다면 누군가를 향한 자신의 정열은 보답을 받기 어려울 것이다. 벗는 꿈이었다면 마음이 불안정하여 사랑을 받고 싶어한다는 뜻.

☆**패션** 패션잡지나 패션모델을 보았다면 일에 대한 의욕이 지나치다는 증거. 어느 정도 휴식을 취하도록.

☆**팬츠** 팬츠는 대길. 여성용 팬츠나 블루머는 사태의 호전을 의미. 남성용은 유리한 신청을 뜻한다. 팬츠를 사는 꿈은 뜻대로 일이 진행될 징조. 팬츠를 벗는 꿈은 상상력이 풍부하다는 증거. 팬츠를 빨고 있었다면 가까운 시일 안에 결실을 거둘 수 있는 사업을 시작하게 될 듯.

☆**페치코트** 귀여운 페치코트는 너무 잘난 척하지 말라는 경고. 페치코트를 사는 꿈은 낭비를 삼가라는 뜻. 페치코트를 잃어버렸다면 다른 사람이 나의 애인에게 눈독을 들이고 있다는 증거. 페치코트가 해져 있었다면 인생에 환멸을 느끼고 있다는 뜻이다. 하얀 페치코트는 멋진

선물을 의미.

☆**핸드백** 핸드백을 발견하는 꿈은 애정 면에서 행운이 있을 징조 안이 텅 비어 있었다면 자신은 형태에 얽매이는 것을 싫어하는 사람이라는 뜻. 하지만 때로는 그래야 할 필요가 있다. 반발만 하고 있으면 자기 자신이 앞길을 막는 결과를 초래하게 된다. 핸드백을 잃어버리는 꿈은 우유부단하다는 증거. 마음을 확실하게 결정하도록. 핸드백을 사는 꿈은 앞으로 바빠질 징조

☆**향** 향내를 맡았다면 지금 안고 있는 문제가 해결될 징조 향의 연기가 보였다면 바람이 이루어질 가능성이 있다.

☆**향수** 여성이 향수 꿈을 꾸었다면 자극적인 새로운 사랑을 하게 될 징조 남성인 경우는 사업 면에서 오해가 생길 수 있다. 단순히 향수 냄새가 났다면 정열적인 새로운 연인이 나타나려는 징조

☆**화장품** 여성에게는 인연이 좋을 꿈. 하지만 남성이 여성용 화장품을 꿈에 보았다면 파트너를 바꾸게 될 징조 지금 사귀는 여자는 나의 평판을 떨어뜨리고 있다.

제복에 관한 꿈

☆**견장** 여성이 꿈에 견장을 보았다면 뜨거운 사랑을 새로 시작하게 될 듯. 남성의 경우 승진이나 월급이 오를 징조

☆**경찰관** 꿈에 경찰관이 나타나면 경고의 꿈. 친구가 돈 관계가 희미한 탓에 당신도 휩싸일 가능성이 있다.

☆**군대** 여성이 군대의 꿈을 꾸었다면 우연한 사랑에 조심할 것. 남성일 경우 사업적인 변화를 암시.

☆**기념장**(記念章) 꿈에 기념장이 보였다면 경쟁 상대의 치열한 방해 속에서도 한 발 전진할 수 있을 듯. 자기가 기념장을 부착하고 있었다면 자극적인 새로운 사랑을 암시하는 것이다.

☆**기병대** 독신 여성이 기병대의 꿈을 꾸었다면 젊은 실력자와 결혼하게 될 듯. 그 밖의 사람일 경우 애정 면에서 길운을 의미. 남성이 기병이 되는 꿈을 꾸었다면 미녀와 결혼하게 될 듯.

☆**대사**(大使) 어느 나라이든 대사가 꿈에 나타났다면 자신에게 큰 영향

을 줄 성실한 친구를 만나게 될 듯. 자기가 대사가 되는 꿈은 현재의 지위를 잃을 가능성이 있다. 대사와 이야기를 나누는 꿈은 대망을 성취할 수 있을 징조이다.

☆**대위** 남성일 경우 사업의 승진을 의미하고, 여성일 경우 질투심 많은 친구를 조심하라는 경고이다.

☆**배지** 어떤 종류의 배지이든 사람이 몸에 달고 있었다면 자신의 안전과 관계가 있다. 사업, 가족, 금전 등 지금 가장 신경 쓰고 있는 일이 뜻대로 진행될 것이다.

☆**사관후보생** 제복을 입은 사관후보생이 꿈에 나타났다면 많은 문제를 안고 있다는 증거. 훈련 중이었다면 남에게 속을 위험이 있다. 졸업하는 꿈이었다면 여성에게 속을 징조

☆**장교** 군대의 장교는 안전과 보호를 의미한다.

☆**제복(유니폼)** 남성이 제복을 입고 있는 꿈을 꾸었다면 지위가 향상된다. 여성일 경우에는 애정운이 좋아질 징조

☆**해군 장교** 사교 생활과 직장에서 모두 성공을 거둘 듯. 자기가 해군 장교가 되는 꿈이라면 애정 면에서 위험한 밀회가 있을 듯.

보석·액세서리에 관한 꿈

☆**구슬** 사회적인 성공을 의미. 구슬을 실에 꿰거나 개수를 세었다면 뜻하지 않은 돈이 들어올 듯. 구슬을 잃어버리거나 떨어뜨리는 꿈은 약간의 실망을 하게 될 징조.

☆**귀걸이** 금귀걸이는 일시적인 좌절을 암시. 은이라면 다른 사람에게 엄한 평가를 받게 될 듯. 다이아몬드 같은 보석을 박은 귀걸이라면 자신은 현재 의기소침해 있다는 뜻. 귀걸이를 사는 꿈이었다면 자신의 아이디어는 좀 독특한 면이 있다는 뜻. 귀걸이를 잃어버렸다면 경제적인 어려움을 암시. 발견했다면 도박은 삼갈 것. 귀걸이를 부착하고 있었다면 자기 일을 제대로 수행하지 못하고 있다는 증거.

☆**금** 금을 발굴하거나 다루는 꿈은 겉만 보고 판단하지 말라는 경고. 금을 훔치거나 돈을 세는 꿈은 인생에는 돈 이상으로 귀중한 것이 있다는 것을 의미. 돈을 너무 믿지 말도록. 금메달, 동전 등은 수입을 암시한다.

☆**다이아몬드** 모두가 생각하듯 좋은 징조는 아니다. 실제로 다이아몬

드를 가지고 있는 사람이 이 꿈을 꾸었다면 손실을 의미. 가지고 있지 않은 사람이 꾸었을 경우는 약간의 이익을 뜻한다. 다이아몬드를 발견하는 꿈이라면 가정 내의 불행을 암시.

☆**동**(銅) 구리로 만들어진 물건이 꿈에 보였다면 지금 힘겨운 고생을 하고 있다는 증거. 구리에 조각이 되어 있었다면 돈이 드는 취미를 가지고 있다는 뜻이다.

☆**목걸이** 목걸이를 착용한 꿈은 결혼이나 승진을 암시. 가게에서 목걸이를 보았다면 누군가를 시기하고 있다는 증거. 진주목걸이는 우울한 나날을 암시. 목걸이가 끊어졌다면 가족 간의 분쟁이 일어날 듯.

☆**반지** 반지를 잃어버리는 꿈은 파트너와의 관계가 흔들릴 가능성이 있다. 반지를 빼는 꿈이었다면 일시적인 애정 문제가 있을 징조. 반지를 받는 꿈은 정열적인 밤을 암시. 반지를 손가락에 끼는 꿈은 가까운 시일 안에 결혼식에 참석할 징조. 어쩌면 자신의 결혼식일지도.

☆**보물** 보물을 채취하는 꿈을 꾸었다면 건강이 좋아질 징조. 보물을 발견했다면 성공을 거둘 듯.

☆**보석** 보석의 종류를 모르는 경우, 보석을 발견하는 꿈, 훔치는 꿈, 받는 꿈 등은 모두 불행하고 우울한 시기를 나타낸다. 하지만 보석을 잃는 꿈은 뜻밖의 수확이 생길 징조. 모조품일 경우에는 자신이 관련된 생각하지도 않은 소문이 발생할 듯.

☆**브로치** 브로치를 착용하고 있었다면 상속을 암시. 브로치를 사는 꿈은 누군가에게 속고 있다는 증거. 파는 꿈이었다면 지갑 간수에 주의하도록. 큰돈을 잃어버릴 가능성이 있다.

☆**비취** 번영을 상징. 신중하게 처리해야만 될 일도 쉽게 진행될 것이다.

☆**사파이어** 사파이어를 몸에 장식하고 있었다면 순간적인 감정에 사로잡힌 언행을 삼가도록. 다른 사람이 장식하고 있었다면 영향력 있는 친구가 자신의 사회적 지위를 끌어올려 줄 듯.

☆**산호** 친구를 상징. 산호를 몸에 지니고 있었다면 옛 애인과 우연한 재회가 있을 듯. 단순히 산호를 보았다면 사교적인 관계가 넓어질 징조

☆**상아** 상아는 길조 독신 여성이 이 꿈을 꾸었다면 상냥하고 신사적인 남성과 결혼하여 행복한 가정을 이루게 될 것이다.

☆**수정·크리스털** 지금까지 고민해 왔던 일들이 한꺼번에 해소될 듯. 그러나 지금 당신은 매우 상처받기 쉬운 상황에 놓여 있지 않은자? 수정이 깨졌다면 성가신 언쟁을 의미. 하지만 크리스털 글라스 같은 가정용품이었다면 행복한 사교 생활을 암시.

☆**아콰마린**(남옥) 충실한 애정 생활을 의미. 단, 잃어버렸을 경우는 애정을 가지고 있는 상대에게 주의할 것

☆**액세서리** 진짜 보석이었다면 지금 진행하고 있는 일이 호전될 징조 모조품이었다면 지나친 자만 때문에 옆길로 빠지게 될 가능성이 있다. 장신구를 훔치는 꿈은 사업 면에서 주위가 필요 장신구를 주거나 받은 꿈은 길몽. 장신구를 몸에 부착하는 꿈은 충동적인 언행을 삼가라는 경고이다.

☆**에메랄드** 상속 문제가 발생할 징조 팔거나 선물하는 꿈은 애인과의 이별을 의미. 자기가 에메랄드를 가지고 있는 꿈은 행운을 상징.

☆**오팔** 행운이 찾아올 징조

☆**은** 은으로 만든 제품은 승진을 암시. 그렇다고 너무 잘난 척해서는 될 일도 안 된다.

☆**지르콘**(zircon) 애정 상대를 잘못 선택하고 있다는 증거. 현재의 파트너가 정말로 자신에게 어울리는 사람인지 재검토해 볼 것.

☆**진주** 부와 사회적 지위가 향상될 징조. 단, 진주목걸이가 끊어졌다면 몇 가지 불운에 휩싸일 듯.

☆**카메오**(cameo) 카메오를 받는 꿈은 병이 호전될 징조. 카메오를 샀다면 행복이 눈앞에, 하지만 잃어버렸다면 죽음을 암시.

☆**팔찌** 행복을 상징한다. 팔찌를 자기 팔에 착용하고 있었다면 애정운이 좋다. 누군가가 나에게 팔찌를 끼워 주었다면 곧 사랑에 빠져 결혼하게 될지도. 팔찌를 발견하는 꿈은 자신을 혼란에 빠뜨릴 사람과 만나게 될 징조이다.

☆**호박**(琥珀) 금전운과 밀접한 관계가 있다. 호박을 남에게 주는 꿈은 돈이 들어올 징조이고 받는 꿈은 돈이 나갈 징조이다. 단순히 호박을 가지고 있는 꿈이었다면 애인과의 애정에 금이 갈 우려가 있으니 주의할 것.

☆**흑옥**(黑玉) 슬픈 소식이 있을 징조. 하지만 반드시 장례식과 관계있는 것만은 아니다.

인테리어·소품에 관한 꿈

☆**골동품** 장수를 상징. 골동품을 사는 꿈은 유산 상속이 있을 수도 하지만 골동품을 파는 꿈은 큰돈을 잃을 가능성이 있다. 구경만 했다면 가정생활은 원만할 듯.

☆**깃발** 꿈속에서 깃발이 흔들렸다면 파티에 초대 받을 가능성이 있다. 깃발을 내거는 꿈은 돈이 들어올 징조. 깃발을 내리는 꿈도 금전운이 좋아질 징조. 여러 개의 깃발이 늘어서 있었다면 누군가가 나를 생각하고 있다는 증거이다.

☆**도자기** 가정의 행복을 암시. 하지만 금이 간 도자기, 깨진 도자기가 보였다면 바라지도 않은 변화를 맞이하게 될 듯. 그러나 결국은 그 일이 자신에게 행복을 가져다줄 것이다.

☆**마스코트** 어떤 마스코트이든 유익하고 뜻 있는 변화를 암시한다. 모든 일이 좋은 방향으로 진행될 것이다.

☆**메달** 메달을 착용하고 있었다면 마침내 상사가 나의 능력을 인정해

줄 듯. 다른 사람이 메달을 보여줬다면 자만심이나 질투심을 자제하라는 경고.

☆**부메랑** 부메랑을 던져서 돌아왔다면 직장 생활에서의 위험신호이다. 당신의 동료는 아무래도 당신을 시기하고 있는 듯하다. 부메랑이 돌아오지 않았다면 이사를 암시한다.

☆**부적** 꿈에 부적을 몸에 지니고 있었다면 가까운 시일 안에 중대한 결심을 내리게 될 일이 생길 듯. 부적을 받았다면 앞으로의 인생에 노고가 심할 징조이다.

☆**상자** 꿈속에서 빈 상자를 보았다면 자신의 계획은 엉망이 될 듯. 하지만 상자 안에 무엇인가가 들어 있었다면 장애를 뛰어넘을 일이 생길 듯. 꿈에 상자를 열고 있었다면 장기 여행을 암시한다. 안이 가득 채워진 상자를 열고 있었다면 누군가에게 데이트 신청을 받을 징조이니 이에 대비할 것.

☆**수집** 우표나 동전을 모으는 꿈을 꾸었다면 곧 새로운 친구가 생길 듯. 다른 사람의 수집을 도와주는 꿈이었다면 머지않아 장기 여행을 떠나게 될지도.

☆**식탁보** 꿈속에서 보는 청결한 식탁보는 직장에서도 가정에서도 평온한 나날이라는 뜻이다. 하지만 더럽혀져 있었다면 가정에 분쟁이 일어날 징조이니 신경 쓸 것.

☆**열매 껍질** 안이 텅 비어 있는 껍질은 쓸데없는 노력을 암시. 아무리 애를 써도 효과를 얻을 수 없다.

☆**유리** 목표를 한 단계 낮출 필요가 있다. 색유리는 친구 중에 믿을 수 없는 사람이 있다는 뜻이다. 유리에 다쳤다면 호감을 지니고 있던 사람

과의 관계가 나빠질 듯.

☆장식 머지않아 축하할 일이 생길 징조

☆조개껍질 뜻밖의 사건을 암시. 조개껍질을 발견하는 꿈은 수치를 당할 일이 생길 징조

☆컵 금속제 컵은 좋은 소식이 있을 것을 암시한다. 컵에 색이 들어가 있었다면 친구를 잃을 징조이다. 맥주컵을 깨버렸다면 사업상의 손실을 예고하는 것이다.

☆킬트(스코틀랜드 남자용 스커트) 뜻하지 않은 여행을 떠나게 될 징조이다.

☆휘장 휘장이나 커튼이 열려 있었다면 자신을 방해하는 사람을 발견할 수 있을 듯. 새 휘장을 다는 꿈은 사교적인 외출이 늘어날 듯. 하얀색의 휘장이었다면 성가신 일을 하게 될 징조. 색깔이 있는 휘장은 당분간 절약 생활을 할 필요가 있다.

색깔에 관한 꿈

☆**갈색** 금전 면에서의 행운을 의미.

☆**검은색** 꿈속의 검은색은 대체적으로 불행이 일어날 징조라고 볼 수 있다. 단, 장례식에서의 검정 색깔은 성공을 암시. 특히 애정 면에서 좋은 결과를 가져온다.

☆**노란색** 노란색과 관련된 것을 꿈에 보았다면 일련의 사태가 호전되기 전에 한바탕 파란이 있을 듯.

☆**녹색** 꿈속에 나타나는 녹색은 여행을 떠나게 되거나 먼 곳에서 소식이 올 것을 암시한다.

☆**만화경** 여러 가지 색들이 뒤섞인 만화경은 자신의 인생이 급속히 변화하고 있다는 것을 암시한다. 그것은 새로운 이익과 성공을 안겨 줄 것이다.

☆**무지개색** 내가 꾼 꿈속에 일곱 가지 무지개색이 나타났다면 그것은 아주 좋은 꿈이다. 일확천금을 움켜쥘 수는 없다 해도 즐거운 변화를 기

대할 수 있다는 암시이다.

☆**물들이기** 꿈에 물들이는 행위를 하는 것은 자기의 판단만을 믿으라는 암시이다. 머리를 염색하는 꿈은 병에 걸릴 징조이고, 옷을 물들이는 꿈은 사회적 성공을 의미한다. 옷을 물들이는 데 실패한 꿈을 꾸었다면 화려한 선물을 기대해도 좋을 듯.

☆**밤색** 엷은 밤색은 불행을 의미.

☆**보라색** 보라색과 연관된 꿈을 꾸는 것은 좋은 인간관계와 만족스러운 사교 생활을 암시한다.

☆**색** 전반적으로 밝은 색은 성공을 의미한다. 하지만 각각의 색에 따라 의미가 약간씩 달라진다.

☆**오렌지색** 뜻밖의 큰 성공을 뜻함.

☆**파란색** 꿈속에서 파란색을 보았다면 외부로부터의 도움에 의해 문제를 해결할 수 있을 듯.

☆**하얀색** 꿈속에 나타나는 밝고 선명한 흰색은 성공을 상징한다. 매사에 쉼 없이 정진하기를!

그림에 관한 꿈

☆**그림** 꿈속에서 자신이 모델이 되었다면 애정 생활이 원만하지 않다는 뜻이다. 자기가 그림을 그리고 있었다면 지금 계획하는 일은 비밀로 간직할 것. 그 계획이 과연 현명한 것인가 다시 한번 숙고해 볼 필요가 있다. 집을 그리는 꿈이었다면 자신이 비밀로 했던 일이 들통나려고 하니 주의할 것.

☆**만화** 만화와 관련된 꿈은 비교적 사업 면에서는 좋은 징조이지만, 애정 면에서는 그리 좋은 편이 아니다. 그렇다고 너무 걱정할 필요는 없다. 두 마리 토끼를 잡으려다 한 마리도 잡지 못하게 되었을 뿐이니까. 따라서 욕심을 버리도록.

☆**사진** 자기의 사진을 보았다면 애정 생활이 만족스럽지 않다는 증거. 스냅사진을 보았다면 옛 친구와의 우정이 부활할 듯. 사진을 찍고 있었다면 사랑의 라이벌이 있다는 증거.

☆**유화** 너무 높은 이상을 추구하지 말라. 그 때문에 여러 가지 즐거운

일들이 물거품이 되고 만다.

☆**조각가** 꿈에 조각을 보았다면 도박을 하지 말도록. 도박은 자기 주변의 일에 주의하라는 경고이다. 작업 중인 조각가를 보았다면 자극적인 변화를 가져다줄 기회가 바로 눈앞에 있다는 뜻이다.

☆**초상화** 누군가가 나의 초상화를 그렸는데 그것을 선물로 주고받는 꿈은 자신이 여러 사람에게 좋은 평판을 받고 있다는 증거. 단순히 자신의 초상화를 그려 줄 것을 누군가에게 부탁한 꿈은 애정 면에서 실망이 있을 듯. 다른 사람이 화가에게 초상화를 그려 달라고 의뢰했으면 나의 지위가 향상될 듯.

☆**화랑** 화랑에 그림이 진열되어 있는 꿈을 꾸었다면 옛사랑이 재연될 가능성이 있다.

소리에 관한 꿈

☆**경보음** 경보음이 들렸다면 자극적이고 유익한 시간을 보낼 듯.

☆**공** 공의 소리는 가슴 설레는 일이 일어날 징조. 단순히 공을 보았을 뿐이라면 자신이 알고 있는 사람이 인생의 전환기를 맞이하려 하고 있다는 뜻.

☆**노랫소리** 노랫소리가 들렸다면 온몸에 자신감이 넘치고 있다는 뜻.

☆**노크 소리** 누군가가 문을 노크하는 소리를 들었다면 행운의 여신이 나에게 미소를 지으려 한다는 뜻이다. 자기가 노크를 하고 있었다면 감상에 젖어 있다는 증거. 그렇다고 과거를 바꾸어 보려고 노력하지는 말라. 한번 지나간 것은 다시 돌이킬 수 없는 법이다. 창문을 노크하는 꿈은 파트너와 싸움을 하게 될 징조.

☆**농담·만담** 농담하는 이야기를 들었다면 머지않아 사교적인 면에서 큰 사건이 있을 듯. 자기가 농담을 하는 꿈이었다면 사교적인 면에서 더할 나위 없는 성공을 기대할 수 있다.

☆**메아리** 자기의 목소리가 메아리쳤다면 특이한 경험을 하게 될 징조 그것도 필시 이성과 함께. 그 밖의 메아리였다면 자신의 제의나 신청이 기분 좋게 받아들여질 듯. 결혼이나 승진의 가능성도 있다.

☆**분필** 내가 하는 일에 방해가 있을 징조 분필로 칠판에 글을 쓰는 소리가 들렸다면 자신 때문에 소문이 퍼지게 된다.

☆**비명** 비명을 지르는 소리를 들었다면 슬픈 소식이 들어올 징조 자기가 비명을 지르는 꿈은 지금 가장 관심을 집중하고 있는 문제가 호전될 징조이다.

☆**소곤거리는 소리** 자기가 목소리를 낮추어 소곤거렸다면 수다를 조심할 것 말 때문에 순식간에 성가신 문제에 휩싸이게 된다.

☆**소음** 아이들이 시끄럽게 떠들고 있었다면 인내력을 기르라는 경고 구체적으로 무엇인지 알 수 없는 소음은 마음이 안정되어 있지 않다는 증거.

☆**수다** 꿈 그대로 수다 좀 그만 떨라는 의미.

☆**시계** 시계의 시간을 알리는 소리를 들었다면 적극적으로만 행동하면 사태가 나아진다.

☆**심벌즈** 애정 관계에서 최적의 시기. 정열적이고 새로운 로맨스가 기다리고 있다.

☆**웃음소리** 남성의 웃음소리는 사업상의 새로운 계획에 의해 여러 가지를 배우게 될 징조 여성의 웃음소리는 요즘 대인관계가 원만하지 못하다는 뜻 아이들의 웃음소리는 먼 곳에서 소식이 올 징조 남을 웃기는 꿈이었다면 자신이 현재의 파트너와 그다지 어울리는 사이가 아니라는 것을 너무 솔직하게 인정하는 경향이 있다는 뜻.

☆**종** 먼 곳에서 종이 울렸다면 기쁜 소식이 있을 암시. 망치로 종을 치고 있었다면 몇 가지 걱정이 생길 듯. 죽은 자를 조문하는 종이었다면 경제적인 공황에 빠지지 않도록 주의할 것. 높은 지위에 있는 누군가가 나를 지켜 줄 것이다. 애인이 있는 사람이 종을 보았다면 결혼을 의미하는 것이다.

☆**종소리** 교회의 종소리는 자신의 불안이 나타난 것. 자기가 종을 쳤다면 오랫동안 지속될 우정을 쌓을 수 있을 듯.

☆**차임벨** 차임벨 소리가 들렸다면 지금보다 더 즐거운 시간을 보낼 수 있다.

☆**코르크** 코르크가 뿅 소리를 내며 열리는 꿈은 약간의 어려움이 닥칠 듯하다.

☆**폭발음** 다이너마이트가 폭발하면 새로운 계획에 손을 대지 말라는 경고. 그 밖의 폭발음이라면 인생의 모든 방면에서 장기간에 걸친 발전을 기대할 수 있다.

☆**확성기** 확성기를 통해 소리가 들렸다면 곤경에 빠질 징조. 하지만 확성기의 음량을 줄이려 했다면 유익한 사회사업이나 자선사업에 참여해 좋은 평판을 듣게 될 징조.

음악에 관한 꿈

☆**기타** 기타를 연주하는 꿈은 자신이 요즘 믿음직한 존재가 못 된다는 뜻. 좀 더 신중하게 행동하도록. 다른 사람이 기타를 치고 있었다면 머지 않아 골치 아픈 문제가 해결된다.

☆**나팔** 나팔 소리가 들렸다면 먼 곳에서 좋은 소식이 들어올 가능성이 있다. 자기가 불고 있었다면 열심히 노력한 일이 그 보답을 가져올 징조.

☆**노래** 노래하는 꿈은 지금은 행복할지 모르지만 불안함이 바로 눈앞에 있다는 증거. 하지만 오래가지는 않는다.

☆**드럼** 눈부신 성공이 나의 손에! 자기가 드럼을 쳤다면 멋진 성공을 기대할 수 있다. 드럼 스틱만이 보였다면 무슨 일을 하더라도 공명정대 하게 할 것. 세금 따위를 속이는 일은 하지 말 것. 곧 들통나게 된다.

☆**레코드** 레코드를 틀고 있는 꿈은 애정운이 나빠질 징조. 레코드를 사는 꿈은 자기 자신을 분발시키라는 뜻이다.

☆**류트** 감미로운 류트 소리는 사랑에 푹 빠질 징조이다. 또는 오랫동안

만나지 않았던 친구에게서 좋은 소식이 있을 듯.

☆**바이올린** 바이올린 소리가 듣기 싫었다든가 현이 끊어져 있었다면 파트너와 싸움을 하게 될지도. 그 밖의 경우 바이올린은 충실한 사교 활동을 의미한다.

☆**방울 소리** 방울 소리가 들렸다면 순수한 사랑을 암시. 자기가 방울을 흔드는 꿈은 사회 활동을 의미한다.

☆**백파이프** 돈을 잃을 수 있음을 암시한다. 하지만 자기가 백파이프를 불고 있었다면 매우 사랑을 받고 있다는 증거. 다른 사람이 불고 있었다면 누군가의 프러포즈를 받게 될 듯.

☆**벤죠** 벤죠를 뜯는 꿈은 금전적으로 풍족하지 못하다는 뜻. 하지만 다른 사람이 뜯고 있었다면 기쁜 일이 있을 징조이다.

☆**실로폰** 실로폰 소리가 들렸다면 중요한 소식이 들어올 듯. 자기가 치고 있었다면 라이벌을 멀리하도록 하라.

☆**아코디언** 슬픈 곡이 들렸다면 슬픔을 암시. 단, 오랫동안 이어지지는 않는다. 맑고 명랑한 곡이었다면 사교 생활이 바빠질 듯. 자기가 아코디언을 연주했다면 애정운이 좋아질 징조이다.

☆**악기** 대부분의 악기는 조화와 행복을 암시한다.

☆**오르간** 구식 오르간은 애정 면에서 새로운 희망을 나타낸다. 전자오르간은 뜻밖의 수입을 암시. 교회에 오르간이 있었다면 장기 계획을 재검토할 필요가 있다. 자기가 오르간을 연주했다면 오랫동안 고민하던 문제가 곧 처리될 듯.

☆**오페라** 오페라를 즐기고 있었다면 누군가를 속이고 있다는 뜻이다. 들키게 되면(틀림없이 들키게 되겠지만) 망신을 당할 것이다. 오페라글

라스를 사용하는 꿈이었다면 자신의 평판을 지킬 필요성을 느끼게 될 것이다.

☆**왈츠** 약간의 오해 때문에 오랫동안 사귀어온 친구와의 관계가 나빠질 듯. 오해를 풀도록 노력하면 마음에 앙금이 남지는 않을 것이다.

☆**요들** 길몽. 모든 일이 잘 처리될 것이다. 특히 마음의 문제, 감정적 문제가 호전된다.

☆**음악** 조화를 갖춘 아름다운 음악은 자신이 관심을 기울이고 있는 모든 일이 잘 진행될 징조. 하지만 듣기 싫은 소리였다면 사업상의 문제를 암시. 악기를 연주하는 꿈은 생활방식이 변할 징조. 악기가 망가졌다면 건강에 주의할 것. 대부분의 악기는 조화와 행복을 나타낸다.

☆**지그**(gigue) 혼자서 지그에 맞춰 춤을 추고 있었다면 행복한 시간이 찾아올 징조. 파트너와 함께 추고 있었다면 섹스를 절제할 것. 다른 사람이 지그를 추고 있었다면 돈 씀씀이가 너무 좋다는 뜻이다.

☆**지휘자** 오케스트라의 지휘자를 보았다면 뜻밖의 행운이 들어올 듯.

☆**찬송가** 찬송가뿐 아니라 어떤 음악이든 멋지게 들렸다면 좋은 운을 상징한다. 찬송가를 듣는 꿈은 먼 곳에서 좋은 소식이 들어올 징조이고, 찬송가를 부르고 있었다면 시간 낭비를 하지 말라는 의미이다.

☆**첼로** 첼로의 현을 갈아 끼우는 꿈은 좋은 소식이 들어올 징조. 현이 끊어진 첼로를 연주했다면 애정 생활이 파국을 맞이할 우려가 있다.

☆**캐럴** 캐럴을 들었다면 행복에 가득 찬 일 년을 보낼 수 있을 듯.

☆**콘서트** 콘서트장에 있는 꿈은 자기 힘에 버거운 지역 행사에는 참여하지 말라는 의미. 물론 지역 발전에 이바지하여 여러 사람에게 좋은 평판을 듣는 일은 나쁜 것이 아니지만 그 결과 많은 돈을 지출하게 된다.

☆**탬버린** 탬버린을 두드리는 꿈은 충격적인 소문을 듣게 될 징조. 진실을 간파하라. 그 밖의 경우 탬버린은 기쁨과 놀라움을 의미한다.

☆**트럼펫** 트럼펫을 보거나 연주하는 소리를 들었다면 기대하지도 않았던 일이 이루어질 듯.

☆**팀파니** 꿈에 팀파니를 보았다면 담배, 술, 섹스 등 무절제한 탐닉을 금하라는 경고. 백해무익하다.

☆**플루트** 플루트 소리를 들었다면 가정에 즐거운 일이 있을 듯. 자기가 불고 있었다면 애정 전선에 문제가 발생할 가능성이 있다.

☆**피아노** 자기가 치고 있었다면 자신의 바람은 모두 이루어질 수 있다. 단, 소리가 이상했을 경우는 어려움을 각오해야 한다. 피아노를 놓는 장소를 바꾸었다면 계획하는 일에서 썩 괜찮은 결과를 얻을 수 있을 듯. 피아노 조율을 하고 있었다면 좋은 소식이 있을 징조이다.

☆**하모니카** 하모니카를 사거나 연주하는 꿈이었다면 금전운이 열릴 듯. 하모니카 소리를 들었다면 싸움을 암시. 필시 가정 문제일 것이다.

☆**하프** 하프 연주를 들었다면 충실한 시간을 보낼 수 있을 듯. 단, 현이 끊어져 있었다면 괴로운 나날을 맞이하게 된다. 자기가 연주하고 있었다면 남을 너무 믿지 말라는 경고이다.

☆**합창단** 교회의 성가대를 꿈에 보았다면 욕구불만에 차 있다는 증거. 그 밖의 합창단일 경우 좋은 소식이 들어올 듯.

☆**현악사중주** 현악사중주의 연주를 듣고 있었다면 지금까지 미루어오던 일에 결단을 내리게 될 듯. 자기가 연주자 중의 한 명이었다면 일에서 실수를 할 가능성이 있다.

☆**호른** 호른의 연주를 들었다면 귀찮은 일에 휘말릴 징조이다.

운동·오락에 관한 꿈

☆**게임** 어떤 종류이든 게임을 하는 꿈은 파트너와 심한 언쟁을 할 일이 생겨날 징조이다. 게임에 이기는 꿈은 자신의 야심이 아직 실현되지 않았다는 증거이다. 게임에 지는 꿈은 머지않아 경쟁자를 이길 수 있을 듯하다는 의미이다. 가게에서 게임용품을 사는 꿈은 애정 면에서 자신의 모습을 가장하고 있다는 뜻이다. 애인에게 거짓말만 해서는 안 된다. 현실을 직시하도록 하라. 사이좋게 게임을 즐기는 꿈이었다면 이성과의 관계가 약간 흔들릴 수 있을 듯.

☆**경주** 각종 경주에 참가하는 꿈을 꾸었다면 자극적인 새로운 신청이 기대된다. 경주를 관전하고 있었다면 성공을 움켜쥐게 될 듯. 경주 코스가 꿈에 보이는 것은 새로운 환경을 의미한다. 경마였다면 이제 절약하는 생활을 하도록.

☆**곤돌라** 로맨틱한 곤돌라를 보았다면 현재의 사랑에 지쳐 있다는 증거이다.

☆**골프** 꿈속에 나타나는 골프는 대부분 이성과 관계가 있다. 스코어가 좋았다면 애정운도 좋다. 나빴다면 애정 전선에 문제가 일어난다는 암시이다.

☆**구기**(球技) 공을 사용하는 경기는 어떤 것이든 좋은 소식이 있을 징조이다.

☆**그네** 중도 포기 상태인 일이 있다는 뜻. 참을성 있게 기다리면 자신의 소망대로 일이 진행될 것이다.

☆**낚시** 낚시를 하는 꿈은 귀중한 재능을 활용하지 못하고 있다는 뜻이다. 자신의 윤리에 어긋나는 행동은 하지 말아야 한다. 물고기를 낚아 올렸다면 좋은 소식이 있을 듯. 하지만 물고기를 낚지 못했다면 재난에 주의해야 한다.

☆**놀이차** 유원지를 도는 관광차나 놀이차는 예기치 않은 변화가 일어날 징조이다.

☆**당구** 당구를 치는 꿈은 법률적인 문제에 휩싸일 징조. 재산을 둘러싼 가족 간의 분쟁일 가능성도 있다.

☆**도미노** 도미노 게임을 했다면 당분간 모험은 하지 말 것. 도미노의 패가 전용 케이스에 들어 있었다면 값비싼 물건을 사지 말 것. 아무리 이익이 될 듯해도 절대로 구매하지 말 것.

☆**득점** 경기에서 득점하는 꿈은 새로운 친구와 새로운 기회가 찾아올 징조이다.

☆**라켓** 라켓과 관련된 꿈을 꾸었다면 입을 조심하도록 할 것. 너무 쉽게 남의 말을 하는 경향이 있다.

☆**레슬링** 레슬링을 관전하는 꿈은 행운이 찾아올 징조. 자기가 레슬링

을 했다면 도박을 하지 말라는 경고이다.

☆**볼링** 꿈에 볼링을 했다면 일반적으로 길조이다. 자기가 경기를 하고 있었다면 더욱 좋다.

☆**사진** 자기의 사진을 보는 꿈은 애정 생활이 원만하지 않다는 의미. 스냅 사진을 보고 있었다면 옛 친구와의 우정이 부활할 징조 사진을 찍고 있었다면 사랑의 라이벌이 있다는 뜻이다.

☆**수수께끼** 수수께끼 놀이에서 답을 맞추었다면 초대장을 받게 될 징조 다른 사람이 이 놀이를 하고 있었다면 방심은 금물. 친구 중에 배신자가 있다.

☆**스케이트** 스케이트는 나를 질투하는 사람이 나의 연애를 방해하려 한다는 의미이다. 롤러스케이트는 자신이 어떤 일에 불만을 느끼고 있다는 뜻. 스케이트를 배우고 있었다면 사업 면에서 성공할 기회가 찾아올 듯하다. 스케이트를 타는 사람을 보았다면 믿었던 친구에게 배신당할 징조이다.

☆**스케이트장** 꿈에 롤러스케이트장을 보았다면 변덕 많은 친구에게 실망하게 될 듯. 하지만 아이스링크를 보았다면 사교적인 일로 초대를 받게 될 징조

☆**연** 장애의 꿈. 아무런 어려움 없이 연을 띄울 수 있었다면 야망을 성취할 수 있을 듯. 하지만 실이 끊어지거나 연이 날아가 버렸다면 실망할 일이 생길 징조

☆**영화** 영화를 보러 가는 꿈은 멋지게 속을 위험이 있으니 주의하라는 뜻. 미남미녀가 등장했다면 특히 주의가 필요하다. 영화관이 텅 비어 있었다면 구설수에 오를 위험이 있다.

☆**오락** 재미가 있으면 있을수록 그만큼 만족감을 얻을 수 있다.

☆**오락실** 어떤 제안이나 신청이 겉보기와는 내용이 다르다는 뜻. 시간을 좀 더 유용하게 사용하라는 경고

☆**운동** 보통 때 자신이 즐기는 운동을 꿈속에서 하게 되었을 경우는 별 중요성이 없다. 하지만 운동선수도 아닌데 꿈속에서 운동을 했다면 금전적으로 어려워질 징조. 운동선수가 되는 꿈은 무슨 일을 하든 지나치지 않도록 주의하라는 경고적 의미. 운동선수와 함께 있는 꿈이었다면 라이벌을 멀리하도록.

☆**유원지** 유원지에 있는 꿈은 사교 생활이 넓어질 징조. 다른 사람이 유원지로 가는 꿈은 사태가 좋은 방향으로 변화할 듯.

☆**챔피언** 운동에서 챔피언이 되는 꿈을 꾸었다면 지금 열중하고 있는 일을 중도에 포기하게 될 듯. 다른 사람이 챔피언이 되는 꿈이었다면 약간의 성공을 기대할 수 있다.

☆**체스** 꿈속에서 체스를 두고 있었다면 자신이 결단력이 있고 두뇌 회전이 빠른 사람이라는 뜻이다. 체스 게임에서 졌다면 목표가 너무 높다는 증거. 체스 게임에서 이겼다면 돈이 들어올 듯. 체스의 말이 한 개만 남아 있었다면 자신의 이미지를 재확인해 볼 것. 다른 사람의 눈에 나는 어떻게 비치고 있을까?

☆**축구** 뜻하지 않은 소득이 있을 듯. 지금이라면 도박을 하거나 금전이 얽혀 있는 일에 덤벼들어도 손해는 보지 않을 듯. 마음껏 수단을 발휘하라. 큰돈을 움켜쥘 가능성이 있다. 축구 시합을 구경하는 꿈은 친구를 선택할 때는 더욱 신중하게 행동하라는 뜻이다.

☆**크리켓**(cricket) 크리켓은 영국의 국기(國技)로, 규칙이 아주 복잡한

게임이다. 꿈에 이 시합을 보고 있었다면 다른 사람의 규칙에 얽매여 있기 때문에 불만을 느낀다는 증거이다. 하지만 이제 그 규칙에서 벗어날 때가 되었다. 크리켓 볼은 인내심을 더 기르라는 의미. 크리켓 배트는 쓸데없는 질투를 뜻한다.

☆**태권도** 뜻하지 않은 장애가 자신의 앞길을 가로막을 가능성이 있다. 하지만 자기가 태권도를 배우는 꿈은 지금의 계획이 순조롭게 진행될 징조이다.

☆**테니스** 테니스 코트를 보았다면 책임감이 있다는 증거. 다른 사람이 경기하고 있었다면 곧 승진하게 될 듯. 자신이 경기하고 있었다면 자립하고 싶어한다는 증거.

☆**폴로** 우아한 경기인 폴로는 하는 것이나 보는 것이나 모두 재산이 넉넉해진다는 뜻. 어쩌면 재산을 상속받게 될지도.

☆**하키** 노력만 하면 충분히 성공할 수 있다는 암시이다.

☆**허들** 다른 사람에게 거짓된 모습을 보여서는 안 된다. 지금 자신에게 필요한 것은 정직뿐이다.

내기·도박에 관한 꿈

☆**내기** 내기를 하는 꿈은 변화의 바람이 불어올 징조이다. 다른 사람이 내기를 하고 있었다면 라이벌의 교묘한 작전에 주의하라는 경고. 내기에 이겼다면 즐거운 나날을 암시. 내기에 졌다면 경쟁자에게 당할 듯.

☆**도박** 도박에서 이기는 꿈을 꾸었다면 위험한 승부는 반드시 피하도록. 지는 꿈이었다면 이익을 얻을 기회가 빨리 찾아올 듯.

☆**룰렛** 유감스럽게도 당신의 바람은 이루어질 가망성이 없다는 뜻.

☆**상금** 상금을 받는 꿈은 약간의 보수를 더 받기 위해 열심히 뛰게 될 듯. 다른 사람이 상금을 받는 꿈은 생각했던 것만큼 노력하지 않아도 수입을 챙길 수 있다는 의미이다.

☆**손실**(損失) 뭔가를 잃는 꿈은 뜻밖의 변화가 일어날 징조. 도박에서 손해를 봤다면 어떤 일로 자만하고 있다는 증거. 경주나 경마에서 돈을 날렸다면 나쁜 습관에 물들기 시작했다는 뜻이다.

☆**슬롯머신** 슬롯머신으로 도박을 했다면 실망을 피할 길이 없다.

☆**주사위** 주사위를 사용하는 도박은 상속을 암시. 단순히 주사위가 보였을 뿐이라면 여성의 경우, 지금 하고 있는 사랑은 실수라는 의미. 스스로 알고 있는 것은 아닌지? 남성의 경우 금전적으로 성공을 거둘 수 있을지는 몰라도 결국은 그만큼 값비싼 대가를 치러야 할 것이다. 주사위 놀이에서 승리했다면 약간의 이익이 있을 징조

☆**주식** 주식으로 한몫 잡는 꿈을 꾸었다면 실생활에서 도박을 삼갈 것. 손해를 보는 꿈이었다면 금전 혜택이 있을 것이다.

☆**추첨** 어떤 종류이든 추첨을 하는 꿈은 애정운이 좋지 않다. 파트너와의 미래가 그다지 밝지 않다는 뜻이다. 복권이 꿈에 보였다면 가정 문제가 발생할 징조이다.

☆**칩** 카지노에서 현금 대신 사용하는 칩이 꿈에 보였다면 지금이 한몫 잡을 기회. 하지만 나무로 만든 칩이라면 쓸데없는 일로 고민하게 될 듯.

☆**트럼프** 트럼프 놀이를 하거나 봤다면 돈을 조심하라는 경고. 누군가 자신의 돈을 노리고 있다. 트럼프를 나누어 줬다면 나쁜 소식이 들어올 듯. ① 에이스: 같은 에이스라도 스페이드, 다이아몬드, 하트, 클로버에 따라 의미가 달라진다. 어느 것인지 확실히 알 수 없는 경우에는 해석을 내릴 수가 없다. ② 클로버: 사업 면에서의 성공을 암시. 단, 그 전에 한바탕 고통을 겪을 듯. ③ 조커: 게으름은 적당히 피우도록. 자신이 여유 부리고 있는 동안에 다른 사람은 열심히 돈을 벌어들이고 있다. ④ 스페이드: 보답을 받을 수 없는 슬픈 노력을 암시. ⑤ 다이아몬드: 금전운이 좋을 징조 ⑥ 하트: 바람이 이루어지고 애정 면에서 행운이 깃든다.

☆**포커** 만족스러운 사교 생활을 암시.

병·병원에 관한 꿈

☆**가제** 의료용 가제가 보였다면 걱정하던 일이 해소될 듯. 그 밖의 가제가 보였다면 마음속의 불만을 깨끗이 정리할 것. 그렇지 않으면 앙금이 남아 문제가 더욱 커지게 된다.

☆**간호사** 독신자가 이 꿈을 꾸었다면 결혼을 암시. 기혼자에게는 가족의 단결을 의미. 간호사에게 간호를 받는 꿈은 자기는 필요 없는 사람이라고 생각하여 의기소침해하고 있다는 뜻. 자기가 간호사로 등장했다면 가까운 시일 안에 유익한 소식이 있을 듯.

☆**거세**(去勢) 어떤 형태로 나타나든지 적에게 또는 라이벌에게 이길 수있다는 의미이다.

☆**건강** 건강한 남성은 화려한 경력을 예고 하지만 건강한 여성은 과거의 잘못을 뼈저리게 후회한다거나 그 때문에 화를 내고 있다는 증거. 건강이 좋지 않았다면 도박은 엄금.

☆**격리 수용** 좋은 꿈은 아니다. 사람을 격리시키는 꿈을 꾸었다면 잘

진행되던 계획이 머지않아 중단될 듯. 자기가 격리당했다면 애인과의 파국을 암시한다.

☆**격심한 통증** 꿈속에서 고통스러우면 고통스러울수록 큰 기쁨을 맞이하게 된다.

☆**고통** 고통이 크면 클수록 큰 성공을 나타낸다. 남편이나 아내가 괴로워하는 꿈은 사업 면에서 빠른 속도로 성공할 수 있는 길이 열리게 된다. 자신이 다른 사람으로 인해 고통받고 있었다면 사태가 호전될 변화가 있을 듯. 고통은 어떤 고통이든 일시적인 고민이나 성가신 문제에 휩싸여 있다는 뜻이다.

☆**관절염** 자신의 병은 별 것 아니라는 암시이다.

☆**광견병** 누군가가 나의 신용을 떨어뜨리려 하고 있다. 아마 자칭 친구라는 사람일 듯. 주위 사람을 잘 관찰하여 늦기 전에 배신자를 찾아내도록 할 것.

☆**구급차** 꿈속에 나타나는 구급차는 일반적으로 이성과의 경솔한 행동에 대한 경고이다. 아무도 타고 있지 않은 구급차를 보았다면 친구를 잃게 될지도 모른다. 자기 때문에 구급차를 부르는 꿈이었다면 머지않아 병이 회복될 듯. 주위 사람을 위해 구급차를 불렀다면 금전 문제가 발생할 징조이다.

☆**구조** 누군가를 구해내는 꿈은 갑작스럽게 성공을 거둘 수 있다는 암시. 하지만 자신이 구조되는 꿈이었다면 주의할 것. 가까운 시일 내에 사고가 일어날 가능성이 크다는 뜻이다.

☆**구토** 나쁜 친구들과 어울려 사치스러운 생활을 하는 것을 즉시 중단하라.

☆**귀의 통증** 좋지 않은 소식이 있을 징조

☆**긁히거나 할퀸 상처** 나를 방해하려는 사람이 있다는 뜻. 피가 나지 않았다면 나를 지켜 주려는 움직임이 일고 있다는 증거.

☆**기관지염** 기관지염이 곧 낫는 꿈이었다면 노력만 하면 문제를 해결할 수 있다. 낫지 않았다면 친구에게 도움을 요청할 일이 생길 듯. 걱정하지 말고 원조를 구하라.

☆**기절** 누군가가 기절하는 꿈은 병과 관련된 소식을 듣게 될 징조. 자기가 기절했으면 병원에서 검사를 받아 보라는 경고이다.

☆**기침** 보험증서를 확인해 둘 것. 화재, 도난 또는 침수의 피해가 있을 예고이다.

☆**기형** 어떤 사람이든 기형인 모습을 꿈속에서 보았다면 지나치게 겉치레에 신경을 쓰고 있다는 증거. 또 친구 중에 배신자가 있을 수도 있다.

☆**깁스** 자기가 깁스를 하고 있는 꿈은 평판을 잃지 않도록 노력할 필요가 있다는 뜻. 모든 것은 자업자득이다.

☆**나병** 고난의 시기를 암시. 남성이 나병에 걸리는 꿈을 꾸었다면 건강 진단을 받아 볼 것. 여성이라면 돈 많은 남성에게 도움을 받을 듯. 나병 환자가 꿈에 나타났다면 자신의 문제는 스스로 해결하라는 뜻. 아무리 듣기 좋은 충고라도 귀를 기울여서는 안 된다.

☆**노쇠** 자기의 나이를 불안하게 여기는 꿈은 병이 진행되고 있을 우려가 있으니 병원에 가 볼 것. 자신의 파트너가 나이를 염려하는 꿈이었다면 속고 있을 가능성이 크다. 친척 중의 누군가가 나이를 걱정했다면 가족의 죽음을 암시. 하지만 꿈속에 노인이 나타난 경우는 두 번 다시 없을 행운을 뜻한다. 은퇴할 나이가 된 꿈은 유감스럽게도 앞으로 고생 좀

하게 될 징조이다.

☆**농양** 나쁜 친구와의 교제를 끊으라는 경고. 농양이 생기는 꿈은 재기할 수 있다는 뜻. 단, 목에 농양이 생겼을 경우는 병을 암시. 농양을 수술하는 장면을 목격했다면 수수께끼가 풀릴 듯.

☆**눈의 통증** 주위 사람의 건강 상태가 좋지 않다는 뜻.

☆**독(毒)** 독을 먹는 꿈을 꾸었다면 지금이 화해의 시기. 독을 모으는 꿈이었다면 우정이나 사랑에 금이 갈 우려가 있다. 독을 버리는 꿈은 자신을 속이는 친구를 발견하게 될 듯. 또한 금전 면에서 풍부해진다.

☆**동물 병원** 꿈에 수의사가 되는 꿈은 하는 일에 성공하여 돈을 벌 징조. 동물 병원으로 수의사를 찾아갔다면 좋은 친구를 사귈 징조이다. 동물 병원에서 수의사가 애완동물을 진찰하고 있었다면 가까운 시일 안에 자신의 일에서 중대한 결심을 해야 할 때가 찾아올 듯.

☆**동상** 고통과 고난의 씨앗이 말끔히 사라질 징조.

☆**두통** 당분간 모든 일이 자기 뜻대로 진행되기는 힘들다. 또한 자신의 비밀을 절대로 발설하지 말라는 경고이기도 하다.

☆**뢴트겐** 의사가 뢴트겐 결과를 조사하고 있었다면 자신은 장래에 대해 매우 자신감이 있다는 증거. 자기가 뢴트겐을 보고 있는 꿈이었다면 먼 곳으로부터 기쁜 소식이 있을 듯. 흉부 뢴트겐은 이성과 새로운 우정을 암시한다.

☆**마리화나** 지금 자신이 계획하고 있는 일은 명예에는 아무런 도움도 되지 않는다는 뜻. 일을 진행하기 전에 잘 생각해 보도록. 마리화나를 피우다가 들켰다면 지나친 유흥을 삼가라는 의미이다.

☆**마사지** 마사지를 받는 꿈은 아무런 근거도 없이 다른 사람을 의심하

고 있다는 증거. 지나치게 남을 의심하지 말 것. 다른 사람을 마사지해 주는 꿈은 좋은 소식이 있을 징조이다.

☆**맹인** 자신이 맹인이 되는 꿈은 주위 사람에게 배신당할 징조. 다른 사람이 맹인이 되었다면 거짓을 암시. 믿었던 사람에게 속지 않도록 조심할 것.

☆**맹장염** 맹장염에 걸리는 꿈은 말을 조심하라는 경고. 자신의 신망을 떨어뜨리지 않도록 조심할 것.

☆**목발** 장애의 꿈. 단, 꿈속에서 목발을 버렸을 경우는 예외. 그렇지 않을 경우 바람을 이루기 위해서는 많은 고통을 겪게 되어 정말 가치가 있는 일인지 의심까지 하게 될 것이다. 차라리 새로운 일에 도전하는 것이 현명할 듯.

☆**바보** 바보가 되는 꿈, 바보를 보는 꿈은 모두 자신의 지성에 의해 성공을 이룰 수 있다는 증거이다.

☆**발성 장애** 자신의 목소리가 나오지 않는 꿈은 당분간 도박이나 필요 없는 모험을 삼가라는 뜻.

☆**병**(病) 병의 꿈은 반대로 해석하여 행복한 나날을 의미한다. 아는 사람이 병에 걸렸다면 그 사람은 행복해질 징조. 컨디션이 나빠지는 꿈은 성가신 문제가 일어날 암시. 다른 사람의 컨디션이 나빠지는 꿈이었다면 약속이 깨질 우려가 있다. 일반적으로 컨디션이 나빠지는 꿈은 도박을 하지 말라는 경고이다.

☆**병원** 꿈에 병원을 보는 것은 의기소침해 있다는 증거. 야전병원이었다면 멀리 떨어져 있는 사람을 그리워하고 있다는 의미. 병원을 방문하는 꿈, 병원에서 일하는 꿈은 기쁜 소식이 있을 징조이다.

☆**보육기** 지나치게 안절부절못하고 있다. 마음을 안정시키면 모든 일이 호전될 것이다.

☆**복통** 성공을 암시하는 길몽.

☆**붕대** 붕대를 감고 있는 꿈은 좋은 소식이 있을 징조이다.

☆**빈혈** 자신의 건강 상태는 양호하다는 뜻.

☆**산부인과 의사** 사랑하는 사람과 싸움을 하여 마음이 편치 않다는 증거. 마음을 가다듬지 않으면 화해할 가능성이 없다. 산부인과 의사가 아기를 받는 중이었다면 일에서 실수를 저지를 징조이다.

☆**산성 물질** 경고의 꿈. 산성 물질을 취급하는 꿈은 위험이 찾아올 암시. 다른 사람이 산성 물질을 취급했다면 적의 죽음을 암시.

☆**산소** 자신의 앞길을 막는 것들이 서서히 사라질 징조. 자신의 눈앞에는 전망 좋은 길이 펼쳐져 있다.

☆**상처** 어떤 상처이든 자신이 지나치게 모든 일을 서두르고 있다는 경고. 다리의 상처는 자신의 평판이 나빠질 징조. 고삐를 늦추고 좀 더 차분해지도록.

☆**상처 자국** 의외로 썩 좋은 길몽. 자기 몸에 상처 자국이 있었다면 어려움을 극복할 수 있다. 상처 자국이 클수록 사태를 수습할 능력을 충분히 발휘하게 된다. 하지만 다른 사람의 몸에 상처 자국이 있는 꿈이었다면 고난의 시기가 다가올 징조이다.

☆**설사약** 설사약을 먹는 꿈이었다면 성가신 부탁을 받게 될 징조. 하지만 잘 처리할 수 있을 것이다. 다른 사람에게 설사약을 먹이는 꿈은 손해를 보리라고 생각했던 일이 뜻밖으로 이익을 가져다줄 듯.

☆**세균** 어떤 내용이든 꿈의 주제가 세균이었다면 새로운 활동을 시작하

는 것에 의해 생활에 활력이 생길 듯하다.

☆**수술** 수술을 받는 꿈은 자신의 생활이 완전히 변화할 징조. 수술 장면을 보고 있었다면 깜짝 놀랄 소식이 들어올 듯. 심장을 이식하는 꿈은 자신의 계획이 성공할 징조. 뇌수술은 원하는 것을 손에 넣기 위해서는 큰 고비를 한 번 더 넘어야 한다는 뜻이다.

☆**식물인간** 자기가 식물인간처럼 누워 있는 중환자가 되었다면 성공을 암시. 단, 뜻밖으로 시간이 좀 걸린다. 다른 사람이 그렇게 누워 있을 경우는 친구나 친척이 자신에게 도움을 요청해 올 징조이다.

☆**아스피린** 비밀을 절대로 발설해서는 안 된다는 의미이다. 이건 매우 중요한 일이니 부디 입 밖에 내지 말도록!

☆**아편** 나쁜 친구와 만나고 있다는 뜻. 다른 사람들은 당신의 친구를 보고 당신을 판단한다. 심사숙고하라.

☆**알레르기** 자기가 알레르기 증상을 일으켰다면 사교 면에서 기쁜 소식이 있을 징조. 다른 사람이 알레르기에 걸리는 꿈은 현재의 계획이 잘 진행되고 있다는 뜻이다.

☆**암** 사치스럽고 낭비가 심한 생활을 그만두고 무리하지만 않으면 건강 상태도 좋아지고 장수할 징조이다.

☆**암모니아** 쓸데없는 위험에는 도전하지 말라는 경고이다. 애정 면에서도 아주 좋지 않다.

☆**약** 약을 먹는 꿈은 지금 안고 있는 문제는 별 것 아니라는 의미. 다른 사람에게 약을 먹이는 꿈은 노력에 노력을 거듭한 결과 성공을 거두게 될 징조이다.

☆**약국** 약국에 들어가는 꿈은 친구를 선택하는 눈을 좀 더 배양하라는

뜻. 점심시간에 약국에 가는 꿈이었다면 가벼운 병에 걸릴 가능성도 있다. 하지만 밤에 약국에 가는 꿈은 무거운 병에 걸릴 가능성이 크다. 약사가 꿈에 보였다면 좋은 투자를 하게 될지도 모르지만 그 때문에 나쁜 소문에 휩싸일 위험이 있다.

☆**열** 자기 몸에 열이 났다면 지나치게 안절부절못하고 있다는 뜻. 쓸데없는 걱정이니까 인생을 즐길 수 있도록 노력할 것. 다른 사람의 몸에 열이 났다면 자극적인 일을 암시.

☆**염증** 자신의 몸에 염증이 생기는 꿈은 상황이 호전될 징조. 다른 사람일 경우에는 당분간 자기 일은 제쳐 두고 남을 위해 일하게 될 듯.

☆**예방주사** 돈 때문에 고통을 받고 있을지도 모르지만 걱정하지 말 것. 주위 사람들이 모두 도와주어 다시 재기할 수 있을 듯.

☆**외과 의사** 전직할 가능성이 있다.

☆**요오드액** 자신이 안고 있는 문제는 아무래도 모든 책임이 자신에게 있다는 의미이다. 조금만 노력하면 사태는 수습될 수 있다.

☆**의사** 대체적으로 길조. 생활의 모든 면에서 향상이 있을 듯.

☆**임신** 자신은 현재 괴로운 시기에 놓여 있다는 증거. 소녀가 이 꿈을 꾸었다면 문제를 해결하는 일에 모든 사람이 도와줄 듯. 성인 여자의 경우 소망을 이루기 위해서는 인내만이 필요하다는 뜻. 남자가 임신하는 꿈을 꾸었다면 원하는 성공을 완수하기 위해서는 상당한 시련을 겪어야 할 듯.

☆**임신 중절** 남성이 이 꿈을 꾸었다면 애정이나 금전적인 면에서 고통을 의미. 여성이 이 꿈을 꾸었다면 건강에 주의할 것.

☆**입 주위 경련** 자신의 입 주위에 경련이 일어나 말을 할 수 없는 꿈은

말을 조심하라는 경고. 입은 모든 분란의 근본이다.

☆**장애인** 장애인을 보면 누군가가 도움을 요청해올 가능성이 있다. 도와주도록 하라. 그것은 결국 자신을 위한 행동이 될 것이다. 자신이 장애인이 되는 꿈은 나에게 도움을 주는 사람들은 틀림없이 의지할 수 있는 진정한 친구라는 뜻이다.

☆**절개 수술** 위기나 뭔가를 잃을 것이라는 경고의 꿈. 갑자기 친구가 사라져 버린다거나 자신의 사업을 빼앗기게 될 듯. 여하튼 자신이 소중하게 여기고 있던 무엇인가를 잃게 된다는 의미이다.

☆**정신병자** 정신병자가 되는 꿈은 좋은 소식이 있을 징조. 하지만 다른 사람이 정신병자가 되었다면 뜻밖의 재난에 휘말릴 듯.

☆**정제** 정제 형태의 약이 꿈에 보였다면 초조한 상태에 놓여 있다는 증거이다. 정제를 먹는 꿈은 우유부단한 경향이 있다는 뜻. 정제가 병에 들어있었다면 지나치게 고민하고 있다는 뜻이다.

☆**조산원** 비밀이 탄로 날 징조. 조산원의 도움을 받는 꿈이었다면 즐거운 나날이 계속될 듯. 자기가 조산원이 되는 꿈이었다면 누군가에게 배신당할 징조. 항상 조심하도록.

☆**천식·질식** 숨을 쉬기가 힘든 꿈이었다면 반드시 종합진찰을 받아 보는 것이 좋다.

☆**청각 장애** 귀가 들리지 않는 꿈은 돈이 생길 징조. 꿈에 귀머거리를 보았다면 지금 안고 있는 문제가 곧 해결될 듯. 귀머거리에게 뭔가 전하려 했다면 애정 면에서 잘못 판단하고 있는 것이 없는지 재검토해 볼 필요가 있다.

☆**청진기** 뭔가 특이한 일을 해서 주위의 칭찬을 듣게 될 듯.

☆**출산** 좋은 소식이 날아올 듯. 단, 독신 여성이 출산하는 꿈을 꾸었다면 애인과 이별하게 될지도 기혼여성이라면 큰 기쁨을 암시. 순산이었다면 나는 고통에 대해 매우 참을성 있는 사람이라는 의미. 한편 난산은 역경과 고난을 의미. 하지만 자신의 이성적인 사고방식 덕분에 모든 일은 원만히 수습될 것이다. 동물의 출산을 보는 꿈이었다면 자신의 발목을 움켜쥐려는 누군가가 호된 꼴을 당하게 될 듯.

☆**치통** 어떤 상황에 대해 자신이 그다지 명예스럽게 여기지 않고 있다는 뜻이다.

☆**코카인** 의약용으로 사용되고 있었다면 사업이 호황을 띨 듯. 하지만 흥분제로 사용되고 있었다면 슬픈 일이 생길 징조이다.

☆**키니네** 전부터의 습관 또는 오래 사귄 친구가 나의 앞길을 방해하고 있다. 낡은 사슬은 끊어버리고 새로운 걸음을 내디딜 것

☆**통증** 꿈속에서 약간의 통증을 느꼈다면 의사를 찾아가 보는 것이 좋다. 심한 통증이었다면 자신에게 도움이 될 중요한 일을 암시한다.

☆**편도선 비대증** 편도선을 수술로 제거했다면 가까운 친구가 나를 입에 침이 마르도록 칭찬할 것이다.

☆**해독제** 어떤 해독제라도 먼 곳에서 발생할 스캔들을 암시. 해독제를 복용하는 꿈은 좀 더 주의 깊게 사람을 사귀라는 뜻이다.

☆**홍역** 자기가 홍역에 걸렸다면 질투나 시기는 그만두라는 의미. 그럴수록 사태는 악화한다. 특히 사업 면에서는 더욱. 다른 사람이 홍역에 걸렸다면 마음속의 문제가 깨끗이 해결되기 힘들다. 단, 어린아이가 홍역에 걸렸을 경우는 행복이 눈앞으로 다가올 듯.

종교에 관한 꿈

☆**교황** 로마교황이 높은 자리에 앉아 있었다면 자신의 새로운 아이디어를 잘 갈무리하도록 하라. 틀림없이 성공할 것이다. 교황이 추기경들에게 둘러싸여 있었다면 자신이 친구들과 함께 적성에 맞지 않는 일을 하고 있다는 증거이다. 자기가 교황으로 등장했다면 온화하고 행복한 미래를 암시. 교황과 이야기를 나누는 꿈은 파트너와의 문제가 곧 해결될 징조이다.

☆**교회** 밖에서 교회를 바라보는 꿈은 길몽이지만 안으로 들어갔다면 고민이 있다는 증거. 하지만 걱정할 것 없다. 고민이라고 생각했던 문제가 실은 하느님의 은혜였다는 것을 깨닫게 될 테니까. 교회에 소속된 묘지는 좋은 일이 일어날 징조

☆**구세군** 지금보다 훨씬 더 정신적인 만족을 얻게 될 징조이다.

☆**그리스도** 그리스도에 관한 꿈은 불행 속의 안정을 의미. 그리스도와 이야기를 나누거나 기도를 하는 꿈, 그리스도의 몸을 만지는 꿈은 진정

한 안정이 찾아올 징조이다.

☆**기도** 기도를 하는 꿈은 마음의 평화를 약속. 기도하는 소리가 들렸다면 오랫동안 이어질 성실한 우정을 상징한다.

☆**대성당** 밖에서 바라보았다면 자신의 가장 소중한 소원이 이루어질 징조 안으로 들어갔다면 실패를 암시. 하지만 기죽을 것 없다. 다시 새로운 일을 시작하게 될 테니까.

☆**랍비** 자신이 유대교도라면 랍비의 꿈은 노력한 보람이 있어서 성공하게 된다는 의미. 그 밖의 경우에는 자신의 야심을 이루기 위한 일에 친구들이 도와줄 것이라는 의미. 자기가 랍비가 되는 꿈은 미래의 경제는 장밋빛. 틀림없이 넉넉한 생활을 보내게 될 것이다.

☆**모독** 신을 모독하는 말을 들었다면 자기가 하고 싶어하는 일이 무엇인지 곧 깨닫게 될 듯. 자기가 그런 말을 했다면 겉치레뿐인 친구가 나를 난처하게 만들려 하고 있다는 뜻이다.

☆**무신론자** 자기가 무신론자였다면 이성과 만남을 더욱 신중하게 하라는 경고이다.

☆**묵주** 묵주가 꿈에 보였다면 영향력 있는 사람이 자신을 지지하며 도와주고 있다는 증거. 상아로 된 묵주는 자신은 지금 너무 경솔하다는 뜻. 나무로 된 것은 감상적이라는 의미. 묵주를 사는 꿈은 새로운 계획에 높은 바람을 가지고 있다는 뜻이다.

☆**미사** 건물 밖의 미사라면 좋은 소식이 있을 징조 교회에서의 미사라면 어려움이 닥칠 것이라는 암시이다.

☆**부활절** 부활절을 축하하는 꿈은 좋은 시간을 보내게 될 징조이다. 부활절의 퍼레이드는 자신에게 유혹의 손길이 다가오고 있으니 조심하라

는 경고이다.

☆**선교사** 자기가 선교사가 되었다면 오랜 시간 계획해 왔던 일이 실패로 끝날 가능성이 있다. 하지만 선교사로 개종(改宗)하게 되는 꿈이라면 만사가 뜻대로 풀릴 것이다.

☆**설교** 교회에서 설교를 듣는 꿈은 소중한 계획에서 뒤처질 가능성이 있음을 암시한다. 자기가 설교하는 꿈은 근거도 없는 일로 남을 의심하고 있다는 증거.

☆**성모마리아** 신용이 떨어지지 않도록 조심하라는 의미이다.

☆**성서** 성서가 꿈속에 보였다면 과거에 베풀었던 선행이 열매를 맺을 징조이다. 단, 성서대 위에 놓여 있는 성서라면 정신적으로 불안정하다는 뜻. 성서에 손을 올려놓고 선서하는 꿈은 좀 더 자기주장을 하라는 뜻이다.

☆**성직자** 목사 등의 성직자가 꿈에 보였다면 혼자서 생각할 여유를 가지도록. 그렇지 않으면 실망할 일이 생길지도 모른다.

☆**성찬의 떡** 성찬의 떡은 너무 많은 일에 손을 대고 있다는 경고. 한 번에 해치우려 하면 무리가 따르는 법이다. 차례차례 풀어나가도록.

☆**세례** 세례의 꿈은 예기치 않은 일이 발생하여 실망할 징조. 하지만 걱정할 것 없다. 새로운 문이 열리려 하고 있으니까. 세례를 받는 어린이의 꿈은 더할 나위 없는 기쁨을 상징한다.

☆**수녀** 사업 면에서 너무 잘난 척하지 말 것. 분명히 성공하기는 했지만, 아무에게나 자랑하고 다니는 것은 금물. 젊은 수녀는 욕망이 채워지지 않았다는 뜻. 늙은 수녀는 장래에 도움이 될 경험을 암시. 수녀가 노래를 부르고 있었다면 자신과 파트너는 행복한 생활을 보낼 수 있을

것이다.

☆**수도원** 꿈에 수도원을 보았다면 마음의 평화를 얻을 수 있는 길몽이다. 황폐한 모습의 수도원은 뜻밖의 행운을 암시한다. 특히 경제적인 면에서 더욱 그렇다.

☆**수도원장** 자신의 정열을 억누르라는 경고이다. 자기가 수도원장이 되는 꿈은 계속되는 실망을 암시. 여러 명의 수도원장은 슬픔과 고통을 뜻한다.

☆**순교자** 자기가 순교자가 되는 꿈은 요즘 지나치게 자기 자신을 희생시키고 있다는 증거이다. 의지를 굳게 다지고 자기주장을 하도록. 사람이 좋은 것도 좋지만 그 전에 자기의 가정부터 돌아보아야 한다. 다른 사람이 순교자로 등장했다면 자신이 안고 있는 문제를 조정하지 않으면 큰 문제로 확대될 가능성이 있다.

☆**숭배** 사람이나 물건을 숭배하는 꿈은 안정된 평온기(平穩期)를 의미. 만족스러운 생활이 바로 눈앞에 있다.

☆**신(神)** 신을 보거나 신의 목소리를 듣거나 신의 존재를 의식하는 꿈은 주위의 상황에 자신을 맞추기만 하면 만족과 안정을 모두 얻을 수 있다는 의미. 신에게 기도하는 꿈은 번영을 상징. 신과 이야기를 했다면 더할 나위 없는 행복이 찾아올 징조이다.

☆**신화** 신화 속의 인물이 꿈에 나타나면 아첨만 잘하면 무엇이든 성사시킬 수 있다는 암시. 말로 아첨하는 것도 좋고, 상사에게 뇌물을 건네주는 것도 괜찮다. 틀림없이 원하던 것이 손에 들어온다.

☆**십계** 십계와 관련된 꿈은 어떤 것이든 진로를 변경하라는 경고의 뜻이다. 스스로 지금 하는 일은 잘못된 것이라 여기고 있을 것이다. 그런데

계속해 나갈 필요가 있을까?

☆**십자가** 나무 십자가는 예기치 않았던 일을 암시한다. 금으로 된 십자가는 상사가 나에 대한 소문을 내고 있다는 뜻. 하지만 좋은 소문이다. 그 밖의 십자가인 경우는 위안과 안정의 상징이다.

☆**아담과 이브** 아담과 이브 중 어느 쪽이든 꿈에 보였다면 가장 큰 소원이 이루어질 징조. 아담이나 이브와 이야기를 나누는 꿈은 소중하게 다듬어 온 계획(일시적인 계획이지만)을 미루게 된다는 암시. 아담과 이브가 함께 나타났다면 최고의 길몽. 여자가 꿈에 아담을 보았다면 가까운 시일 안에 온 가족이 모여 저녁 식사라도 함께하게 될 듯.

☆**예배당** 대길. 곧 진심으로 행복을 느끼게 될 듯.

☆**우상** 우상을 숭배하는 꿈은 큰 실망을 느끼게 될 징조. 나무로 만들어진 우상은 몸가짐을 신중히 하라는 경고이고, 금으로 만든 것은 질투나 시기를 조심하라는 뜻이다.

☆**유물** 꿈에 유물을 보았다면 과거에 자신이 저지른 실수에 대해 죄책감을 느끼고 있다는 증거. 종교적인 유물이 꿈에 보였다면 자신이 믿음직한 사람이라는 뜻. 그 덕분에 많은 사람에게 사랑을 받을 듯.

☆**제단** 잃어버렸던 돈을 찾을 가능성이 있다. 제단 앞에서 무릎을 꿇고 있는 꿈은 숨겨 두었던 욕망을 채울 수 있을 듯. 제단을 장식했다면 머지않아 금전적인 혜택이 있을 징조이다.

☆**종교** 꿈의 주제가 종교였다면 머지않아 만족감과 편안함을 얻게 될 것이다.

☆**주교** 교회의 실내에 주교의 모습이 나타났다면 오랫동안 끌어온 상황에 새로운 전개가 펼쳐질 듯. 주교가 제단 앞에 서 있었다면 밝은 미래

를 암시. 주교가 기도를 하고 있었다면 가정에 즐거운 일이 일어날 징조
이다.

☆천사 지극히 좋은 꿈. 사람들에게 더욱 존경받게 되고 사랑과 평화와
건강을 손에 넣게 된다. 자기가 천사들에게 둘러싸여 있었다면 믿을 만
한 친구들과 함께 행복하게 살아갈 수 있다는 뜻이다.

☆첨탑(尖塔) 교회의 첨탑은 진실한 사랑과 우정을 암시. 하지만 첨탑이
기울어지거나 비뚤어져 있었다면 목표를 달성하기 위해서는 많은 어려
움을 극복해야 한다.

☆추기경 행운이 찾아올 징조이다. 추기경이 기도나 축복의 말을 하거
나 행렬 기도를 했다면 새로운 경험, 중요한 변화, 사업상의 승진을 암시
하는 것이다.

☆축복기도 자신이 목사나 신부에게 축복을 받는 꿈은 행운을 상징한
다. 내가 아닌 다른 사람이 축복을 받는 꿈은 행복한 가정을 암시. 자신
이 누군가에게 축복의 인사를 건넸다면 장애를 뛰어넘기 위한 고생을
떠맡게 된다.

죽음에 관한 꿈

~~~~~~~~~~

☆**검시**(檢屍) 새로운 책임을 지게 될 징조. 힘은 들겠지만 오히려 즐겁게 처리해 나갈 수 있을 듯.

☆**관** 단순히 관을 보았을 뿐이라면 곧 결혼하게 되든지 부동산을 사게 될 듯. 자신이 관 속에 들어가 있었다면 생활이 변화할 징조. 단, 장식을 한 관이라면 파트너의 죽음을 암시한다.

☆**교수대** 꿈에 교수대를 보았다면 행복을 암시. 교수대에서 죽었다면 곧 명예로운 지위를 얻게 될 징조. 아는 사람이 교수대 위에 있었다면 라이벌과 경쟁을 피하도록.

☆**교수형** 자기가 교수대에 올라 목이 매달리는 꿈은 사회적인 지위가 상승할 징조이다. 다른 사람일 경우에는 당분간 금전 문제가 악화될 듯.

☆**기요틴**(단두대) 어린아이 같은 행동만 하면 친구를 잃을 우려가 있다는 경고이다. 종이를 자르는 기요틴 식 재단기였다면 쓸데없는 일을 그만두지 않으면 호된 꼴을 당하게 된다는 의미.

☆**대량 학살** 도둑이나 강도를 맞을 가능성이 있다. 문단속을 잘 하도록 주의할 것.

☆**두개골** 사람의 두개골을 보았다면 주변에 믿을 수 없는 사람이 있다는 증거. 동물의 두개골이었다면 귀찮은 상황을 암시.

☆**매장**(埋葬) 출산이나 결혼 소식이 있을 듯. 자기가 생매장을 당하는 꿈은 윤리에 어긋나는 일에 휩싸이지 않도록 조심하라는 경고이다.

☆**목을 조르는 행위** 상당한 노력을 기울이지 않으면 원하는 것을 손에 넣을 수 없다는 뜻이다. 자기의 목이 졸리는 꿈이었다면 마음이 나약해져 있다는 증거. 다른 사람의 목을 조르고 있었다면 확실하게 믿을 수 있는 사람이 없는 한 자기의 판단을 믿는 것이 가장 상책이다.

☆**묘비** 새로 세워진 묘비는 새로운 기회를 의미. 오래된 묘비였다면 우정을 되살릴 수 있을 듯.

☆**묘지** 손질이 잘된 묘지는 행복과 부를 상징. 황폐한 모습이었다면 몇 번의 난관이 있을 듯. 묘지에 꽃이 꽂혀 있었다면 약간 신경과민 상태라는 뜻이다.

☆**무덤** 별로 좋은 꿈은 아니다. 새로운 무덤은 약속이 깨어질 것을 암시한다. 버려진 무덤은 괴로운 일이 생길 징조. 무덤의 내부가 드러나 있었다면 누군가가 나에게 경쟁심을 가지고 내가 하는 일을 방해하려 한다는 증거이다.

☆**방부처리** 사체를 방부 처리하는 모습을 보았다면 다른 사람이 자신의 행동을 오해하고 있다는 뜻이다. 오해를 풀기 위해 한층 더 노력하는 게 어떨지?

☆**비행기 사고** 비행기 사고가 일어나 자기가 죽었다면 정열을 가질 필

요가 있다는 뜻이다.

☆**사당** 꿈에 사당을 보았다면 모든 일이 뜻대로 진행될 징조. 단, 사당 안에 갇히는 꿈은 건강진단을 받아 볼 필요가 있다.

☆**사망 기사** 사망 기사를 읽고 있는 꿈은 좋은 소식이 들어올 징조.

☆**사별(死別)** 가까운 사람과 사별하는 꿈은 머지않아 출산이나 약혼, 결혼 등의 소식이 있을 징조이다.

☆**사체 안치소** 어려움과 반대가 기다리고 있다. 자신의 사체가 있었다면 건강에 신경을 쓰도록. 이왕이면 종합진찰을 받아 보는 것이 좋다.

☆**사체(死體)** 모르는 사람의 사체라면 만족스럽고 행복한 생활을 암시. 하지만 아는 사람의 사체였다면 연인과의 관계가 파국을 맞이할 듯. 사체가 여러 구였다면 지금까지 생각하지도 않았던 분야에서 성공을 거두게 될 징조. 여성의 사체는 친구로부터 상당한 피해를 입을 듯. 남성의 사체라면 좋든 싫든 인생의 난관에 직면하게 된다. 썩은 사체는 중노동의 상징. 최종적으로는 목표를 달성할 수 있지만, 이마에 땀 꽤나 흘리게 될 것이다. 동물이 도살당하는 모습을 보았다면 옛 친구의 죽음을 암시.

☆**사형** 자신의 계획은 상상 이상으로 너무 많은 노력을 필요로 한다. 자기가 사형선고를 받는 꿈이라면 건강 면에서 좋은 소식이 들릴 듯.

☆**산 제물** 동물을 산 채로 제물로 바치는 꿈은 사업 면에서 계속 말썽이 일어날 징조이다. 아들이나 딸을 제물로 바쳤다면 심각한 의견 대립으로 인해 사랑하는 사람과 헤어지게 될 우려가 있다.

☆**살인** 꿈속에서 사람을 죽이면 스트레스가 많이 쌓였다는 증거. 아버지를 죽이는 꿈은 뭔가 희생을 강요당하게 된다. 어머니를 죽이는 꿈은 남들에게 욕을 얻어먹을 듯. 애인을 죽이는 꿈은 싸웠던 사람과 화해하

게 될 징조. 살인을 목격하는 꿈은 자신에게 좋지 않은 결과가 찾아올 것이다.

☆**상복용 베일** 상복용 베일이 꿈에 나타나면 화낼 일이 생길 징조이다.

☆**살상** 살상을 하는 꿈은 자신이든 다른 사람이든 모두가 흉몽이다. 생활이 여러 방면에서 악운을 초래한다. 예를 들면 돈을 잃어버리거나 화재를 당하거나 사랑하는 사람과 싸움을 하는 등 암흑의 시기가 찾아올 징조이다.

☆**수의** 꿈에 수의를 보았다면 파티에 초대를 받을 징조.

☆**영구차** 생활의 짐이 가벼워질 듯. 자기가 영구차를 운전했다면 지금보다 더 무거운 책임을 지게 될 징조이다.

☆**유골** 온통 유골에 뒤덮여 있었다면 불운을 암시. 단, 일시적인 것이다. 유골을 없애버리는 꿈이었다면 경제적인 문제로 고민하게 될 듯. 주의를 게을리한 본인의 책임이 크다. 유골을 뿌리는 꿈은 부를 암시한다.

☆**유골함** 목제 유골함은 번영을 상징. 도자기였다면 요즘 지나치게 말이 많다는 증거. 안에 유골이 가득 들어있었다면 자신은 지금 실행하고 있는 계획에 별로 열중하지 않고 있다는 뜻. 유골함이 깨어져 있었다면 어떤 일로 마음이 약해져서 극복하기 위해 발버둥을 치고 있다는 증거.

☆**유언·유언장** 자기가 유언이나 유언장을 남기는 꿈은 필요 이상으로 건강에 신경을 쓰고 있다는 뜻이다. 다른 사람의 유언이나 유언장은 가정 문제를 암시한다.

☆**자살** 환경을 바꾸든가 마음을 안정시킬 필요가 있다. 분명히 자신의 능력으로는 감당할 수 없는 상황이다.

☆**장례식** 장례식을 보는 꿈, 장례식에 참석하는 꿈은 반대로 해석한다.

결혼이나 약혼 소식이 있을 듯. 자신의 장례식이었다면 고민스러운 일이 곧 해소될 것이다.

☆**죽음** 죽음은 나쁜 운을 나타내는 경우가 드물다. 자기가 죽는 꿈은 고민에서 벗어나 인생에서 새로운 출발을 하게 된다는 의미. 죽은 사람과 이야기를 나누는 꿈은 가까운 시일 안에 좋은 소식을 받게 될 징조 다른 사람의 죽음은 탄생 또는 지나치게 일에 열성적인 자신에게 휴식을 가지라는 충고를 의미. 요즘 만나지 않는 친구의 죽음은 결혼을 암시. 사별(死別)한 슬픔에 잠겨 있었다면 출산이나 약혼, 결혼 소식이 들어올 징조 죽은 사람이 꿈에 보였다면 행운이 찾아올 징조이다.

☆**화장**(火葬) 화장한 후의 유골은 뜻밖의 상속을 의미한다. 자기를 화장하는 모습을 지켜보는 꿈은 다른 사람의 말에 흔들리지 말라는 경고이니, 자기의 판단을 따르도록. 다른 사람을 화장하는 꿈이라면 건강 및 상속의 가능성을 암시. 유골함에 든 유골을 보았다면 지금 계획하는 일이 별로 마음에 들지 않는다는 뜻. 하지만 결혼이나 출산과 같은 기쁜 소식이 들어올 것이다.

초상현상에 관한 꿈

☆**괴물** 나쁜 꿈이다. 의기소침해 있다거나 비관적인 생각이 들어 다른 사람과의 교제가 제대로 이루어지지 않고 있는 것은 아닌지? 괴물의 습격으로 쫓기는 꿈은 최근에 매우 실망한 일이 있었던 듯. 하지만 뛰어넘을 수 있는 장벽이니 너무 기죽지 말 것

☆**마녀** 꿈에 마녀를 보는 것은 자신의 사교 생활이 향상될 것임을 의미한다. 하지만 애정은 불길하다. 환상에서 깨어나듯 새로운 사람을 찾게 될 것이다.

☆**마법** 어떤 마법이든 뜻밖의 변화를 암시. 처음에는 이해하기 어렵겠지만 결과적으로는 모두 납득할 만한 일이다.

☆**마술** 꿈속에서의 마술은 뜻하지 않은 변화를 암시. 처음에는 이해하기 어렵겠지만 결국은 납득할 수 있는 변화이다. 마술사가 마술을 보여주는 꿈은 옛 애인과 다시 만나거나 옛 친구와 새로운 우정을 다질 가능성이 있다.

☆**악마** 위험을 의미. 악마를 보았다면 달콤한 유혹이 있을 징조. 하지만 거절해야 한다. 악마와 이야기를 나누었다면 이미 나쁜 일이 일어나고 있다는 증거. 자기가 악마로 등장했다면 피곤하고 말썽 많은 나날이 찾아올 징조이다.

☆**에일리언** 에일리언을 만나는 꿈은 중요한 변화를 예고하는 것이다. 자기가 에일리언이 되는 꿈을 꾸었다면 소중한 친구가 될 사람을 만나게 될 듯.

☆**영혼** 영혼과 접하는 꿈은 좋은 소식이 있을 듯. 단, 영혼을 보고 두려움을 느꼈다면 건강진단을 받아 볼 것. 죽은 친척의 영혼이라면 번영을 암시한다.

☆**오컬트**(occult. 신비한 초자연적 학문) 비밀스러운 정보를 손에 넣게 될 징조이다. 그 정보를 유익하게 사용할 수 있을 듯. 꿈에 강령술(신이 내리게 하는 술법)을 배웠다면 자존심을 버리고 다른 사람에게 도움을 요청하도록.

☆**요정** 꿈에 요정을 보았다면 기대도 하지 않았던 일이 멋지게 성사될 징조이다.

☆**유령** 유령이 걷고 있었다면 좌절과 경제난을 의미. 유령이 말을 했다면 자기 자신을 속이고 있다는 증거. 사실을 받아들이도록 하라. 유령이 하얀 옷을 걸치고 있었다면 건강을 암시. 하지만 검은색이었다면 애인이 여느 때와는 다른 모습을 보여 줄 듯. 그것이 원인이 되어 말다툼을 할 가능성이 있다. 유령을 보고도 도망을 가지 않았다면 애정 면, 사업 면에서 모두 향상될 징조이다.

☆**이상한 현상** 깃털로 뒤덮인 개라든가 캥거루처럼 뛰어다니는 인간처

럼 이해할 수 없는 일이 꿈에 나타났다면 가까운 시일 안에 문제가 해결
될 징조

☆**작은 요정** 꿈속에서 엘프나 가브린처럼 인간에게 장난을 하는 요정
을 보았다면 애정 면에서 위기에 직면할 듯. 사업 면에서도 라이벌이 나
타날 징조이다

☆**최면술** 자기가 최면술에 걸리는 꿈은 잠자는 사자를 건드리지 말라
는 의미. 자기가 다른 사람에게 최면술을 걸었다면 금전 관리에 신경을
쓰도록. 주머니가 점점 얇아질 징조이다.

☆**후광**(後光) 누군가의 주위에 후광이 비쳤다면 슬픈 소식을 암시. 자기
의 몸에 후광이 비쳤을 경우는 해외여행을 하게 될 징조

경찰·범죄에 관한 꿈

☆**감옥** 옛날식으로 된 감옥을 꿈에서 보았다면 장애의 의미이다. 석방되거나 탈출하는 꿈이었다면 문제는 일시적인 것. 그렇지 않았을 경우 험난하고 힘겨운 길이 펼쳐질 듯. 다른 사람이 감옥에 있는 꿈은 고민이 즉시 해소될 징조.

☆**강도** 은행 강도를 목격했다면 애정을 쏟기에는 너무나 부족한 상대에게 빠져 있다는 증거. 경솔한 행동을 삼가도록.

☆**경찰** 마음씨 좋은 경찰을 만나는 꿈이었다면 사랑하는 사람이 손을 내밀어 줄 징조이다. 이제 자신감을 가져도 될 것이다. 자기가 경찰이 되어 등장했다면 자신이 다른 사람의 일에 지나치게 간섭하고 있다는 증거이고, 파출소에 가는 꿈은 사업상 중요한 계획에 관여하고 있다는 뜻이다. 파출소에서 나오는 꿈이었다면 이성과의 우정을 애인이 오해하게 될 듯.

☆**공갈 협박** 남성이 이 꿈을 꾸었다면 애정이나 이해에 굶주려 있다는

증거. 여성일 경우에는 금전 문제를 안고 있다는 뜻. 친구가 협박을 당하고 있었다면 스스로 자신감을 잃고 비관적인 마음이 되어 있다는 뜻. 자기가 누군가를 협박했다면 스스로 극도의 자만심에 가득 차 있으며 야망 또한 지나치게 높다는 증거이다.

☆**교도소** 자신이 투옥당했다면 행운을 암시. 단순히 교도소가 보였을 뿐이라면 가정에 행복이 찾아올 징조

☆**단속** 경찰의 단속을 받는 꿈은 자기 자신의 문제로 고민을 하고 있다는 증거. 하지만 체포당하지 않았을 경우는 모든 일이 순조롭게 진행될 것이다.

☆**도둑질** 자기가 살고 있는 집에 도둑이 들어오는 꿈은 사람들의 배신에 주의하라는 경고이다. 현행범인 도둑을 붙잡았다면 유산상속을 받을 가능성이 있다.

☆**독방** 대강대강 얼버무리는 태도를 삼갈 것. 무엇이든 약속을 했으면 반드시 실행에 옮길 것. 그렇지 않으면 친구를 잃게 된다.

☆**문초** 자기가 문초를 하는 꿈이었다면 자신이 주위 사람들과 오랫동안 관계를 유지해 나가기 힘든 타입이라는 것을 암시한다. 자기가 문초를 당하고 있었다면 뜻밖의 즐거운 일이 생길 듯. 아마 오랫동안 기억에 남을 여행일 가능성이 크다.

☆**밀수** 가족이나 친척의 수치스런 일이 드러날 듯. 하지만 걱정할 것 없다. 소동은 곧 가라앉을 것이다.

☆**범죄** 범죄에 대한 이야기를 듣거나 현장을 목격하는 꿈은 주위의 상황이 호전될 징조. 범죄를 저지르는 꿈은 매우 소중한 일에서 성공을 거둘 듯. 붙잡혔다면 비밀을 털어놓지 말라는 경고

☆**수갑** 자신이 수갑을 차는 꿈은 고민이 곧 해결될 것이라는 의미이다. 다른 사람이 수갑을 차고 있었다면 안전과 보호를 상징. 자기가 다른 사람에게 수갑을 채우는 꿈은 뜻밖의 인생이 펼쳐질 징조. 수갑이 등장하는 꿈은 길몽에 속한다.

☆**암살** 암살을 하는 사람이 자신이든 다른 사람이든 이것은 흉몽. 생활이 여러 방면에서 악운을 초래한다. 예를 들면 돈을 잃어버리거나 화재를 당하거나 사랑하는 사람과 싸움을 하는 등 암흑의 시기가 찾아올 징조이다.

☆**유괴** 자기가 유괴당하는 꿈은 친구를 바꾸라는 신호이다. 그렇지 않으면 나쁜 일에 휘말리게 된다. 자기가 유괴를 하는 꿈은 귀중품을 잘 간수하라는 신호이니, 잃어버리거나 도둑맞을 위험이 있으니 각별히 주의해야 한다. 다른 사람이 유괴당하는 꿈은 예기치 못한 사건이 일어날 징조이다.

☆**죄**(罪) 나쁜 짓을 해서 죄책감에 사로잡혀 있는 꿈은 반드시 나쁜 것만은 아니다. 대체로 전망이 좋아진다는 뜻. 다른 사람의 죄가 들통나는 꿈을 남자가 꾸었다면 가까운 시일 안에 지금까지는 없었던 상황에 순응해야 할 필요가 생길 듯하고, 여자가 이 꿈을 꾼 경우에는 상처 입기 쉬운 상태가 되어 있다는 증거이다. 그리스도를 배반한 유다가 꿈에 나타났다면 새로운 친구를 조심하도록. 그다지 깊은 관계가 되기도 전에 상대방의 정체가 드러날 것이다. 정의의 여신이라면 더할 나위 없는 미래를 약속한다.

☆**죄수** 고민이 곧 해소될 징조이다. 단, 죄수가 탈옥하는 꿈이었다면 누군가가 자신을 방해하려 하고 있으니 불굴의 정신으로 버틸 것. 자기가

278

유죄 판결을 받고 죄수가 되는 꿈은 성공을 암시한다.

☆**죄수복** 금전적인 장애의 꿈. 죄수복을 벗는 꿈이었다면 누군가가 자신을 궁지에서 구해 줄 것이다. 그 밖의 꿈이라면 낭비와 사치를 조심하도록.

☆**지하 감옥** 장애의 꿈. 자기가 지하 감옥에 갇혀 있었다면 지금의 계획을 변경할 필요가 있다. 지하 감옥에서 탈출했다면 모든 일이 잘 진행될 것이다. 단, 상당한 노력이 필요하다.

☆**체포** 체포당하는 꿈은 슬픔 뒤에 기쁨이 찾아올 징조. 다른 사람이 체포당했다면 뜻밖의 선물이 들어올 듯.

☆**형사** 형사는 꿈 그대로의 의미. 고민거리가 곧 풀릴 것이다.

☆**호송차** 호송차가 갇혀 있는 꿈은 자신의 지위가 향상될 징조. 다른 사람이 호송차로 연행되었다면 일시적인 좌절을 각오해야 한다.

무기에 관한 꿈

☆**검(劍)** 약간의 장애를 암시. 칼집에서 칼이 뽑히는 것을 보았다면 금전 문제를 깨끗하게 해결하라는 경고이다. 내버려두면 더욱 큰 문제로 번지게 된다.

☆**공기총** 꿈에 공기총을 보았다면 결단을 내릴 일은 잠시 미룰 것. 공기총을 사는 꿈은 누군가에게 속고 있다는 증거. 공기총을 받는 꿈은 만사에 요주의. 연인이 양다리를 걸치고 있을 가능성이 크다.

☆**군대 막사** 꿈에 군대의 막사를 보았다면 머지않아 심각한 문제에서 벗어날 수 있을 듯. 단, 막사 안에 군인들이 가득 차 있었다면 문제에 휘말릴 징조이다.

☆**권총** 누군가가 권총에 의해 살해당하는 것을 보았다면 지금까지 침울했던 나날이 끝나고 새로운 생활을 향해 출발할 기회가 왔다는 의미이다. 자신이 권총을 사용해서 사람을 살해했다면 이성에게 실망하게 될 듯하다.

☆**다이너마이트** 다이너마이트가 폭발하지 않았다면 이제 자신의 고민은 더 이상 커지지 않을 것이다. 또는 걱정할 필요도 없는 일이라는 것을 깨닫게 될지도. 다이너마이트가 폭발하는 것을 보거나 소리를 들었다면 계획을 포기하는 게 좋다. 성공할 가망성이 없다.

☆**대포** 자신은 지금 고민에 빠져 있으며 위험한 일에 손을 대려 한다는 증거. 대포를 쏘는 꿈을 남성이 꾸었다면 사업에 위기가 닥칠 징조. 여성일 경우에는 제복을 입은 사람과의 만남을 의미한다.

☆**수류탄** 수류탄을 던지는 꿈은 자기 자신의 성급한 행동 때문에 가까운 시일 안에 수치를 당하게 될 징조. 단순히 수류탄을 보았을 뿐이라면 자신의 판단을 믿을 것.

☆**총** 총알이 들어 있는 총은 불운의 상징. 총알이 없다면 요즘 신경이 날카로워져 있다는 증거. 총을 쏘는 꿈은 새로운 계획을 실행에 옮기기에는 지금이 가장 좋은 시기라는 뜻. 총소리를 들었다면 자기는 지금 아이디어가 넘치고 있다는 의미. 무엇이든 마음껏 시도해 보는 게 어떨지? 총으로 사람을 살해하는 것을 보았다면 인생의 혼란기를 마치고 심기일전할 때가 되었다는 징조. 자신이 사람을 쏘아 죽였다면 애정 면에서 실망이 있을 듯.

☆**총알** 자기가 총알에 맞는 꿈을 꾸었다면 병원에서 검사를 받아 보는 것이 좋다. 단순히 총알을 보거나 총소리를 듣는 꿈이었다면 심각한 스캔들에 휘말릴 우려가 있다. 좀 더 신중해지도록.

☆**칼**(작은 것) 뜻밖의 소식이 들어올 듯. 자기가 칼을 가지고 있는 꿈이었다면 임기응변을 좀 더 배우도록. 그렇지 않으면 귀찮은 상황에 놓일 우려가 있다. 다른 사람이 칼을 가지고 있었다면 아무리 강경한 반대에

부딪힌다 해도 멋지게 승리를 거둘 수 있을 것이다. 칼날이 날카로웠다면 새로운 친구가 생길 징조. 녹슨 칼은 병을 암시한다.

★**폭탄** 폭탄이 폭발하는 꿈은 누군가와 심한 말다툼을 하게 될 징조. 하지만 우호적인 분위기에서 막을 내릴 것이다.

★**화살** 자기가 화살에 맞는 꿈은 뜻밖의 인물 때문에 불운을 맞이하게 될 징조. 화살을 쏘는 꿈은 불행을 암시. 독화살이라면 심각한 고민과 불행을 상징.

★**화살통** 화살이 가득 찬 화살통을 보았다면 자신의 목표에 좀 더 집중할 필요가 있다. 그렇지 않으면 과녁을 벗어나 버릴 테니까.

★**화약** 운 좋게 위험에서 벗어날 수 있을 징조

법률문제에 관한 꿈

☆**무죄 판결** 재판에서 무죄 판결을 받는 꿈은 적의에 찬 경쟁을 경험하게 될 듯. 하지만 안심해도 좋다. 순식간에 당신의 승리로 끝나게 될 테니까.

☆**배심원** 배심원 앞에 있었다면 어떤 일에서의 화해가 성립될 듯. 하지만 자기가 배심원이었다면 다른 사람의 말에 귀를 기울이지 말고 자신의 직감만을 믿으라는 뜻이다.

☆**법률문제** 법률적인 문제나 변호사가 관련된 꿈은 어느 것이나 사업이나 금전적인 트러블을 암시한다. 위험한 일에 손을 대거나 무언가를 빌려주는 짓은 하지 말 것. 자기가 변호사가 되는 꿈은 자신의 저력이 성공을 불러온다는 암시. 누군가를 변호하는 꿈을 꾸었다면 어떤 일 때문에 친구들에게 신용을 잃을 우려가 있다. 단순히 변호사가 꿈에 보였을 뿐이라면 나에게 고민이 있다는 증거.

☆**변호사** 자신이 변호사가 되는 꿈은 마음이 편안하고 금전이 넉넉하

다는 뜻. 자신을 변호하기 위해 변호사를 고용했다면 지금 실행하고 있는 계획은 성사될 가능성이 희박하다. 꿈속에서 변호사를 소개받으면 나쁜 소식이 있을 것이다.

☆**보석금** 보석금이 필요하다고 느끼는 꿈이나 다른 사람의 보석금을 책임지는 꿈은 자신이 별로 좋아하지도 않는 사람과 손을 잡으려 하고 있다는 의미. 자신을 위해서도 이런 관계는 피할 것.

☆**서명** 계약서 등에 서명하는 꿈은 승진을 암시. 서명을 거부했다면 바람을 이룰 수는 있지만 생각 이상으로 시간이 걸릴 듯.

☆**알리바이** 자신이 누군가의 알리바이를 실증하는 꿈을 꾸었다면 화내기 좋아하는 친구와는 만나지 말 것. 하지만 다른 사람이 알리바이를 실증하는 꿈이었다면 뜻하지 않은 즐거움이 있을 듯.

☆**유산** 꿈 그대로 상속의 가능성이 있다.

☆**재판** 자기가 재판을 받는 꿈을 꾸었다면 이미 경험을 한 확실한 일만 열심히 할 것. 새로운 일에 손을 대면 안 된다.

☆**재판관** 장래에 대한 불안을 암시한다. 장애와 고난이 기다리고 있다. 언쟁에 휘말리거나 뜻밖의 비난을 받게 될지도. 하지만 냉정을 유지하면 모든 일은 호전될 것이다.

☆**재판소** 재판소의 건물이 보였다면 금전적으로 어려운 상태라는 의미. 하지만 걱정할 것 없다. 점점 윤택해질 테니까.

☆**절도** 도둑질하는 것을 목격했다면 돈 씀씀이에 주의할 것. 그렇지 않으면 큰 손해를 볼 우려가 있다.

☆**조정**(調停) 자신의 문제가 조정 국면에 접어들어 있었다면 원하는 것을 손에 넣을 수 있다. 자기가 조정자가 되어 있었다면 궁지를 벗어나기

위해서는 번뜩이는 기지만이 필요하다는 뜻.

☆**증언** 재판에서 자신이 증언을 하는 꿈은 누군가가 도움을 요청해 올 징조. 다른 사람이 증언을 하고 있었다면 배신을 당할 위험이 있으니 주의하라는 신호.

☆**집행관** 자기가 집행관이 되는 꿈은 좋은 소식이 들어 올 징조. 집행관과 이야기를 나누었다면 뜻밖의 수입이 있을 듯. 집행관과 다투었다면 불운에 휩싸일 징조이다.

☆**하급 판사** 하급 재판소의 판사가 나를 유죄라고 인정했다면 당분간 계획대로 되는 일은 하나도 없을 것. 무죄였다면 즐거운 시간을 보낼 수 있을 것이다. 자기가 하급 판사가 되는 꿈은 노력만 하면 원하는 것을 손에 넣을 수 있다는 의미이다.

교통수단에 관한 꿈

☆**교차로** 교차로에 이르는 꿈은 자신이 상상하는 그대로 계획이 진행된다는 의미. 즉, 가까운 시일 안에 중요한 결단을 내리게 될 것이다. 다른 사람의 충고에도 귀를 기울이도록.

☆**교통** 꿈속에서 사람이나 차가 오고 가는 모습을 보았다면 자신에게 문제가 생겼을 경우 걱정하지 말고 주위에 도움을 신청하라는 의미이다. 자기가 직접 자동차를 타고 다녔다면 가정 문제가 곧 해결될 듯. 운전 중에 교통체증이 심한 상태였다면 어떤 일 때문에 상당한 인내심이 필요하게 될 듯.

☆**교통사고** 어떤 것이든 큰 성취감을 암시. 사고가 클수록 성취감도 커진다.

☆**급행** 자기가 급행열차를 타고 있는 꿈은 상사에게 반항하게 될 징조. 급행열차가 지나쳤다면 바로 얼마 전에 좋은 기회를 놓쳤다는 증거. 주위의 변화에 좀 더 신경 쓰라는 충고.

☆**덮개 있는 트럭** 좋은 소식이 있을 징조 가재도구가 실려 있었다면 생활이나 일이 좋은 쪽으로 변화할 징조 자기가 타고 있었다면 큰돈을 벌 수 있는 기회가 찾아올 듯.

☆**도로** 똑바로 뻗은 도로나 넓은 도로는 착실한 발전을 암시한다. 하지만 울퉁불퉁하거나 좁은 길, 구부러진 길은 장애를 뛰어넘어야만 한다는 뜻. 도로 표지판은 약간의 변화를 암시. 즐거운 변화다.

☆**롤스로이스** 최고급 자동차인 롤스로이스가 꿈에 보였다면 새로운 계획이나 신청은 상상 이상으로 기대할 만하다는 뜻이다. 최선을 다하라! 부와 명예를 함께 얻을 수 있다.

☆**리플렉터**(reflector:반사판) 자전거 뒤에 부착되어 있는 반사판을 꿈에 보았다면 자신은 신용이 없는 사람이라는 의미이다. 특히 인간관계에서 자신도 모르게 점수를 잃고 있다. 다른 사람을 실망하게 하는 일을 하지 말도록.

☆**모터** 모터가 자연스럽게 회전하고 있었다면 전진을 의미. 회전하는 데 문제가 있었다면 방향 전환을 할 필요가 있다. 지금의 계획은 제대로 진행되고 있지 않다는 뜻이다.

☆**바퀴** 꿈에 보이는 자동차의 바퀴는 머지않아 사업 면에서 중요한 소식이 들어올 징조이다. 트럭의 바퀴였다면 사소한 일로 파트너와 다투게 될 징조

☆**배기관** 엔진의 배기관을 보았다면 머지않아 약간의 권력을 행사하게 될 징조이다.

☆**버스** 버스 여행을 했다면 마음속의 바람이 이루어질 징조 버스를 기다렸다면 일시적인 장애를 의미. 버스 사고를 목격했다면 재정난에 빠질

듯. 버스의 차장은 해외여행을 암시한다.

☆**분기점** 꿈속에서 도로의 분기점을 보았다면 머지않아 결단을 내릴 일이 생길 듯하다.

☆**브레이크** 브레이크를 밟는 꿈을 꾸었다면 지금보다 더 무거운 책임을 지게 될 듯. 브레이크가 밀리는 소리를 들었거나, 밟아도 말을 듣지 않았다면 새로운 신청을 받기 전에 잘 생각하도록. 뜻밖의 함정에 빠질 우려가 있다.

☆**사고** 자동차 사고를 보았다면 당분간 여행은 삼가는 것이 좋다. 단 충돌 사고였을 경우에는 큰 성과를 올릴 수 있을 징조. 충돌이 크면 클수록 성과도 그만큼 커진다.

☆**손수레** 손수레를 밀거나 짐을 싣는 꿈은 자극적인 새로운 친구가 생길 징조이다. 손수레를 끌고 있었다면 가까운 시일 내에 슬픈 소식이 전해질 가능성이 있다. 손수레를 기울여 짐을 부리고 있었다면 새로운 책임을 짊어지게 될 듯.

☆**액셀러레이터** 액셀러레이터를 밟아 속도를 높이는 꿈은 노력한 결실이 있어 목표를 달성하게 될 징조이다. 액셀러레이터 기능이 제대로 작동되지 않았다면 나쁜 버릇을 고치도록. 잘못하면 그것 때문에 목숨을 잃게 될 가능성도 있다.

☆**엔진** 꿈속에서 엔진이 빨리 회전하면 할수록 앞으로 닥쳐올 고난과 시련이 더 커질 듯. 하지만 엔진이 멈춰 있었다면 성공을 기대할 수 있다. 엔진이 망가진 상태였다면 누군가의 방해로 계획이 늦어질 듯. 하지만 마지막에는 목적을 달성할 수 있다.

☆**여행사** 여행을 위해 여행사를 찾아가는 꿈은 변화를 암시. 즐거운 여

행이라면 변화도 즐거운 쪽으로 흐르고, 힘든 여행이라면 변화도 나쁜 방향으로 흐른다.

☆**역** 철도역은 사업적으로 매우 중요한 소식이 들어올 징조. 역에서 사람을 만나는 꿈은 영향력 있는 사람이 자신의 사업을 도와줄 것이라는 의미이다.

☆**오토바이** 오토바이를 운전했다면 사업적인 문제를 암시. 만약 운전하다가 넘어졌다면 재정 상태가 위기에 처할 징조. 오토바이 경주는 뜻하지 않은 도움으로 문제를 해결할 수 있을 징조.

☆**왜건** 종류가 어떻든 왜건을 운전했다면 물건을 구입할 때 서두르지 말라는 뜻. 짐이 쌓여 있었다면 뜻밖의 횡재를 할 징조.

☆**우마차** 우마차에 올라타는 꿈은 유흥을 삼가고 하는 일에 충실하라는 의미이다. 건초를 가득 실은 우마차였다면 자신이 원하는 바람이 이루어질 징조.

☆**운전** 꿈속에서 자기가 직접 운전을 했다면 적어도 2, 3주일 동안은 도박을 하지 말 것. 다른 사람이 운전을 하고 있었다면 뜻하지 않은 금전운이 있을 듯.

☆**자동차** 자기가 오랜만에 자동차를 운전하고 있었다면 자신의 생활을 원하는 방향으로 이끌어 갈 수 있다는 증거. 자동차를 사는 꿈은 어떤 일에서 나쁜 평가를 받게 될지도 모른다는 뜻이다. 그런 위험을 무릅쓰면서 해야 하는 일인가 잘 생각해 보도록. 자동차를 파는 꿈은 돈을 빌리게 될 징조이다.

☆**자전거** 자전거와 관련된 꿈은 모두 소중한 결단을 내리게 된다는 의미. 결론을 내리기 전에 신중하게 검토해보도록. 자전거가 언덕을 올라

가거나 내려가는 꿈은 발전과 즐거운 변화를 암시한다.

☆**전차** 전차를 타는 꿈은 장래가 밝다는 의미. 내리는 꿈은 일시적인 감정의 동요를 암시한다.

☆**주차** 자동차를 주차 시키는 꿈은 미련이 없는 사람과의 관계는 깨끗이 정리하라는 의미.

☆**차장** 버스나 기차의 차장이 꿈에 나타나는 것은 해외여행을 암시하는 것이다.

☆**차축** 차축이 부러져 있거나 파손되어 있었다면 뜻하지 않은 방향으로부터 반발이 일어날 듯. 하지만 수리를 끝낸 것이거나 새 차축이었다면 문제를 극복할 수 있을 징조

☆**철도** 자신의 사회적인 위치는 나무랄 데가 없다. 지하철이라면 누군가, 또는 무엇인가가 자신의 앞길을 방해하고 있다는 증거. 이 장애를 제거하기 위해서는 상당한 노력이 필요할 듯. 열차 사고는 자신의 계획 중의 하나가 나쁜 방향으로 흐르고 있다는 의미이다.

☆**충돌** 자동차가 충돌하는 꿈을 꾸었다면 지금 당장 결단을 내려야 할 필요가 있을 듯. 스스로 결정하기 어려운 일이라면 조언을 구할 것 단, 우물거리지 말 것

☆**타이어** 타이어를 갈아 끼우는 꿈은 생각지도 않은 사람에게 금전적인 요구를 받게 될 듯. 타이어에 펑크가 났다면 누군가가 자신을 시기하고 있다는 증거이다. 새 타이어를 사는 꿈은 고민이 곧 해소될 징조이다.

☆**택시** 혼자서 택시에 타고 있었다면 생활이 넉넉하다는 징조 지금은 취미에 열중할 수 있는 여유 시간도 있다. 밤에 이성과 함께 택시에 타

고 있는 꿈이었다면 주의할 것. 자신의 신중함이 오히려 스캔들을 낳는 결과를 초래할 수 있다. 친구와 함께 택시를 타고 있었다면 가까운 시일 안에 어떤 비밀을 발견하게 될 징조

☆**펑크** 고집 좀 그만 부리라는 강력한 메시지다. 다른 사람의 의견에 귀를 기울여라.

☆**항공기** 이륙하는 항공기를 꿈에 보는 것은 성공을 의미한다. 반대로 착륙하는 항공기를 보았다면 질투심 많은 친구를 조심할 것. 항공기가 추락하는 꿈은 사업상의 큰 실패를 의미. 자기가 항공기를 조종했다면 뭔가 변화가 있을 듯. 하지만 단순히 항공기에 타고 있는 꿈은 가까운 시일 안에 파란이 일어날 징조이다. 꿈속에서 항공기 사고를 만났다면 경제적인 면에서의 이익을 암시한다. 하지만 그 사고로 목숨을 잃었다면 감정 조절에 주의할 것.

☆**히치하이크** 자기가 운전하고 있는데 다른 사람이 동승시켜 주기를 원했다면 돈을 잘 갈무리하도록. 누군가에게 돈을 빌려주는 일은 절대로 하지 말 것.

도구·기계(器械)에 관한 꿈

☆**가위** 가위에 관련된 꿈은 대체로 대인 관계가 나빠질 징조이다. 단, 자기가 가위를 사용하는 꿈이었다면 올바로 행동하기만 하면 사태를 수습할 수 있다.

☆**갈퀴** 금속제 갈퀴는 자신이 열심히 일하고 있다는 증거. 나무로 만든 갈퀴는 신중함이 필요한 사태에 빠지게 될 듯. 갈퀴질을 하는 꿈은 뜻밖의 멋진 일이 일어날 징조로, 갈퀴로 뭔가를 긁어모았다면 즐거운 행사에 초대받을 듯.

☆**고무** 꿈에 고무를 보았다면 고민이 해소될 징조이다.

☆**고무줄** 가까운 시일 안에 열심히 움직여야 할 일이 생길 듯. 하지만 걱정할 것 없다. 즐기면서 할 수 있는 일이니까. 고무줄이나 고무밴드가 '탁'하고 튕겼다면 누군가가 도움을 요청해 올 징조.

☆**고삐** 장애를 암시한다. 단, 말고삐가 제대로 매어져 있는 꿈은 문제를 극복할 수 있다는 뜻.

☆**골무** 별로 좋은 꿈은 아니다. 골무를 사용하는 꿈은 어떤 일 때문에 비판을 받게 될 징조. 은으로 만든 골무는 자존심이 지나치게 강하다는 증거. 물론 스스로 알고 있을 것이다.

☆**괭이** 친구 중에 아첨꾼이 있으니 그를 멀리하라는 뜻. 누군가가 괭이에 다치는 것을 보았다면 소문을 조심하도록.

☆**그물 침대** 꿈에 그물 침대만이 보였다면 약간의 손실을 의미. 자기가 그물 침대 위에 있었다면 너무 잘난 척하지 말라는 경고. 친구를 잃을지도 모른다. 자신이 이성과 함께 그물 침대 위에 누워 있었다면 사교 생활이 향상될 듯. 그물 침대에서 떨어졌다면 애인의 존재를 너무 믿지 말도록. 마음만 먹으면 언제든지 다른 사람에게 가버릴 수 있는 사람이다.

☆**금속** 이 꿈은 자신이 지금 금속처럼 완고한 상태라는 의미. 좀 더 부드러운 자세를 취하도록. 녹슨 금속은 앞길을 가로막는 장애를 암시. 방향 전환을 하는 것이 좋다.

☆**금속공예** 전직할 가능성이 있다.

☆**기계** 기계를 관찰하거나 검사하는 꿈은 일이 순조롭게 진행되고 있다는 의미. 의견 차이가 있더라도 틀림없이 잘 진행될 것이다. 기계를 보고 무서워하거나 난처한 모습이었다면 자신이 해야 할 일을 미룬 탓에 심각한 문제가 일어날 듯. 공장에서 기계를 보았다면 건강 면에서 양호하다는 뜻이다.

☆**기구**(器具) 메스 같은 의료가구는 가족이 자신을 방해하고 있다는 의미. 항공계기라면 사업적인 면에서 골치 아픈 문제가 생겨 사람들의 도움을 요구하고 있다는 증거이다.

☆**나침반** 전반적으로 복잡한 시기로 접어들게 될 징조. 단, 바늘이 북쪽을 가리키고 있을 경우는 예외. 이런 경우에는 만사가 순조롭게 진행되고 성공을 가져온다.

☆**노끈·코드** 노끈을 묶는 꿈이었다면 그동안의 노력이 결실을 가져와 원하던 것을 손에 넣을 수 있을 징조. 노끈의 매듭을 푸는 꿈은 애정 문제를 암시. 노끈을 자르는 꿈은 누군가와의 관계를 끊을 필요가 있다는 뜻. 지금 당장 교제를 정리하도록.

☆**놋쇠** 새로운 친구를 조심할 것. 자기의 판단을 믿어야 한다.

☆**니스** 사소한 일에도 신경을 쓸 정도로 예민해져 있다는 증거. 그 때문에 주위 사람들과 쉽게 어울리지 못한다. 검은 니스는 오해가 풀릴 것이라는 메시지. 투명한 니스는 흥미를 끄는 새로운 사람과의 관계를 의미. 문에 니스를 칠하는 꿈은 자제력을 기르라는 뜻. 마룻바닥에 니스를 칠하는 꿈은 뜻밖의 즐거운 일이 일어날 징조.

☆**다이얼** 전화기의 다이얼은 빌려주었던 돈이 돌아올 징조.

☆**대걸레** 깨끗한 대걸레는 돈이 될만한 새로운 취미에 손을 대게 될 징조. 더러운 것이었다면 요즘 일을 게을리하고 있다는 증거. 열심히 노력하지 않으면 곧 후회하게 된다.

☆**덮개** 자기가 덮개 밑에 있었다면 안정된 나날이 찾아올 징조. 덮개는 보호를 상징한다.

☆**도끼** 날카로운 날이 번쩍이고 있었다면 머지않아 좋은 일을 하여 비싼 보수를 받게 될 듯. 낡은 도끼였다면 명예가 떨어질 암시. 성실하게 행동하지 않으면 사태를 피할 수 없다. 도끼질을 했다면 승진을, 도끼가 망가졌다면 돈을 잃게 된다는 위험을 의미한다.

☆**드릴** 전기드릴이 꿈에 보였다면 당분간 의기소침한 상태에서 벗어날 수 없을 징조. 핸드드릴이라면 자신은 지금 지나치게 제멋대로라는 의미. 드릴을 사는 꿈은 게으름을 피우지 말라는 뜻. 한눈팔지 말고 열심히 일해야 승진할 수 있다.

☆**라디오** 라디오를 듣는 꿈은 즐거운 모임이 있을 징조. 라디오를 끄는 꿈은 파트너 때문에 마음이 흔들리고 있다는 뜻. 라디오를 수리하고 있었다면 돈을 잃어버릴 위험이 있다. 라디오를 사는 꿈이라면 주위로부터 비판을 당하게 될 듯. 구식 진공관 라디오는 사업과 유흥을 겸한 여행을 암시한다.

☆**로프** 로프가 둥글게 말려 있었다면 당신은 틀림없이 어려운 일을 해치울 수 있을 것이다. 로프를 푸는 꿈이었다면 자신의 인생에서 제2막이 시작되려는 증거. 줄타기를 하는 꿈은 한몫을 잡기에는 최고의 시기라는 뜻. 로프를 잡고 기어오르는 꿈도 길조. 로프로 만든 담장이 보였다면 누군가에게 속고 있다는 증거이다.

☆**리벳** 여성이 이 꿈을 꾸었다면 교제하고 있는 사람과의 관계가 지나치게 지루하다는 증거이다. 그런 식으로 끌고 가지 말고 그에게 분명하게 말하도록. 남성인 경우는 성 문제를 암시한다. 전문가를 찾아가 의논을 해 보도록.

☆**마구**(馬具) 말의 몸에 마구를 걸치는 꿈은 하고 싶지도 않은 일을 강요당하게 될 징조. 하지만 결과적으로는 그것이 좋은 경험이 될 것이다. 마구가 훼손되어 있었거나 찢어져 있었다면 다른 사람들의 눈을 속이는 사랑에 빠지지 말라는 경고. 틀림없이 들통나게 될 것이다.

☆**막대** 원하는 것을 손에 넣으려면 강한 의지와 결단력만이 필요하다는

뜻. 스틸 막대는 불행을 상징. 녹쇠었다면 누군가가 자신을 배신하려 하고 있다는 증거.

☆**면도칼** 전기면도기는 좀 더 신중해지라는 경고. 수동 면도칼은 마음이 안정되어 있다는 증거. 면도칼이 망가져 있었다면 괴로운 일을 참고 있다는 증거. 제대로 들지 않는 면도칼은 사랑하는 사람 때문에 고민하고 있다는 증거. 면도칼을 사는 꿈은 이제 자기와 파트너의 차이점을 인정할 때라는 의미. 면도를 하는 꿈은 더 이상 현재의 상황을 끌고 나가는 것은 무리니까 상황을 바꾸어 보라는 뜻.

☆**모루** 멋진 행운이 기다리고 있다. 모루를 힘차게 두드리고 있었다면 뜻밖의 장소로 이사하게 될지도. 모루를 사는 꿈은 확실한 행운을 암시하는 것이다.

☆**못** 못을 박는 꿈은 상상도 하지 못했던 물건을 손에 넣을 수 있을 듯. 그 대신 상당한 노력이 필요하다. 번쩍거리는 새 못은 뜻밖의 소식을 의미하고, 녹이 슬어 있었다면 느긋한 전진을 의미한다.

☆**바구니** 바구니를 사거나 만드는 꿈은 불안정했던 시기가 끝나려 한다는 증거. 자기가 바구니 안에 들어가 있는 꿈은 큰 분쟁이 일어날 징조이다.

☆**바늘** 자기가 바느질을 하는 꿈이었다면 가까운 시일 안에 친구나 친척들과의 사이에서 문제가 발생할 징조. 바늘에 실을 꿰는 꿈은 지금 자신이 하려는 일에는 상당한 인내가 필요하다는 뜻. 바늘을 발견하는 꿈은 쓸데없는 걱정을 하고 있다는 뜻. 바늘을 잃어버리는 꿈은 주의를 게을리하지 말라는 경고이다.

☆**발전기** 너무 무리하고 있지 않은지? 휴식을 취하지 않으면 쓰러지게

된다.

☆**베틀** 한 걸음 후퇴하라는 뜻. 하지만 걱정할 것 없다. 곧 두 걸음 전
진하게 될 테니까.

☆**벽돌** 좌절하게 될 갑작스러운 변화를 암시. 단, 벽돌이 쌓이는 중이었
다면 상황은 서서히 호전될 것이다. 벽돌 기술자가 연장을 놓고 쉬고 있
었다면 더욱 적극적인 자세로 일을 하도록. 게으름 피우지 말 것

☆**빗자루** 요즘 사용하는 빗자루라면 감정이 너무 격한 상태에 놓여 있
다는 증거. 조심하도록. 마귀할멈의 빗자루 같은 것이었다면 어떤 일에
쓸데없이 돈을 낭비할 우려가 있다. 나무 손잡이가 달린 빗자루였다면
규칙적이던 생활이 유동적인 생활로 바뀔 가능성이 있다는 뜻.

☆**사다리** 사다리를 오르는 꿈은 그것이 높을수록 큰일을 성취할 수 있
다는 뜻. 하지만 사다리 계단이 부러졌다면 대망을 성취하기는 어렵다.
사다리를 내려오는 꿈은 실망을 암시. 사다리에서 떨어졌다면 자기 힘에
버거운 일은 하지 말라는 뜻. 사다리 밑을 어슬렁거리는 꿈은 길몽이다.
사다리가 쓰러지는 것을 보았다면 뜻하지 않은 장애와 직면하게 될 징
조이다. 사다리를 옮겼다면 친구가 도움을 요청하게 될 것이다. 줄사다
리는 사업상의 성공을 암시. 접사다리라면 행운이 찾아올 징조

☆**사슬** 머지않아 고민에서 해방될 징조이다. 동시에 큰 성공을 암시.

☆**삽** 자신의 책임이 늘어날 징조 단, 무덤을 파느라고 삽을 사용하는
사람을 보았다면 재정 상태가 불안정해질 것이다.

☆**새장** 새장은 행복한 결혼을 암시. 단, 문이 열린 채 안이 텅 비어 있
었다면 배신을 암시한다.

☆**손도끼** 나무 이외의 것을 손도끼로 잘랐다면 가정에서도 직장에서도

문제가 발생할 징조. 나무를 잘랐다면 화해를 암시. 손도끼의 날을 세우고 있었다면 월급이 오를 징조이다.

☆**스틸** 건축물에 사용하는 스틸은 변치 않는 사랑과 우정을 암시. 칼이나 무기에 사용되었다면 질투를 뜻한다.

☆**실** 실을 둥그렇게 감고 있는 꿈은 새로운 친구가 생길 징조. 검은 실이라면 자신의 행동에 반대하는 사람이 있을지도 모른다는 경고. 하지만 그 사람의 자주성을 존중해 줄 것. 실이 얽혀 있었다면 고집을 피우지 말라는 뜻. 하얀 실이었다면 가까운 곳으로의 짧은 여행을 암시.

☆**쌍안경** 누군가가 쌍안경으로 나를 지켜보았다면 행동하기 전에 신중하게 생각하도록. 스파이가 쌍안경을 사용했다면 자신의 평판을 지키기 위해 노력해야 할 일이 생길 징조. 자신이 쌍안경을 가지고 있는 꿈은 미래의 행복을 암시.

☆**아연** 무슨 일을 하든 착실한 진전이 있을 것이다.

☆**안전핀** 자신의 의지를 관철하면 틀림없이 성공할 수 있다.

☆**알루미늄** 알루미늄의 표면이 흐렸다면 욕구불만에 빠질 징조. 반짝반짝 빛이 나고 있었다면 하루하루가 즐거워질 듯.

☆**압정** 압정을 박는 꿈은 가까운 시일 안에 친구에게 도움의 손길을 뻗치게 될 듯. 압정을 뽑았다면 이야기를 할 시기에 신경 쓰도록. 분위기를 파악하지 못하고 설쳐서는 안 된다.

☆**오토메이션** 뭔가 자동으로 움직이는 물건이 꿈에 보였다면 좀 더 적극적이고 단호한 태도를 보일 것. 우물거리는 행동은 이제부터 그만두라는 의미.

☆**자** 자로 길이를 재는 꿈은 사소한 점에까지 신경을 써서 계획을 세우

지 않으면 목표를 달성하기 어렵다는 뜻이다.

☆**자석**(磁石) 이성에게 인기가 높아질 듯. 말 그대로 자신의 매력이 자석처럼 이성을 사로잡을 듯.

☆**잠망경** 잠망경이 꿈에 보였다면 먼 곳으로부터 갑작스레 소식이 날아와 깜짝 놀랄 일이 생길 듯.

☆**저울** 중대한 결심을 해야 할 일이 생길 듯.

☆**전화** 전화를 거는 꿈은 파트너와의 사소한 언쟁이 큰 싸움으로 발전할 가능성이 있다는 뜻. 걸려온 전화를 받는 꿈은 앞으로 며칠 간은 어떤 문제로 고민하게 될 징조.

☆**접착제** 접착제를 사용하여 원 상태로 돌아온 물건이 꿈에 보였다면 돈을 사용하는 방법을 재검토해 보도록. 손가락에 접착제가 묻었다면 매우 성실한 친구가 있다는 증거. 문자 그대로 접착제처럼 자신과 잘 어울릴 것이다. 접착제를 사는 꿈은 바람이 이루어질 징조이다.

☆**접합제** 쓸데없는 일에 돈과 시간을 낭비하고 있다는 증거.

☆**정** 마음만 먹는다면 원하는 것을 손에 넣을 수 있다는 메시지.

☆**줄** 다듬질할 때 사용하는 줄이 보였다면 다른 사람에게 사정을 분명하게 설명해 둘 것. 있지도 않은 소문이 나서 오해를 받게 될 우려가 있다. 금속에 줄질을 하는 꿈이었다면 화해를 암시.

☆**채찍** 걱정이 있다는 증거. 털어놓고 자문을 구하든지 아니면 잊어버릴 것.

☆**철** 녹슨 철은 체력이 강하다는 증거. 녹아 있는 철은 애정 면에서 만족스러운 나날을 의미. 늘어진 철은 자신이 요즘 화를 잘 낸다는 뜻. 철로 만들어진 것은 행운을 가져온다.

☆**청소기** 이성에게 인기가 좋다는 뜻. 단, 청소기가 고장이 났다면 일과 사랑을 구별할 것. 사랑은 사무실 밖에서 하는 것이다.

☆**체** 사치품에만 눈독을 들이고 있으면 생활필수품조차 구입할 수 없는 상황에 놓이게 될 우려가 있다.

☆**카메라** 친구 중에 자기가 생각하는 것만큼 성실하지 않은 사람이 있다는 경고. 자신의 비밀을 친구에게 털어놓지 말도록.

☆**캡슐** 어떤 종류의 캡슐이든 이성 관계는 마음껏 밀고 나가라는 뜻이다. 지금이라면 틀림없이 자기 뜻대로 일이 진행될 것이다. 이성에 대한 당신의 직감은 지금이 최적기이다.

☆**텐트** 텐트를 치는 꿈은 생각보다 빨리 금전 문제가 해소될 징조이다. 하지만 텐트가 쓰러져 버렸다면 계획을 수정할 필요가 있을 듯. 특히 경제적인 면에서.

☆**텔레비전** 텔레비전을 사는 꿈은 경제적으로 불안정해질 징조. 다른 사람에게 텔레비전을 주었다면 자신은 지금 자신감을 잃고 있다는 뜻. 텔레비전을 수리했다면 올바른 결단을 내리고 있다는 의미. 텔레비전을 켰다면 약간 신경과민 상태라는 증거. 텔레비전을 껐다면 새로 사귀기 시작한 사람은 위험한 인물이라는 의미이다.

☆**톱** 기계톱을 보았다면 나쁜 친구 때문에 자신의 평판이 떨어져 있다는 뜻. 활톱이었다면 책임이 무거워질 징조. 평범한 톱이었다면 몇 가지 문제가 발생할 듯. 하지만 그대로 맡겨 두는 것이 최고의 방법이다.

☆**판** 도둑맞을 위험이 있다. 주의를 게을리하지 말도록. 판 위를 걷고 있었다면 머지않아 어려운 선택을 하게 될 듯. 서두르지 말고 정당한 결단을 내리도록.

☆**펌프** 자동펌프는 사업 운이 급상승할 징조. 수동식이었다면 생활에 지쳐 있다는 증거. 자전거에 공기를 넣는 펌프는 자신의 문제로 다른 사람을 귀찮게 하지 말라는 뜻. 자기 일은 자기 힘으로 해결해야 한다.

☆**플라스틱** 새로운 친구가 생겨 즐거울 뿐 아니라 그 사람과의 우정이 자신의 생활에 매우 도움이 될 듯.

☆**핀** 약간의 실망이나 쓸데없는 싸움을 암시. 핀이 있는 줄 모르고 그 위에 주저앉아 버렸다면 깜짝 놀랄 즐거움이 찾아올 징조. 핀에 찔리는 꿈은 다른 사람의 문제를 해결해야 할 입장에 놓이게 될 듯. 핀을 발견했다면 행운이 찾아온다. 한 무더기의 핀을 보았다면 일을 성사시킬 수 있다는 뜻.

☆**필름** 카메라의 필름을 보았다면 자신에게 호감을 가지고 있는 사람에게 심술을 부렸다는 뜻. 영화관에서 영화를 보는 꿈은 새로운 기회가 찾아온다는 의미. 사업상 중요한 기회이니 놓치지 말도록. 필름이 훼손되어 있었다면 사업은 안정. 조금 더 노력하면 승진할 가능성도 있다.

☆**함정** 남성이 함정을 설치하는 꿈을 꾸었다면 좋은 징조. 여성인 경우는 믿을 수 없는 친구가 있다는 뜻. 자기가 함정에 빠지는 꿈은 소문에 귀를 기울이지 말라는 의미. 아무리 흥미가 있더라도 무시해야 한다.

☆**합금** 독신이라면 금속을 뒤섞는 꿈은 행복한 결혼을 암시한다. 기혼자라면 가족의 신망이 두터워질 징조이다.

☆**해머·망치** 금속제 망치는 상황이 악화되고 있다는 의미. 목제였다면 요즘 마음이 초조하다는 증거. 차분한 마음을 가지도록. 망치 소리가 들렸을 뿐이라면 스스로도 잘했다고 생각할 만큼 멋진 일을 성취할 수 있을 것이다.

☆**헬멧** 헬멧을 쓴 사람이 보였다면 계획성을 가지고 일을 하라는 의미. 자기가 헬멧을 쓰고 있었다면 낭비벽을 삼가도록.

☆**현미경** 현미경을 사용하는 꿈은 감추어진 자신의 재능을 갑자기 발견하게 될 징조

☆**회반죽** 회반죽을 벽에 칠하는 꿈은 월급이 오를 암시. 회반죽이 지저분해 보였다거나 여기저기 균열이 있었다면 가정 문제가 있을 듯. 의료용 고약이나 깁스에 사용하는 회반죽은 자기의 평판을 지킬 필요성을 느끼게 될 징조 하지만 그것은 모두 자신 때문에 일어난 일들이다.

☆**후크** 후크에 의복을 거는 꿈은 돈 씀씀이가 좋아졌다는 증거. 후크에 걸려 다쳤다면 자신의 행동을 친구가 달가워하지 않는다는 의미. 벽에 후크를 장치하는 꿈은 자신이 가끔 지나치게 자기주장을 내세운다는 뜻이다. 조심하도록.

광물에 관한 꿈

<hr>

☆**돌** 징검돌은 착실한 전진을 암시. 도로의 포장에 사용하는 돌은 위험성이 있는 일에는 손대지 말라는 경고. 돌을 던지는 꿈은 기회를 놓치고 후회한다는 뜻.

☆**돌멩이** 돌멩이를 줍는 꿈은 대인 관계나 사랑이 끝날 것임을 암시한다. 고독과 우울한 나날이 찾아올 듯. 돌멩이를 던졌다면 소문을 조심하라는 경고. 작은 돌들이 깔린 길을 걸었다면 지금이야말로 숙적을 제압할 수 있는 기회이다.

☆**바위** 바위가 보였다면 승진할 수 있는 기회가 찾아온다. 바위를 움직이는 꿈은 마음이 울적하다는 뜻. 바위를 깨는 꿈은 기운이 없다는 의미. 활력을 불어넣도록. 암벽을 기어오르는 꿈은 바람이 이루어질 징조. 바위에서 굴러떨어지는 꿈은 친구를 잃을 위험이 있다.

☆**석유** 석유를 채취하는 꿈은 금전운이 좋아질 징조.

☆**석탄** 경제적인 위기가 닥칠 징조이다. 단, 석탄이 불타고 있었다거나

자신이 직접 석탄으로 불을 지폈다면 승진할 가능성이 있다. 삽으로 석탄을 퍼냈다면 원하는 것을 손에 넣기 위해 몇 가지 장애를 뛰어넘어야 할 듯.

☆알·낱알·과립 등 모래알은 불안정한 상황을 의미. 소금가루는 생활에 지쳐 있다는 증거. 새로운 일을 시작하여 활력을 찾도록. 곡식의 낱알은 좀 더 공부에 신경 쓰라는 뜻. 시간 낭비가 너무 많다. 곡식이 자라는 꿈은 금전 면에서 길몽. 곡식의 씨앗을 뿌리거나 수확하는 꿈이었다면 장래의 건강을 약속.

☆운석 기다리고 기다리던 성공이 눈앞에! 마음껏 즐기도록.

☆자갈 장애를 뜻하는 꿈. 자갈 위를 걸었다면 문제를 극복하기 위해서는 상당한 노력이 필요하다는 의미. 자동차를 타고 자갈길을 달렸다면 곧 문제가 해결될 징조. 자갈을 까는 꿈은 모든 문제의 원인은 나에게 있다는 뜻. 상황을 다시 한번 잘 파악하도록.

☆타르 이성과의 교제가 제자리걸음을 걷고 있다는 증거. 상대를 바꾸는 쪽이 더 나을 수도 있다. 옷에 타르가 달라붙는 꿈은 소문을 퍼뜨리지 말라는 경고이다.

불·열에 관한 꿈

─────────

☆**가스** 누군가가 가스중독에 걸리는 것을 보았다면 스캔들을 듣게 될 징조. 가스버너나 가스난로에 불을 붙이는 꿈은 낭비를 줄이고 절약하라는 의미. 누군가가 가스난로를 흔들고 있었다면 금전 문제를 암시. 자기가 흔들고 있었다면 금전 관계를 깨끗이 정리할 것. 상대방이 나에게서 나쁜 인상을 받기 전에. 가스 검침원이 보였다면 돈도 물건도 다른 사람에게 절대로 빌려주지 말 것. 가스 냄새가 났다면 자기 일을 가장 먼저 생각하라는 경고.

☆**난로** 난로와 관련된 꿈은 대체로 안정과 충족을 암시한다. 석탄 난로는 소중하고 절친한 인간관계를 암시하고, 가스난로는 건강이 증진할 것임을 암시한다. 전기난로였다면 다음에는 무슨 일을 해야 할지 결정을 내리지 못하고 있다는 뜻. 난로를 보는 꿈은 두 번 다시 없을 기회를 놓칠 가능성이 있다.

☆**녹는 꿈** 뭔가가 녹는 꿈은 별로 좋지 않다. 금이 녹았다면 슬픔을 암

시. 은이라면 금전 문제를, 얼음이 녹았다면 감당할 수 없는 일을 떠맡게 될 징조. 정신을 바짝 차리도록.

☆**다림질** 여성이 이 꿈을 꾸었다면 무거운 짐에서 해방될 징조. 남성일 경우에는 수입이나 월급이 오를 징조.

☆**담배** 담뱃갑에 들어있는 담배는 사업상 중요한 거래가 진행되고 있다는 의미. 한 개비였다면 누군가에게 환멸을 느끼게 될 듯. 담배에 불을 붙이는 꿈은 직업을 바꿀 가능성이 있다. 담배 연기는 소중한 새 친구를 암시한다.

☆**라듐** 돈은 많이 들어오지만 행복하지는 않다는 뜻. 라듐이 불타고 있었다면 위험성이 있는 일에는 손대지 말라는 경고이다.

☆**라디에이터** 꿈속에서 본 뜨겁게 달아오른 라디에이터는 일시적인 긴장 상태를 의미한다. 라디에이터가 작동하지 않았다면 숨겨야 할 비밀이 탄로 날 징조.

☆**물·액체를 끓이는 꿈** 자신이 물을 끓이는 꿈은 감정대로 일을 처리하지 말라는 뜻. 수프를 끓였다면 금전운을 암시. 커피를 끓였다면 감정의 기복에 의해 파란이 예상된다.

☆**방화**(放火) 불이 나거나 불을 지르는 등의 방화 행위는 현재 상황이 호전될 좋은 소식이 들어올 징조이다.

☆**보일러** 물을 데우는 용기가 보였다면 무슨 일에든 기대를 하지 말 것이다. 절대로 자기 뜻대로는 되지 않는다. 난방용 스팀 보일러였다면 새로운 사업을 시작할 때는 항상 주의하도록. 자신이 보일러공이 되는 꿈이었다면 가정에 불행이 있을 징조이다.

☆**부채** 날씨가 더워서 부채질을 하는 꿈은 자신의 애정 생활을 의미하

는 것이다. 자기가 자신에게 부채질을 하였다면 귀찮은 문제가 발생할 듯. 다른 사람이 부채질을 했다면 애정 생활이 문란하다는 증거. 부채를 잃어버리는 꿈은 자신의 바람기 때문에 애인이 등을 돌릴 수도 있다는 경고이다.

☆**분화**(噴火) 화산 등이 불을 내뿜는 꿈은 사태가 좋은 방향으로 변화할 징조이다.

☆**불** 현실과 마찬가지로 꿈속에서도 불은 중요한 의미를 갖는다. 불은 따뜻하게 해 주는 역할도 해 주지만 너무 가까이 가면 화상을 입게 된다. 즉, 이것은 인생의 전환기를 의미하는 강력한 상징물이다. 그리고 동시에 상당한 노력을 요구하거나 고통을 요구하기도 한다. 불을 지피는 꿈은 섹시한 모험을 뜻한다. 불을 껐다면 문제를 극복할 수 있다는 의미. 무엇인가에 불을 붙이는 꿈은 마음을 안정시킬 필요성을 의미한다.

☆**불꽃** 불꽃이 화려하면 화려할수록 중요한 꿈이 이루어지려면 오랜 시간이 걸린다는 뜻이다. 활활 타오르는 불꽃은 실망을 상징한다. 붉은 불꽃이었다면 마음을 가라앉히라는 뜻. 밝게 타오르는 불꽃은 행복을 상징한다.

☆**불이 타오르는 꿈** 불이 자신의 몸에 옮겨붙는 꿈은 문제가 일어날 징조. 옮겨붙지 않았다면 좋은 징조이다. 집이나 건물이 불에 타는 꿈은 친구나 친척이 자신에게 도움을 요청해 온다는 의미. 손이나 발에 화상을 입었다면 길몽. 한몫 잡을 수 있을 듯. 하지만 전 재산을 투자하는 일은 하지 말도록. 여하튼 불이 타오르는 꿈은 대체로 길몽이다. 단, 무엇이 타느냐에 따라 해석에 차이가 있다. 나무가 타는 꿈은 자신이 명랑한

성격의 소유자라는 뜻이고, 향불이 타는 꿈은 생각지도 않은 일로 사람들의 동정을 받게 될 징조

☆**성냥** 성냥을 켜는 꿈은 월급이 오르거나 수입이 있을 징조

☆**소방차** 꿈에 소방차를 보았다면 뜻하지 않은 금전운이 있을 징조이다. 소방차를 운전하는 꿈이었다면 어려운 상황에서 운 좋게 벗어날 수 있을 듯.

☆**여름** 여름의 더위는 뜻밖의 뉴스가 날아올 징조

☆**여송연** 꿈속에서 여송연을 피웠다면 성공을 암시. 불이 붙지 않은 여송연은 불행이 눈앞에 다가와 있다는 의미이다.

☆**연기(煙氣)** 굴뚝에서 연기가 나왔다면 금전운이 좋아질 징조. 하지만 연기 나오는 곳이 보이지 않았다면 실망이 있을 듯. 담배 연기는 소중한 새 친구를 암시.

☆**오븐** 오븐이 데워져 있는 상태라면 행운을 의미.

☆**온도계** 온도계로 온도를 측정했다면 변화가 있을 징조. 온도계를 사는 꿈은 계획이 순조롭게 진행될 징조

☆**용광로** 용광로를 보았다면 착실한 진전을 의미. 자기가 용광로 일을 했다면 약간의 노력으로 금전 문제를 해결할 수 있을 듯. 용광로 안에서 불꽃이 흐트러졌다면 냉정함을 유지해야 한다는 경고. 그렇지 않으면 가족과 분쟁을 일으킬 위험이 있다.

☆**용암** 펄펄 끓는 용암을 보았다면 화려한 사교 생활이 시작될 듯. 하지만 지나친 낭비로 인해 파산하지 않도록 주의할 것.

☆**일사병** 일사병에 걸리는 꿈은 가정 내에서 뜻하지 않은 책임을 떠맡게 될 징조. 하지만 걱정할 것 없다. 당신은 충분히 잘 처리해 나갈 수

있을 테니까.

☆장작불·모닥불 향수에 젖어 있다는 증거. 당신은 과거의 잘못이나 실수에 대해 지나치게 집착하고 있지는 않은가? 사실은 그게 아니었는데 실수했다며 그 문제에만 매달리고 있지 않은가? 시간은 과거로 돌아가 주지 않는다. 지난 일을 잊어버리도록.

☆재떨이 유리 재떨이는 파트너의 태도 때문에 마음 아파하고 있다는 뜻. 도자기류의 재떨이는 어떤 일에 대해 지나치게 신경을 쓰고 있다는 의미. 금속제 재떨이는 상사와 싸움을 할 가능성을 시사. 깨끗하고 멋진 재떨이는 빨리 결심하지 않으면 실수를 저지를 우려가 있다는 의미. 더러운 재떨이는 운이 없어질 징조

☆적도(赤道) 적도를 넘는 꿈을 꾸었다면 가까운 시일 안에 자신의 인생에서 일대 전환기를 맞이하게 될 듯. 적도는 보이는데 넘을 수 없었다면 어떤 일 때문에 마음이 흔들리고 있다는 증거이다. 용기를 내서 결단을 내리도록.

☆증기 증기 때문에 화상을 입는 꿈은 남에게 속을 위험이 있다. 증기가 소리를 내고 있었다면 성가신 문제에 휩싸일지도. 증기의 발생을 막는 꿈은 뜻하지 않은 일이 일어날 듯. 주전자에서 증기가 뿜어져 나왔다면 컨디션이 좋지 않다는 증거이다.

☆지옥 지옥의 불은 나쁜 징조. 불행, 병, 손해 등을 암시한다. 단, 지옥에서 빠져나왔다면 미래가 밝아진다.

☆파라솔 파라솔 아래에서 햇빛을 피하고 있었다면 애정운이 좋아질 것이다. 실내에서 파라솔을 펼쳐 놓았다면 누군가에게 돈을 받을 가능성이 있다.

☆파이프 파이프 담배를 피우는 꿈은 자신의 문제는 스스로 해결하라는 의미이다. 배관 등의 파이프는 너무 비관적인 자신의 성격 때문에 사태가 악화되고 있다는 증거. 좀 더 적극적인 태도를 취한다면 사태는 호전된다.

☆풀무·송풍기 어려움에 직면할 듯. 단, 자신이 풀무질하는 꿈이라면 오히려 그 어려움이 성공을 가져올 징조. 단순히 풀무를 보았을 뿐이라면 쓸데없는 일에 시간을 낭비하지 말라는 경고.

☆피신·대피 피신용 사다리나 비상계단이 보였다면 빚더미에 올라앉을 징조. 신용카드를 사용했다면 빨리 청산할 것.

☆화산 화산이 폭발하는 꿈은 자신이 위험한 상황을 보고도 못 본 척하고 있다는 증거. 화산에서 연기가 뿜어져 나왔다면 지금부터 시작하려는 정열적인 사랑에는 눈에 보이지 않는 문제가 있다는 암시. 활화산은 당분간 변화를 피하라는 증거이다.

복권에 당첨되었던 꿈

복권에 당첨된 사람들은 무슨 꿈을 꾸었을까?

복권에 당첨된 대부분의 사람들은 평소와는 달리 신기한 꿈을 꾸고 나서 좋은 예감이 들어 혹시나 하는 기대에 복권을 샀다는 경우가 많았다. 또는 일부는 아무런 꿈을 꾸지 않고 복권을 샀는데 당첨됐다고도 한다. 그러나 이런 사람들은 본인이 그 꿈을 기억하지 못했을 뿐, 꿈은 어느 때이고 꾼 것이 사실이다.

앞으로 평소와는 달리 길몽이라고 생각되는 꿈을 꾸었다든지, 어쩐지 예감이 좋은 꿈을 꾸었다고 해서 본인 스스로 해몽하고 무슨 일을 시작한다든가 복권을 무리하게 사는 우를 범하지 말고, 꿈 풀이에 관한 서적을 한 번쯤 읽어보고 참고해서 행동하는 지혜를 가져야 하리라고 생각한다. 왜냐하면, 꿈은 단순하게 무엇을 무엇이라고 단정 지을 수는 없기 때문이다.

같은 동물의 꿈이라고 해도 색깔과 크기, 또는 움직임 등에 따라서 그 해석도 달라지는 법이다. 꿈속에 나타나는 모든 사물은 각기 나름대로의 상징을 내포하고 있으며, 따라서 해몽 또한 그 상징에 따라 달리해야 되는 것이다.

여기에 소개되는 복권에 당첨된 사례들은, 사례로서 중요하다고 판단되는 꿈들과 가치 있는 꿈들만을 모았으며, 당첨자의 이름은 가명을 사용했음을 밝혀 둔다.

온몸을 칼에 찔려 피투성이가 되는 꿈

울산에서 자동차 부품 공장에 다니는 엔지니어는 친구 아버지가 찌른 칼에 맞아 온몸에서 피가 나는 꿈을 꾸고 나서 복권을 샀는데 1등에 당첨이 되었다.

여러 마리의 돼지들이 길을 막는 꿈

돼지우리 안에 있던 돼지들이 모두 밖으로 나와 길을 막는 꿈을 꾸고 난 운전기사 강영구 씨는 복권 5장을 샀는데 그중에 한 장이 1등에 당첨되었다.

시체를 본 꿈

서울 마포에서 인쇄소를 경영하는 김재일 씨는 퇴근 후 술을 마시고 집에 들어와 곧바로 잠자리에 들었다. 그날 밤 꿈에 어지럽게 널려져 있는 시체를 여럿 보고는 복권 10장을 샀는데 그 가운데 1장이 1등에 당첨이 되었다.

자기 집이 불에 활활 타고 있는 꿈

자기 집이 불길에 휩싸여 활활 타는 꿈을 꾸고 난 인천의 최성식 씨는 잠에서 깨어나 한편으로는 불길한 예감이 들기도 하였지만, 꿈에 불을 보면 좋다는 얘기를 들었던 터라 복권을 몇 장 샀는데 그중에 1장이 1등에 당첨되었다.

자기 부인이 세쌍둥이를 분만하는 꿈

어느 날 꿈속에서 자기 아내가 임신하여 출산하는데 무려 세쌍둥이를 낳는 모습을 보고 깜짝 놀라 잠에서 깨어난 최영필 씨는, 고개를 갸웃거리며 아침 출근길에 복권을 샀는데, 그 복권이 1등 당첨의 주인공이 되었다.

초상집에서 거지 취급당한 꿈

경산에 사는 42세의 허경규 씨는, 어느 날 꿈속에서 한 친구로부터 연락을 받고 초상집을 방문하게 되었는데 그곳에 모인 친구들로부터 자기가 거지 취급을 당하며 돈을 받는 꿈을 꾸었다. 잠에서 깨어난 그는 기분이 찝찝하고 불쾌하기도 하였지만 뭔가 이상하다고 생각되어 다음 날 아침에 복권을 친구 숫자대로 샀는데, 그중에 1장이 1등에 당첨되는 행운을 가져왔다.

둥근 달을 가슴에 안으려고 달려가는 꿈

서울 성동구에서 반도체 기술자로 일하는 송재철 씨는 꿈에서 고향을 찾아가게 되었는데, 어렸을 때 놀던 동산에 올라가 둥근 달이 훤히 떠오르는 광경을 보게 되었다. 하도 달이 둥글고 아름다워 가슴에 안아보려고 달려가다가 넘어져 꿈에서 깨게 되었는데, 습관처럼 사는 복권 5장 중 1장이 1등으로 당첨되었다.

금으로 만든 금전을 한 움큼 주운 꿈

이번 복권 당첨의 주인공은 이제 막 군복무를 마친 젊은이다. 사회에 나와 무슨 일을 어떻게 해야 할 것인가를 고민 중이던 그는, 어느 날 꿈속에서 금으로 만든 동전을 길에서 한 움큼 줍는 꿈을 꾸고 나서 복권을 샀는데 1등에 당첨이 되었다.

돼지를 몰아 우리 안에 가두는 꿈

자기가 기르는 돼지들이 우리 밖으로 뛰쳐나와 돌아다니는 돼지들을 우리 안으로 몰아넣는 꿈을 꾼 울산의 이경표 씨는, 꿈을 꾸고 나서 날이 밝자 복권 4매를 샀는데, 그중 1장이 1등에 당첨되어 행운의 주인공이 되었다.

혼자서 험한 산길을 걷는 꿈

중소기업 간부로 근무하고 있는 서울 구로동의 김재영 씨는 평소 등산을 무척 즐기는 사람으로, 틈만 나면 배낭을 들쳐메고 산을 찾곤 하였다. 그날도 여느 때처럼 등산을 다녀와서 잠자리에 들었고, 얼마 후 꿈을 꾸었는데 꿈속에서 혼자 등산을 하게 되었다. 그런데 웬일인지 등산로가 워낙 험하고 길이 있는 듯 마는 듯하여 몹시 고생한 끝에 겨우 산에 오를 수 있었다. 등산 경력 십여 년 동안 그토록 애를 먹어 본 일이 없었으므로 너무나 신기하다고 생각되어 혹시나 하는 기대감에 출근길에 구로 역 부근에서 복권을 산 것이 1등에 당첨이 되었다.

그릇에 가득 찬 모래가 금으로 변한 꿈

광주에 사는 회사원 유진술 씨의 꿈 이야기이다. 출근하기 위해 머리를 감는데 갑자기 머릿속에서 모래가 쏟아지며 세숫대야를 가득 채워버렸다. 그런데 잠시 후 다시 보니 그릇에 가득 담겼던 모래가 모두 금으로 보이는 꿈을 꾼 것이다. 평생 이러한 꿈은 처음이고 신기하기도 해서 복권을 샀는데 1등에 당첨되었다.

똥을 온몸에 뒤집어쓴 꿈

전주에 사는 김교식 씨는 꿈에서 채소밭에 거름을 주는 꿈을 꾸게 되었는데, 자기가 주고 있던 똥거름이 온몸을 덮어쓰는 꿈을 꾸었다. 평소에도 꿈에 관심이 많았던 그는 아침에 일어나자마자 복권 판매소로 달려가서 기다리다 문을 열자마자 복권을 샀다. 그것이 1등에 당첨되는 행운을 안게 되었다.

돼지가 새끼를 낳는 꿈

파주의 김인순 씨는 집안이 가난하여 음식점에 나가 일하며 아이들의 학비와 생활비를 보태며 살아가는 주부였다. 그러던 어느 날 꿈을 꾸었는데, 꿈속에서 동네 부근을 지나가다가 돼지우리 안에서 어미돼지가 새끼를 여럿 낳는 광경을 보고 그다음 날 남편에게 부탁하여 복권을 사 오게 했는데, 그중 1장이 1등에 당첨되었다.

돌아가신 조모님의 모습을 본 꿈

밤낮 가리지 않고 건설 현장에 나가 남의 집만을 지어주며 살아오던 김성열 씨는 그날도 내 집 한 칸이 없음을 한탄하며 복권 2장을 사서 호주머니에 넣고 혹시나 하는 기대감으로 집으로 돌아왔다. 반주 한잔에 식사를 마치고 잠에 빠진 김 씨는 생전의 모습과 똑같은 할머니를 꿈에서 보고, 그 이튿날 복권을 4장 더 샀다. 그런데 나중에 산 4장 가운데 1장이 1등에 당첨되었다.

부처님을 만난 꿈

조그마한 중소기업에 다니며 생계를 꾸려가던 장필수 씨는 설상가상으로 모아둔 재산도 없이 어느 날 중풍으로 쓰러져 직장을 잃고 얼마 안 되는 퇴직금으로 근근이 치료를 받고 있었으나 별반 효과도 없이 시간만 보내는 처지가 되었고, 그의 아내는 할 수 없이 품팔이로 나서야만 했다. 아내가 어렵게 생계를 이어가기를 5년 정도 했을 무렵까지 장필수 씨는 지팡이에 몸을 의지한 채 늦은 시간 아내 마중을 나가는 일로 소일을 하고 있었다. 그러던 어느 날 밤 꿈에 부처님이 나타나 자신의 형편을 위로하며 걱정하지 말라는 것이었다. 날이 밝아오자 장 씨는 아내에게 돈을 조금 얻어 몽땅 복권을 샀는데, 그중 한 장이 1등에 당첨되는 행운을 얻게 되었다.

용이 몸을 삼켜버린 꿈

대학생 허용구 군은 꿈속에서 두 마리의 용을 보게 되었는데 그중 한 마리가 자신의 몸을 통째로 삼켜버렸다. 기겁을 한 허 군이 용의 뱃속에서 빠져나오기 위해 몸부림을 쳤더니 용이 허 군의 몸을 밖으로 토해내 버렸다. 온몸이 용의 피로 범벅이 되어버린 꿈을 꾸고 나서 산 복권이 1등에 당첨되었다.

비행기를 타고 가는 꿈

최경식 씨는 아직 비행기를 타 본 적이 없는 전형적인 농부였다. 그런 그가 어느 날 꿈에 커다란 비행기를 타고 하늘을 나는 꿈을 꾸게 되었다. 신기한 예감이 들어 아내에게 복권을 사 오게 했는데 그것이 1등에 당첨되는 행운을 가져왔다.

찾아보기

328

알기쉬운 꿈풀이 대백과

초판 1쇄 인쇄 2019년 2월 11일
초판 1쇄 발행 2019년 2월 15일

지은이 이정환
펴낸이 이태선
펴낸곳 창작시대사

주소 서울특별시 마포구 성미산로 188 (연남동)
전화 02-325-5355 **팩스** 02-325-5385
이메일 changzak@naver.com
등록번호 제2-1150호(1991년 4월 9일)

ISBN 978-89-7447-216-0